백제부흥운동 이야기

●
●
●

노 중 국

도서
출판 주류성

백제부흥운동 이야기

저　　　　자 : 노 중 국
저 작 권 자 : (재) 백제문화개발연구원
발　　　행 : 도서출판 주류성
발　행　인 : 최 병 식
인　쇄　일 : 2005년 8월 19일
발　행　일 : 2005년 8월 26일
등　록　일 : 1992년 3월 19일 제 21-325호
주　　　소 : 서울특별시 서초구 서초동 1305-5 창람(蒼藍)빌딩

T　E　L : 02-3481-1024(대표전화)
F　A　X : 02-3482-0656
HOMEPAGE : www.juluesung.co.kr
E - M A I L : juluesung@yahoo.co.kr

값 10,000원

잘못된 책은 교환해 드립니다.
ISBN 89-87096-52-1

본 역사문고는 국사편찬위원회를 통한 국고보조금으로 진행되는
3개년 계획 출판사업입니다.

▲ 논산 황산벌 전경(동에서). 계백장군이 이곳에서 신라군과 혈전을 벌였다.

부여 정림사지오층석탑. 소정방은 일층 탑신에 백제를 멸망시킨 자신의 공적을 새겨 두었다.

▲ 부여 정림사지오층석탑 일층 탑신

▲ 부여 석조. 소정방은 이 석조에도 자신의 공적을 새겼다.

▲ 은산별신당에 그려진 복신장군 영정. 의자왕의 사촌으로 부흥군의 대표적인 장군이었다.

▲ 부여 당유인원기공비. 유인원은 부흥백제국을 멸망시킨 후 이 비석을 만들어 자신의 공적을 새겼다.

▲ 은산별신당에 그려진 토진대사 영정. 승려로서 백제멸망 후 부흥군을 일으켰다.

◀ 은산별신당

▲ 흑치상지묘지명. 부흥군 장군이었
다가 당군의 앞잡이가 된 흑치상
지의 가계와 당나라에서의 활동이
기록되어 있다.

▼ 대흥 봉수산성(임존성) 전경(남에
서). 백제부흥군의 최초 거점성이
었고 최후의 보루였다.

◀ 부안 위금암(우금)산성의 성벽
(남에서). 부흥백제국의 왕성이
었던 주류성으로 추정되고 있
다.

▶ 부여 성흥산성(가림성) 성벽. 부흥백제국의 주요 거점성으로서 험하고 견고하였다.

▲ 부여 성흥산성(가림성) 동문지

▼ 계족산성(우술성) 성벽. 백제 부흥군은 이곳에서 신라군과 싸워 1,000여 명의 전사자를 내었다.

▲ 정산 계봉산성(두량윤성) 원경. 복신이 신라대군을
이곳에서 대파하였다.

▲ 거창 거열산성 전경. 부흥군의 동남방 거점
성이다.

▲ 부안 원효굴. 복신이 몸을 숨긴 곳으로 추정
되고 있다.

▼ 공주 취리산 전경(서에서). 앞에 보이는 강이 금
강. 웅진도독 부여륭과 신라 문무왕이 회맹을 한
곳이다.

◀ 부여 무량사오층석탑. 익산 왕궁리오층석탑·공주 청량사지오층석탑과 더불어 백제지역에 만들어진 백제계 석탑이다.

▼ 익산 왕궁리오층석탑

◀ 일본 큐슈의 오노성(大野城) 성벽.

▲ 공주 청량사지오층석탑

▶ 일본 큐슈의 오노성(大野城) 외부 모습. 백제 망명인 억례복류와 사비복부가 축조하였다.

백제부흥운동 이야기

들어가는 말

　660년 7월 신라·당연합군의 공격으로 수도 사비성이 함락되자 백제 의자왕은 더 이상 버티지 못하고 항복하였다. 700년의 역사를 지닌 백제가 멸망한 것이다. 그러나 곧 각처에서 부흥군이 일어나 나·당점령군과 치열하게 전쟁을 하였다. 이 과정에서 부흥군의 핵심장군인 복신과 도침은 왜에 가 있던 의자왕의 아들 부여풍(扶餘豊)을 왕으로 옹립하였다. 이로써 백제는 1년 만에 부활하였다. 부흥백제국이 탄생한 것이다. 우리 역사에서 나라가 망한 후 이를 부활시키려는 운동이 이처럼 치열하게 일어난 경우는 드물었다. 더구나 점령군이 주둔한 상태에서 왕조를 부활시킨 것은 부흥백제국이 유일하다. 이는 부흥군의 투철한 애국정신과 이를 결집하여 커다란 에너지로 폭발시킨 부흥군 장군들의 지도력이 맞물려 이루어낸 성과물인 것이다.

　부흥군의 활동은 3시기로 나누어 볼 수 있다. 제1기는 660년 8월에서 661년 8월까지로 부흥군이 나·당점령군과 치열한 전투를 벌인 '부흥군의 활동시기'이다. 제2기는 661년 9월부흥백제국 성립부터 663년 9

월 왕도 주류성의 함락까지로 '부흥백제국의 시기'이다. 제3기는 663
년 9월 이후 지수신이 지키던 임존성이 격파되기까지로 '최후의 항전
시기'이다. 본서는 이러한 시기 구분에 따라 부흥군의 활동을 정리하였
다.

　백제가 멸망한 후 260여 년이 지난 892년 신라 서남 지방에서 국방의
임무를 맡고 있던 견훤은 어지러운 사회를 구하고자 몸을 일으켰다. 이
때 그는 백제부흥이라는 구호를 내걸었고 순식간에 5천여 명이나 휘하
에 모여들어 후백제를 세울 수 있었다. 이는 백제 지역민들의 백제에
대한 뜨거운 감정이 어느 정도였는지를 잘 나타내 준다. 한편 부여군
은산별신당에는 복신장군과 토진대사의 영정이 모셔져 있다. 부흥군
장군인 그들의 영정이 모셔져 있다는 것은 그들이 먼 후대에 와서도 백
제지역에서 신앙의 대상이 되었음을 보여주는데 이 또한 부흥운동이
백제지역에서 차지하는 의미가 얼마나 컸던가를 짐작하게 한다.

　저자는 2003년에 일조각에서 『백제부흥운동사』라는 학술서를 출간한
바 있다. 그 후 백제문화개발연구원에서 부흥군의 활동을 일반인들도
쉽게 읽을 수 있도록 집필해 줄 것을 요청하였다. 저자는 이 요청을 받
아들여 목차를 조정하고 내용도 새로 추가·정리하여 본서를 출간하게
되었다. 본서를 통해 저자는 백제부흥군의 불굴의 투쟁정신이 어떻게
형성되었고, 그들의 투쟁활동이 어떻게 펼쳐졌으며, 백제지역민들의
백제의식이 어떠하였는가를 살펴보았다. 또 누구나 백제부흥군의 활동
을 이해하고 그 정신을 공유하는데 도움이 될 수 있도록 부흥군의 입장

에서 부흥군을 주체로 하여 부흥운동의 전개과정을 서술하였다.

　백제부흥군이 나·당점령군을 상대로 벌인 전쟁을 정리하는 작업은 백제사 연구의 대미를 장식하는 것이다. 이런 의미를 가진 책이 출판될 수 있도록 기회를 베풀어준 백제문화개발연구원에 먼저 감사를 드린다. 또 사진자료를 제공해준 공주대학교의 서정석 교수와 국립부여박물관 등 여러 기관에 대해서도 이 자리를 빌려 감사드린다. 아울러 변변치 못한 연구 결과를 모양 좋은 책으로 만들어준 주류성 편집진에게도 감사의 마음을 전한다.

2005년 8월

노 중 국 씀

차   례

차　례

차 례

차 례

차 례

부흥운동을 보는 시각

 역사서는 과거에 일어난 일들을 기록하거나 정리해 놓은 학문적 작업의 소산이다. 그러므로 기록하거나 정리하는 사람의 입장이나 나라에 따라 동일한 사건이라도 기술되는 내용은 다를 수가 있다. 더구나 나라와 나라 사이의 관계에 대해 서술할 경우 그러한 차이는 더욱 크게 나타난다. 백제부흥군에 대한 각 사서의 서술도 예외는 아니다. 백제부흥군에 대해 서술한 사서로서 국내 사서로는 『삼국사기』가 있고, 중국 측 사서로는 『구당서』·『신당서』 및 『자치통감』이 있고 일본 측 사서로는 『일본서기』가 있다. 이 사서들은 백제부흥군을 보는 시각이 다르기 때문에 동일 인물에 대한 평가나 사건의 전개과정에 대한 서술도 크게 다르다.

 『삼국사기』는 전승국인 신라의 입장에서 썼기 때문에 부흥백제국의 입장이 전혀 반영되지 않았다. 그래서 부흥군을 '백제 여적(百濟餘賊)'·'백제 잔적(百濟殘賊)'·'백제 여신(百濟餘燼)'으로 불렀다. '적(賊)'은 '도적'의 의미로서 품격이 낮은 표현이다. 따라서 잔적이나 여

적은 '남은 도적의 무리'라는 의미가 된다. 이는 『삼국사기』가 백제부
흥군을 백제왕조가 멸망한 후 '남은 도적' 정도로 인식하고 있었음을
보여주는 것이다.

　당나라의 역사를 정리한 『구당서』와 『신당서』도 역시 전승국인 당의
입장에서 쓰여졌다. 그래서 부흥백제국의 장군인 복신을 '고장(故將)'
으로, 부흥백제국의 왕인 부여풍을 '고왕자(故王子)'로 불렀다. '고장',
'고왕자'는 백제의 '옛 장수' 또는 '옛 왕자'라는 의미이다. 이는 백제
가 이미 멸망되어버렸기 때문에 이들은 멸망한 왕조의 장군 또는 왕자
이지 현재 부흥백제국의 장군이나 왕자로 인정할 수 없다는 입장을 보
여주는 것이다. 또 백제를 멸망시키고 부흥백제국을 진압하는데 큰 공
을 세운 당나라 장군 유인원의 기공비에는 왕자 부여충승과 부여충지
를 '위왕자(偽王子)'라고 표현하고 있다. '위왕자'는 '거짓 왕자'라는
의미로서 이들을 한 나라의 왕자의 신분으로 인정하지 않겠다는 뜻을
표현한 것이다. 이런 사실들은 『구당서』와 『신당서』 및 당유인원기공비
모두가 부흥백제국의 실체를 인정하지 않는 입장에서 서술되었음을 보
여주는 것이다. 따라서 이들 사서에서는 부흥백제국은 당연히 평정되
어야 할 대상으로 인식되었고 또 그렇게 서술되었던 것이다.

　『자치통감』의 경우 복신을 '고장'으로, 백제부흥군을 '백제 여신',
'백제 여중' 등으로 표현한 것은 『구당서』나 『신당서』와 궤를 같이 한
다. 그러나 부여풍을 '백제왕 풍(百濟王豊)'으로, 부여충승과 부여충지
를 '왕자 충승·충지(王子忠勝·忠志)'로 표현한 것은 『구당서』와 『신

당서』와는 대비된다. '고장'·'백제 여신'·'백제 여중' 등의 표현은 부흥백제국을 국가적 실체로 인정하지 않으려는 의식을 반영하지만 백제왕·왕자 등의 표현은 부흥백제국을 국가적 실체로 분명히 인정한 표현이다. 따라서『자치통감』에는 부흥백제국을 인정하기도 하고 인정하지 않기도 하는 이중적인 인식이 들어 있다고 할 수 있다. 이러한 이중적인 인식은『자치통감』이 송대에 편찬된 편년체 통사로서 당왕조의 입장에 그다지 구애받지 않고 객관적인 입장에서 서술할 수 있었기 때문에 나오게 된 것으로 보인다.

한편『일본서기』에는 부흥군 장군들이 지녔던 백제 관등을 그대로 기록하고 있고, 백제라는 국호도 그대로 사용하고 있다. 또 부흥백제국의 왕인 부여풍을 '백제왕 부여풍'이나 '풍왕'으로, 부흥백제국의 중심 거점성을 '왕성' 또는 '도읍'으로 표현하였다. 부흥백제국이 신라를 '적(賊)'으로 부른 것도 그대로 따르고 있다. 이는『일본서기』가 부흥백제국을 당당한 국가로 인정하고 그 활동을 기술하였음을 보여준다.

『일본서기』가 이렇게 기술된 것은 이 시기에 왜가 백제와 긴밀한 외교관계를 맺고 있었기 때문이다. 실제로 왜는 부흥백제국을 돕기 위해 군수물자를 보내고 나아가 군대까지 파견하여 합동작전을 펼쳤다. 그러므로 왜가 굳이 부흥백제국을 깎아 내리거나 악의적으로 표현할 필요가 없었던 것이다. 그러나『일본서기』에는 백제가 왜를 천조(天朝)로 불렀다든가, 왜가 칙서를 선포하여 풍장으로 하여금 왕위를 계승하도록 하였다는 등 왜조정의 입장을 과시하는 표현들이 다수 들어 있다.

이러한 표현들은 사실을 왜곡하고 윤색한 것이 분명하므로 그대로 받아들일 수 없고 비판적으로 검토되어야 한다. 그렇지만 왜가 부흥백제국을 당당한 국가로 인정하는 표현을 쓰고 있는 것은 『일본서기』의 특징이기도 하다.

부흥백제국의 실체를 논의하고자 할 때 백제 유민들의 부흥백제국에 대한 인식이 어떠하였느냐 하는 점도 고려되어야 한다. 『일본서기』에는 백제 유민들이 '복신이 한 나라를 이루었다.'고 말한 것으로 기록되어 있고 『구당서』와 『신당서』에는 도침이 당나라 장수 유인원이 보낸 사신에게 자신이 '일국의 대장'임을 강조한 말이 그대로 수록되어 있다. 이러한 사실들은 백제 유민들이 부흥백제국을 당당한 왕국으로 인식하고 있었음을 보여주는 것이다.

그럼에도 불구하고 『삼국사기』나 『구당서』와 『신당서』의 기사들을 비판없이 받아들이면 부흥백제국은 '도적 집단'에 지나지 않아 반드시 평정되어야 할 대상으로 인식하게 된다. 또 전투의 전개과정도 마치 나·당점령군이 주도한 것처럼 되어 부흥백제국은 종속적인 변수로 된다. 그러나 전투의 향방을 결정하는 열쇠는 실제로는 부흥백제군이 쥐고 있었다. 즉 부흥백제군의 공격방향이나 공격방법에 따라 나·당점령군이 그것에 대응해 나가는 형세였던 것이다.

따라서 부흥백제국을 당당한 국가적 실체로 인정하고 이를 중심축으로 하여 자료를 해석하고 정리하여야만 부흥백제국이 나·당점령군과 벌인 전쟁을 체계적으로 이해할 수 있게 될 것이다. 또 백제부흥군과 나·당점령군 사이의 전투도 부흥백제국을 중심으로 해석하고 재정리할 때 그 실상에 보다 접근할 수 있을 것으로 본다. 본서는 이러한 입장에서 부흥백제국을 중심축에 두고 또 부흥백제군의 활동을 중심으로 전투의 전개과정을 정리해 가기로 하였다.

기울어져 가는 백제

1. 의자왕 말기의 어지러운 정치

의자왕은 백제 제31 대왕이다. 그는 망국의 군주로서 치욕적인 항복 의례를 마친 뒤 포로로 잡혀 당나라에 끌려갔다. 그리고 죽어서 당나라 의 북망산에 묻혔다. 그는 무왕의 원자로 태어났지만 유감스럽게도 언 제 태어나서 언제 죽었는지 알 수 없고, 어머니도 누구인지 분명하지 않다. 『삼국유사』 무왕조에는 무왕의 부인으로 신라 진평왕의 셋째 딸 인 선화공주가 나오지만 의자왕의 어머니라고 단정하기 어렵다.

1920년 중국 낙양의 북망에서 의자왕의 아들 부여륭의 묘지명이 발견 되었다. 이 묘지명에 의하면 부여륭은 백제 멸망 후 웅진도독 백제군공 이 되었고 영순(永淳) 원년(682)에 68세를 일기로 죽었다. 따라서 부여 륭의 출생연도는 615년(무왕 16)이 된다. 이 시기에 남자의 결혼 연령 은 신라의 유명한 문장가인 강수의 예로 미루어 보면 20세 정도였다. 부여륭이 615년에 출생하였으므로 의자왕은 늦어도 595년 전후한 사이에 출생한 것으로 추정해 볼 수 있다. 의자왕의 첫 번째 왕비가 누구인지 알 수 없지만 두 번째 왕비는 은고(恩古)로 추정된다. 첫 번째 왕비에서 태어난 소생은 부여륭을 비롯하여 태, 연, 풍, 강신 등이고 후비의 소생으로는 효가 있었다. 그리고 후궁들에게서 41명의 자식을 낳았다.

의자는 무왕 33년(632)에 원자로서 태자에 책봉되었다. 이때의 나이는 이미 30대 후반이었다. 원자인 그가 태자로 책봉되기까지 시간이 걸린 것은 그의 태자 책봉이 수월하지 않았음을 의미한다. 그래서 의자는 태자로 책봉되기까지 행동하고 말하는데 상당히 조심하였던 것 같다. 그가 부모에게 효도하고 형제와는 우애로와 당시 사람들로부터 '해동의 증자'라고 칭송을 받은 것은 그의 천성이 효성스러웠기 때문일 뿐만 아니라 태자로 책립되기 위하여 노력한 결과도 얼마만큼 작용하였던 것 같다.

무왕은 즉위 후 적극적으로 추진하였던 익산으로의 천도 작업이 실패로 끝나자 말기에 와서 유흥에 빠지는 등 정사를 소홀하였다. 이로 말미암아 왕비 일족의 측근세력들이 정권을 농락하기 시작하였다. 이러한 상황은 태자 의자를 매우 힘들게 만들었다. 그래서 무왕이 죽은 후 왕위에 오른 의자는 왕권 강화를 도모하기 위해 친위정변을 단행하여 왕의 동생의 아들 교기와 어머니의 누이동생의 딸 4명과 내좌평 기미(岐未) 등 40여 명을 섬으로 쫓아냈다.

이렇게 자신의 즉위에 걸림돌이 되었던 정적들을 숙청함으로써 의자는 왕권을 중심으로 집권세력을 재편성할 수 있게 되었다. 그리고 이듬해인 642년 7월에는 신라의 미후성 등 40여 성을 친히 공격하여 함락하고, 8월에는 장군 윤충으로 하여금 대야성을 빼앗도록 하였다. 이러한 군사활동을 통하여 그는 군사권도 장악하였다. 이 토대 위에서 의자왕은 4년(644)에 륭을 태자로 삼아 조속히 후계구도를 확립하였다. 그가 태자 책봉을 이렇게 서두른 것은 자신의 태자 책봉이 너무 늦게 이루어진 것에 대한 반성에서 나온 것으로 보인다.

이 시기 고구려에서는 연개소문이 정변을 일으켜 정권을 잡은 후 당과 신라에 대한 강경노선을 추진하고 있었다. 이에 의자왕은 대외적으로 당에 빈번히 사신을 보내면서도 고구려와의 우호관계를 맺었다. 한편 이 시기의 백제와 왜의 관계는 의자왕의 친위정변에 의해 쫓겨난 교기 등이 왜로 건너가자 왜조정이 이들을 일정하게 대접한 것이 빌미가 되어 일시적으로 긴장관계가 형성되었다. 그러나 의자왕이 15년(655)에 이러한 긴장관계를 해소함으로써 양국은 다시 우호관계를 돈독히 하게 되었다.

이렇게 고구려 · 왜와 우호관계를 맺은 의자왕은 고구려와 함께 신라의 대당교통로인 당항성 공격을 시도하는 등 신라에 대한 압박을 가하였다. 그러나 신라에 대한 지나친 압박은 도리어 신라의 친당외교를 부추겨 나 · 당연합을 이루게 하는 계기가 되었다. 그 결과 삼국과 적당한 거리를 두는 외교관계를 유지했던 당은 이제 신라를 적극 지원하는 쪽으로 방향을 선회하였다. 당의 이러한 태도 변화는 백제에게는 커다란 위협이 되었다.

이처럼 의자왕은 전반기에는 왕권을 확립하면서 정치운영을 안정적으로 이끌고 대외정책도 적극적으로 추진해 나갔다. 그러나 재위 15년(655) 이후부터 그는 태자궁을 화려하고 사치스럽게 수리하고 왕궁 남쪽에 망해정을 짓는 등 대규모의 토목공사를 일으켰다. 또 점차 음란한 생활에 빠져들어 궁인들과 놀아나며 마시고 즐기기를 그치지 않았다. 전반기에 보여주었던 웅걸차고 결단력 있는 모습은 보이지 않고 정사를 돌보는 일도 멀리하고 올곧은 소리에 귀를 기울이지도 않게 되었다. 간언을 올렸던 성충을 도리어 감옥에 가두어 굶어 죽게 하였고, 흥수도 지방으로 귀양을 보냈다. 또 성충이 죽으면서 앞으로 일어날 조짐들을 예견하고 외국 군대가 쳐들어올 때의 방비책을 적은 상소문 조차 거들떠보지 않았다.

의자왕이 이런 지경에 이르게 된데는 왕비 은고를 중심으로 하는 궁중세력들의 작용이 컸다. 후비로서 아들 효를 낳은 은고는 왕의 총애를 믿고 정치를 좌지우지하기 시작하였다. 조정 내에 자신의 세력을 심어 자신의 뜻에 아첨하고 따르는 자들은 총애와 신임을 더하였고 반대하는 자들은 하옥하거나 죽였다. 한 걸음 더 나아가 은고는 자신의 권력기반을 지속시키기 위해 태자 교체를 시도하였다. 655년에 태자궁을 극도로 화려하게 수리한 것도 이런 음모와 관련되는 것이다. 은고를 지나치게 신임한 의자왕은 태자를 륭에서 효로 바꾸고 왕의 서자 41명을 좌평으로 삼아 효의 울타리로 삼으려고 하였다. 이러한 조치는 지배세력들의 반발과 분열을 촉진시켜 정치는 더욱 파행으로 치닫게 되었다.

백제 사택지적비. 의자왕대의 대좌평 사택지적이 인생의 무상함을 달래기 위해 절을 세운 내용이 기록되어 있다.

국정의 파탄은 왕족과 소수 집권세력에게 경제력이 집중되는 현상을 불러일으켰다. 의자왕은 자신의 서자 41명에게 식읍을 사여하였고 흑치상지 가문도 선대로부터 받은 흑치 지역의 식읍을 그대로 유지하였다. 식읍은 유력한 귀족들에게 공로에 대한 대가로 주는 경제적 혜택이다.

이런 토지가 많을수록 국가의 재정은 그만큼 축소되었으며 부족한 조세수입은 결국 농민들의 부담으로 돌아가 어려움만 가중시켰다. 반면에 왕족과 유력 귀족들은 대토지 소유를 통해 호화로운 생활을 하였고, 망해정과 같은 화려한 정자를 세우거나, 대좌평을 지낸 사택지적(砂宅智積)처럼 금과 은으로 장식한 절과 탑을 세워 원찰로 삼기도 하였다. 왕실과 고위 귀족들의 이런 사치스러운 생활과 화려한 건물의 축조는 재정의 낭비를 가져왔을 뿐만 아니라 민력의 탕진을 재촉하였다.

한편 의자왕은 신라에 대한 강경노선을 유지하면서 해를 거듭하여 전쟁을 일으켰다. 이러한 전쟁에서 백제는 대승을 거두기도 하였지만 대패를 당한 경우도 적지 않았다. 빈번한 전쟁에는 막대한 인명의 손실이 따랐고 국가는 부족한 병력을 충원하기 위하여 장정들을 모두 전선으로 내몰았다. 그 결과 노약자와 부녀자만 남아 생업에 종사하게 되었다. 이러한 상황은 국가 재정을 더욱 파탄으로 몰아 넣었고 농민 경제를 극도로 악화시켰다.

이처럼 국가 재정을 탕진하고 민력을 곤핍하게 만든 임금과 신하들은 막상 국가가 위기에 처하자 책임지는 자세를 보이지 않았다. 나·당연합군이 사비도성을 포위했을 때 의자왕과 태자는 살아남기 위해 웅진으로 피난을 가버렸고, 둘째 아들 태가 스스로 왕이 되어 사비성을 지키려 하였지만 륭의 아들 문사는 숙부가 마음대로 왕 노릇을 하는데 가담하였다가 나중에 당나라 군대가 철수하면 목숨이 위태로울 수 있다고 판단하고 자기를 따르는 무리를 이끌고 성벽을 넘어 도망쳐 버렸다. 이들은 위기의 상황에서도 자신의 권력유지와 안위만을 생각하였던 것이다. 이러한 풍조는 소정방이 신라에 대하여 '신라의 임금은 어질고 백성을 사랑하며, 신하는 충성으로 나라를 섬기고, 아랫사람은 윗사람을 섬겨 비록 작은 나라라고 하더라도 도모하기 어렵다.'고 높이 평가한 말과는 사뭇 대조적인 모습이라 하겠다.

2. 멸망을 예고한 불길한 징후들

백제 말기 의자왕의 총애를 받은 왕비 은고와 그녀의 추종세력들이 정치를 파행으로 이끌어 국가 재정을 탕진하는 사이에 백제의 앞날을 예언하는 불길한 징후들이 연이어 나타났다. 이러한 징후들은 왕조 말기에 흔히 나타나는 것으로서 그대로 믿을 수는 없다. 그렇지만 후일 실제로 일어난 상황과 연결시켜 보면 그 징후들 속에는 무언가 예언적인 조짐이 들어 있었다. 여기서는 백제가 멸망하기 한 해 전인 659년 봄 2월에서 멸망한 해인 660년 6월까지 일어난 여러 징후들을 『삼국사기』 백제본기 의자왕조에서 정리해 두기로 한다.

659년 2월 여우들이 궁궐 안으로 들어왔는데 그 중 흰여우 한 마리가 상좌평의 책상에 앉았다. 상좌평은 이 시기에 최고 귀족회의체의 의장이었다. 흰여우라는 요사스러운 짐승이 감히 귀족회의 의장인 상좌평의 집무실 책상에 앉았다는 것은 그가 국정을 문란하게 한 책임자였음을 시사해 주는 대목이라 할 수 있다. 아마도 그는 왕비의 총애를 믿고 정치를 좌지우지하지 않았을까 한다.

여름 4월에는 태자궁에서 암탉과 작은 참새가 교미를 하였다. 평상적으로는 일어날 수 없는 해괴한 일이 일어난 것이다. 그런데 이 요사스러운 일이 일어난 장소가 바로 태자궁이었다. 이는 태자 효가 정치적 혼란의 주범이라는 것을 암시한다. 9월에는 궁궐 안의 괴목이 울어대는데 마치 사람이 우는 것과 같았고, 귀신들이 궁궐 남쪽 길에서 울기도 하였다. 궁궐 안에서 나무가 울고 궁궐 밖에서 귀신이 운다는 것은 언젠가 궁궐 안과 밖이 울음바다로 되리라는 것을 시사하는 것일 것이다.

이러한 징후는 궁궐 안이나 지배층에만 일어난 것이 아니라 피지배층들에게도 나타났다. 660년 봄 2월에는 왕도의 우물물이 모두 핏빛이 되었고, 서해의 해변에서는 작은 고기들이 무수히 해변가로 나와 죽었다고 한다. 서해변의 고기가 수없이 죽고 강물이나 우물물이 핏빛이 되었다는 것은 나·당연합군의 공격으로 많은 사람들이 죽고 피를 흘릴 것을 예견한 징후라 할 수 있다. 여름 4월에는 왕도 저잣거리의 사람들이 누가 잡으러 오는 것처럼 놀라 달아나다가 엎어지고 자빠져 죽은 자가 1백여 명이나 되었고 재물을 잃어버린 일은 헤아릴 수 없이 많았다고 한다. 시장거리의 사람들이 무고히 달아나다가 죽고 많은 물건을 잃어버렸다는 것은 바로 왕도 사비성이 함락된 이후 점령군이 저지른 횡포와 사회의 혼란상을 보여주는 징조라고 할 수 있다.

여름 6월에도 불길한 징후들이 많이 나타났다. 6월은 백제가 망하기 바로 1개월 전이다. 그 중의 하나가 왕흥사 승려들이 본 기이한 상황이다. 이 절의 승려들은 배가 큰물을 따라 절 문안으로 들어오는 것을 보았다. 왕흥사는 법왕과 무왕이 왕권강화를 위해 지은 절로서 무왕은 이 절에 빈번히 행차하여 향을 피우고 예배를 드렸다. 이처럼 왕권을 상징하는 절에 배가 큰물을 따라 들어왔다는 것은 바다를 건너온 당나라 수군이 금강을 거슬러 올라와 수도 사비성에 입성하는 것을 상징해 주는 것일 것이다. 다음으로 들 수 있는 것은 들 사슴(野鹿) 같은 개가 서쪽

부여 왕흥사지출토 왕흥명와당. 이 와당이 출토되어 이곳이
왕흥사터였음을 알게 되었다.

으로부터 사비하 언덕에 이르러 왕궁을 향하여 짖고 사라지자 왕도의 여러 개들이 노상에 모여 짖기도 하고 울기도 하다가 흩어졌다고 하는 이야기이다. 들 사슴이 서쪽으로부터 사비하로 왔다는 것은 역시 당나라 군대가 서쪽에서 바다를 건너오는 것을 상징하는 것이라 보이며, 개들이 모여 울다가 흩어진 것은 사비성 함락으로 백성들이 울부짖는 모습을 예견한 것이라 할 수 있다.

또 이 시기에는 다음과 같은 이야기도 나돌았다. 귀신이 궁중에 들어와 큰 소리로 '백제는 망한다.' '백제는 망한다.' 하고는 땅속으로 들어갔다. 그곳을 파보니 거북 한 마리가 있었고 그 등에 '백제는 둥근 달과 같고 신라는 초승달과 같다.' 는 문구가 쓰여 있었다. 한 점쟁이가 '둥근 달과 같다는 것은 가득 찼다는 것인데 가득 차면 기울어집니다. 초승달과 같다는 것은 차지 않은 것인데 차지 않으면 점차 차게 됩니다.' 라고 해석하자 왕은 노하여 이 점쟁이를 죽여버렸고 반대로 '둥근 달과 같다는 것은 왕성하다는 것이고 초승달과 같다는 것은 미약하다는 것입니다.' 라고 말한 점쟁이의 대답에 매우 기뻐하였다고 한다. 이는 충언을 하는 자들은 모두 떠나거나 죽임을 당하고 아첨하는 자들만이 왕의 곁에 남았다는 것을 의미한다.

이러한 징후들은 전 근대사회에서 자연현상이 앞으로 일어날 일을 미리 상징해 준다고 하는 믿음에서 비롯된 것이어서 그대로 믿기는 어렵다. 그렇지만 이러한 징후들은 백제의 앞길이 결코 순탄할 수 없다는 미증유의 불안을 예견해 주는 것임은 물론이다. 따라서 의자왕과 위정자들은 스스로를 돌이켜 보고 이에 대한 대비책을 마땅히 세워야만 하였다. 그러나 이들은 이러한 징후들이 보여주는 현실 상황의 모순을 올바르게 인식하지 못하였을 뿐만 아니라 멸망이 눈앞에 닥쳐오고 있는데도 불구하고 무사안일에서 헤어나지 못하고 있었던 것이다.

3. 급변하는 동아시아 정세

의자왕 후반기 백제의 정치가 이처럼 어지럽게 돌아가고 있을 때 한반도를 둘러싼 동아시아의 정세도 급격하게 변하고 있었다. 중국대륙에서는 589년에 수나라가 남·북조로 분열되었던 대륙을 통일하고 대제국을 이룩하였다. 거대한 통일제국의 출현은 주변의 여러 나라들에게 커다란 압력을 주면서 동아시아 국제관계에 큰 변수로 작용하였다.

수의 통일은 무엇보다도 수와 국경을 접했던 고구려에게 가장 큰 영향을 미쳤다. 이에 고구려는 군량을 준비하고 병장기를 수리하면서 수의 침략에 대비하였다. 그리고 필요에 따라 요서 지역을 공격하는 등

선제 공격에 나서기도 하였다.

백제도 이렇게 변화된 상황에 새로이 대처해야만 했다. 그래서 무왕 8년(607)에 한솔 연문진(燕文進)을 수에 보내 조공했고, 좌평 왕효린(王孝隣)을 보내 고구려 토벌을 요청하였다. 동시에 백제는 내부적으로는 고구려와 일정한 연계성을 가지면서 수나라의 상황을 엿보는 입장을 취하였다. 이는 어느 한쪽에도 치우치지 않는 이른바 '실지양단(實持兩端)'의 외교정책이라 할 수 있다.

이 무렵 고구려의 빈번한 공격으로 어려움을 겪고 있던 신라는 수에 대한 외교를 적극적으로 전개하였다. 신라의 대수외교의 핵심은 수나라로 하여금 고구려를 견제하도록 하는 것이었다. 이를 위해 진평왕은 재위 30년(608)에 원광으로 하여금 수나라에 원병을 요청하는 표를 쓰게 하기도 하였다.

한편 이 시기의 왜는 쇼토쿠(聖德) 태자와 소가노우마코(蘇我馬子)가 집권의 중심축을 이루었다. 이들은 607년 오노노이모코(小野妹子)를 수나라에 사신으로 파견하였다. 이는 왜가 478년 남송에 사신을 파견한 이후 130여 년만의 일이었다. 이때 왜왕은 자신을 동천황(東天皇) 또는 해뜨는 곳의 천자[出處天子]로, 수나라 황제를 서황제(西皇帝) 또는 해지는 곳의 천자[日沒處天子]라고 칭하면서 자신의 존재를 부각시키려다가 수와 마찰을 빚기도 하였다.

이처럼 동아시아 각국이 수의 등장 이후 변화된 상황에 다양하게 대처하고 있는 가운데 수는 고구려 공격을 단행하였다. 그러나 수는 무리하게 고구려를 공격하다가 얼마가지 않아 망하고 말았다. 수의 뒤를 이어 당이 중국을 통일하여 군림하였다. 당은 630년에 동돌궐을 와해시켜 북방을 안정시킨 후 고구려에 대한 강경책을 쓰고 나섰다. 당의 이러한 강경책은 고구려가 이미 수대부터 경계의 대상이었고 또 당에 필적할 만한 국력을 가지고 있었기 때문에 나온 것이었다. 631년에 광주 사마 장손사를 보내어 수나라 군사들의 해골이 묻힌 곳에서 제사를 지내게 하고 고구려가 세운 경관(京觀)을 파괴했다는 사실은 이를 입증한다. 이에 대응하여 고구려는 한편으로는 유화적인 외교정책을 쓰기도 하면서 한편으로 장성을 축조하여 침략에 대비하는 대책을 강구하였다. 그러나 당과 고구려와의 충돌은 피할 수 없었다. 특히 당은 640년에 고창국(高唱國)을 멸망시키고 안서도호부를 설치한 후 고구려에 대한 정벌 의도를 더욱 강하게 드러냈다. 그리하여 당은 645, 647, 648년 세 번에 걸쳐 요동 출정을 감행하였다.

이 무렵 백제 의자왕은 642년에 신라를 공격하여 미후성 등 40여 성을 치고 장군 윤충은 대야성을 함락하였다. 대야성 함락은 백제가 신라 수도를 공격할 수 있는 거점을 확보하게 된 것을 의미한다. 화급해진 신라는 김춘추로 하여금 고구려로 가서 원군을 요청하도록 하였다. 그러나 당시 고구려의 집권자인 연개소문이 신라가 553년에 점령한 한강 유역을 되돌려 줄 것을 조건으로 내걸었기 때문에 김춘추는 소기의 성과를 거두지 못하였다. 이에 신라는 647년에 김춘추를 왜로 보내 백제를 견제해 주도록 요청하였다. 그렇지만 이 교섭도 이렇다할 성과를 거두지 못하였다.

  고구려와 왜로부터 원군을 얻는데 실패한 김춘추는 648년 당에 가서 당태종에게 군사원조를 요청하였다. 이 시기 고구려를 배후에서 견제해 줄 수 있는 세력을 모색 중이었던 당태종은 신라의 요청을 받아들였다. 이로써 나·당동맹이 맺어지게 되었다. 이후 신라는 김춘추의 맏아들 법민(法敏)을 당에 들여보내 숙위시키고 당의 연호를 사용하는 등 적극적인 친당정책을 폈다. 당태종은 신라의 이러한 친당정책에 호응하여 원군 파견을 약속하면서 651년 백제에 조서를 보내 신라로부터 빼앗은 성과 포로들을 돌려주도록 종용하기도 하였다. 이로써 650년대 동아시아 세계는 고구려-백제-왜로 연결되는 세력권과 신라-당의 연합이 대립하는 구도가 형성되었다.

4. 백제의 멸망 과정

1) 논의만 하다가 시기를 놓친 백제 조정

  신라와 동맹을 맺은 후 당은 고구려를 공격하는 전략을 수정하였다. 종래의 전략은 고구려를 직접 공격하는 것이었지만 이번의 전략은 백제를 먼저 멸망시킨 후 신라로 하여금 고구려의 배후를 압박하게 하는 것이었다. 당의 이러한 전략 수정은 이전에 행한 몇 차례의 고구려 공격이 모두 실패로 돌아간 것을 거울 삼은 것에서 나온 것인데 이는 640년 이후 백제의 빈번한 공격을 받고 있던 신라로서도 바라는 바였다.

그리하여 660년 당과 신라는 백제에 대한 공격을 먼저 단행하게 되었다.

　660년 3월 백제 공격의 명을 받은 당나라 장군 소정방은 산동성의 내주(萊州)를 출발하여 바다를 건너기 시작하였다. 이 소식을 들은 신라 태종 무열왕은 660년 5월 26일에 김유신 등과 함께 군사를 거느리고 왕경을 출발하여 6월 18일 경기도 이천의 남천정에 집결하였다. 무열왕이 백제를 공격하기 전에 남천정으로 행차한 것은 백제군의 작전에 혼란을 불러일으키는 효과를 거두면서 동시에 각 지역의 군사동원체제를 점검하기 위한 것이었다. 이 과정에서 무열왕은 상주·보은·신주 등 각 지방에 주둔한 부대들로 하여금 유사시에 언제라도 출동할 수 있는 준비태세를 미리 갖추어 두도록 하였다.

　한편 이 시기의 백제는 당나라 군대가 바다를 건너 공격해 오리라는 것은 예기치 못하였다. 물론 성충이 죽기 전에 다른 나라의 군대가 바다를 건너 공격해 올 것을 예상하고 이를 기벌포에서 막아야 한다고 건의하기는 하였지만 의자왕을 비롯한 조정 대신들은 이 예견에 전혀 귀를 기울이지 않았다. 왜냐하면 백제는 이제까지 중국으로부터 직접적인 공격을 받아본 적이 없었기 때문이다. 따라서 백제는 당군의 공격에 대한 대비책은 거의 마련하지 못하고 있었다. 한편 의자왕은 즉위 이후 신라를 빈번히 공격하여 승전의 기쁨을 여러 차례 맛보았다. 이러한 승전은 신라를 얕보는 심리를 낳게 되었고, 이로 말미암아 백제는 신라군의 공격에 대한 대비책도 역시 변변히 마련하지 못하였다.

660년 6월 21일 당나라 군대가 마침내 서해상의 덕물도에 도착하여 군량과 물을 보급받았다. 덕물도는 오늘날의 덕적도이다. 당군이 덕물도에 도착하였다는 보고를 받은 무열왕은 태자 법민으로 하여금 그 곳에 가서 당나라 장군 소정방을 맞이하여 군사전략 협의에 나서게 하였다. 이 협의에서 소정방과 법민은 7월 10일에 사비 남쪽에서 양군이 서로 만나 사비성을 합동으로 공격한다는 전략을 세웠다. 이처럼 군사 기일이 정해지자 신라 무열왕은 대장군 김유신 등에게 5만의 군대를 거느리고 나가서 당군을 접응하도록 하고 자신은 상주의 금돌성에 머물면서 배후에서 돕기로 하였다.

나·당연합군이 육로와 해로를 거쳐 공격해 온다는 급보를 받은 의자왕은 신하들을 모아 대응책을 논의하였다. 이때 논의의 초점이 된 것은 두 가지였다. 하나는 당군을 막는데 주력할 것인가 아니면 신라군을 먼저 막을 것인가 하는 문제였다. 당나라 군대를 먼저 막아야 한다고 주장한 신하들은 당나라 군대가 멀리서 바다를 건너왔음으로 물에 익숙하지 못한 자들은 배멀미로 지쳤을 것이고, 상륙한 군사들도 기운을 제대로 차리지 못할 것이라고 판단하였다. 이러한 상황을 잘 이용하여 급히 공격하면 당군을 능히 물리칠 수 있고, 당군이 패하면 당군에 의존한 신라군도 백제의 위세에 눌려 감히 진격하지 못할 것이라고 주장하였다. 반면에 신라군을 먼저 공격하자는 쪽의 주장도 만만치 않았다. 이를 주장한 신하들은 당나라 군대는 멀리서 왔음으로 속전속결을 원할 것이어서 그 예봉을 감당하기가 어렵지만 신라 군대는 여러 차례 격퇴시킨 경험이 있으므로 신라군을 먼저 공격하는 것이 유리한 것으로 판단하였던 것이다.

다른 하나는 당군과 신라군을 어디에서 각각 막을 것인가 하는 문제였다. 이때 고마미지현에 귀양가 있던 흥수는 왕의 자문에 응해 정예 군사로 하여금 당나라 군사는 백강에 들어오지 못하게 하고 신라 군사는 탄현을 통과하지 못하게 막아야 한다는 의견을 내놓았다. 반면에 대신들은 당나라 군사가 백강으로 들어오면 강을 따라 배를 나란히 하지 못하게 되고 신라 군사도 탄현을 넘으면 좁은 길 때문에 말을 나란히 할 수 없다고 하면서 당군은 백강에 들어오게 하고 신라군은 탄현을 넘게한 후 공격하자고 주장하였다. 양측의 주장이 모두 일리가 있다고 하더라도 흥수가 제시한 방책은 원정군의 약점을 간파한 가장 합리적인 작전이었다. 그의 전략은 옥사하면서 앞날을 예견한 성충의 견해와 같았다. 대신들은 흥수의 견해가 옳았음에도 불구하고 다른 의견을 내었다. 이들은 정치적으로 흥수와 대립적인 입장에 있었기 때문이다. 그래서 이들은 침략군으로부터 나라를 지켜야 한다는 대승적 입장에서가 아니라 당파적 측면에서만 생각을 하였던 것이다. 이렇게 조정의 논의가 분열된 상황에서 의자왕은 마침내 흥수의 견해보다 대신들의 견해를 따르기로 하였다. 그렇지만 이미 때는 늦고 말았다.

2) 황산벌 격전과 기벌포 전투

백제 조정이 나·당연합군의 공격에 어떻게 대비할 것인가에 대해 논

보은 삼년산성. 김유신이 거느린 5만의 신라 군대가 황산벌로 진격하기 위해 여기서 출발하였다.

의만 분분히 하고 있을 때 출정 명령을 받은 신라 장군 김유신은 보은
의 삼년산성을 출발지로 삼아 각 지역의 군대를 이곳에 결집시킨 후 백
제 공격에 나섰다. 그러나 당나라 군대와 합세할 7월 10일까지는 시간
이 너무 촉박하였다. 그렇기 때문에 김유신은 비록 길이 험하여 희생이
나더라도 최단거리의 진군로를 택하지 않을 수 없었다. 신라군의 진격
로에 대해서는 보은－옥천－진산－연산으로 보는 설, 보은－옥천－금산
－연산으로 보는 설, 보은－옥천－대전－연산으로 보는 설 등이 있다. 그
러나 보은에서 연산으로 가는 최단거리는 진산을 거치는 길이다. 이렇
게 보면 탄현은 진산의 '숯고개'에 비정할 수 있겠다.

논산 모촌리산성과 산직리산성 일대. 계백장군이 세 영채를 세운 곳으로 추정되고 있다.

　이 시기 신라군의 가장 큰 문제는 당나라와 약속한 군사 기일을 지키는 것이었다. 그래서 김유신군은 진군을 서두르지 않을 수 없었다. 그러므로 백제는 신라의 이러한 약점을 잘 이용하여 나·당군의 연합작전에 차질을 주었어야 하였다. 그러나 백제 조정은 방어책 결정문제로 논의만 분분했을 뿐 구체적인 조치는 내놓지 못하였다. 그 사이에 신라군은 가장 많은 희생을 치러야 할 탄현을 무사히 통과하였다. 이로써 신라는 전력을 그대로 유지할 수 있었을 뿐만 아니라 시간도 벌게 되었다. 반면에 백제는 신라군의 예봉을 꺾을 수 있는 절호의 저지선을 스스로 버린 셈이 되었다.

신라군이 이미 탄현을 지났다는 소식을 들은 의자왕은 황급히 계백으로 하여금 막도록 하였다. 그러나 시간이 촉박하여 미처 대군을 소집할 수 없었던 계백은 급한대로 겨우 5천의 결사대를 거느리고 황산벌로 나아갔다. 그 뒤를 좌평 충상과 상영이 군대를 거느리고 뒤따랐다. 탄현이라는 천혜의 요충지를 이미 잃어버린 계백과 상영 등은 황산벌로 진군한 후 먼저 험한 곳을 택하여 세 개의 영채를 세웠다. 이 세 영채는 황산벌과 가까운 논산 부근의 황령산성과 산직리산성 및 모촌리산성에 비정된다.

백제군이 세 영채를 설치하고 방어에 나서자 신라군도 세 길로 나누어 공격하였다. 이리하여 이른바 황산벌 격전이 벌어지게 되었다. 이 전투를 주도적으로 이끈 장군이 바로 계백이었다. 계백이 거느린 5천의 백제군은 수적 열세에도 불구하고 5만 신라군의 공격을 네 번씩이나 물리쳤다. 백제군이 이러한 승리를 거둘 수 있었던 것은 무엇보다도 처자를 먼저 죽이고 싸움에 나선 계백의 탁월한 지휘와 용맹, 그 휘하의 5천 결사대의 목숨을 건 항전 때문이었다. 네 번의 싸움에서 모두 패한 신라군은 기세가 꺾였다. 그러나 신라군은 그 수가 워낙 많았고 또 반굴과 관창 등 화랑들이 군사들의 사기를 올리기 위해 적진에 뛰어 들어 목숨을 바쳤다. 어린 화랑들이 국가를 위해 목숨을 초개같이 버리는 것을 본 신라군은 다시 사기가 올랐다. 사기가 충천하여 목숨을 걸고 공격해 오는 신라군을 백제군은 더 이상 막아내지 못하고 패배하였다. 그래서 계백은 전사하고 충상과 상영 등은 포로가 되고 말았다.

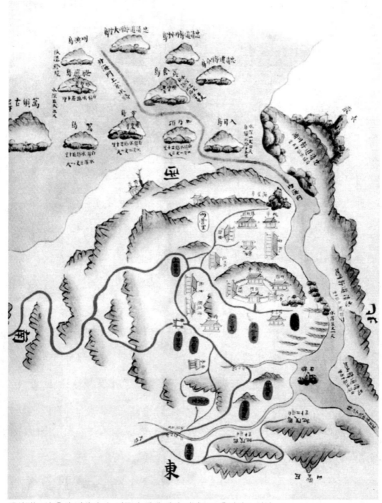

군산진(조선 후기 지방지도). 이곳이 백제 때의 기벌포로 추정되고 있다.

황산벌 전투는 백제가 신라군을 막을 수 있는 최후의 보루였다. 이곳에서의 전투의 승패는 백제와 신라로서는 이후의 전세를 판가름하는 것이었다. 신라군은 이 전투에서 승리함으로써 수도 사비성까지 아무런 저항을 받지않고 곧바로 진격하여 가까스로 당군과의 약속한 기일보다 하루 늦게나마 사비성에 도착할 수 있었다.

　한편 소정방이 거느린 13만의 당군은 덕물도에 도착한 후 서해안으로 내려가 기벌포에서 상륙을 시도하였다. 기벌포는 백강으로서 장암이라고도 하고 손량(孫梁)이라고도 하였는데 오늘날의 금강 하구이다. 이 지역은 백제가 중국이나 일본과 외교교섭을 할 때 사신들이 드나드는 중요한 항구였다. 당군이 기벌포로 진격해 오자 백제는 육군과 수군이 합동으로 작전을 전개하였다. 그래서 백제 수군은 웅진강 입구에서 당군의 접근을 막으려 하였다. 현재까지의 자료에는 백제 수군의 활동에 대한 기록은 보이지 않는다. 그러나 수도 사비성에서 금강을 따라 가면 바다로 나아갈 수 있다는 것과 백제가 지속적으로 해로를 통해 중국으로 드나들었다는 점을 고려할 때 수군이 존재하였다는 것은 당연하다. 따라서 백제의 수군과 육군은 합동하여 강을 따라 진을 치고 당군에 대응했던 것으로 보인다.

　금강 입구에 이른 소정방은 상륙작전을 펼쳤다. 1차 상륙부대는 소정방 자신이 거느리고 나머지 군사는 군선을 타고 금강으로 들어오도록 하였다. 그러나 강 하구의 개펄이 진펄이어서 상륙은 여간 어려운 것이 아니었다. 소정방은 버들로 엮은 자리를 진펄에 깔아 군사와 말이 내릴 수 있도록 하여 마침내 상륙에 성공하였다. 성충이나 흥수가 당군이 기벌포로 들어오지 못하게 막아야한다는 주장을 내놓았던 것도 이런 진펄의 조건을 미리 염두에 두었기 때문이었을 것이다. 그렇지만 백제 수군은 이런 조건을 제대로 이용하지 못하였기 때문에 당의 상륙 부대에 별다른 타격을 주지 못하였다. 이리하여 당군은 별다른 피해를 입지 않고 상륙할 수 있었다.

소정방이 친히 거느린 1차 상륙 부대는 훈련이 잘 되었기 때문에 예봉이 날카로웠다. 이들은 언덕 위에 진을 친 백제군을 격파하여 후속 부대가 무사히 상륙할 수 있는 교두보를 만드는데 성공하였다. 이때가 마침 만조시간이었다. 당나라 군신들은 조수를 타고 쉽게 금강을 거슬러 올라왔다. 백제군은 당군을 맞아 싸웠지만 대패하여 수천 명이 전사하는 피해를 입었다. 이로써 백제의 수륙연합군의 저항선은 무너지고 말았다.

기벌포에서 백제군을 격파한 당군은 사비도성으로 곧장 진격하여 도성 30리 바깥까지 나아갔다. 다급해진 백제는 동원 가능한 군대는 모두 모아 당군의 공격을 막으려 하였다. 그러나 백제군의 임전태세는 제대로 갖추어지지 않은 반면에 당군의 기세는 높았다. 그래서 이 싸움에서도 백제군은 1만여 명이 죽거나 사로잡혔다. 전사자와 포로가 1만여 명이었다는 것으로 미루어 볼 때 백제군의 규모도 상당했던 것으로 볼 수 있다. 그럼에도 백제군이 패배의 쓴잔을 마시게 된 것은 적을 제대로 파악하지 못하고 또 유리한 지형조건을 적절히 이용하는 전략 조차 없었기 때문이었다. 백제의 패전은 어쩌면 당연한 귀결이었던 것이다.

3) 사비성 함락과 의자왕의 항복

사비도성 30리쯤에서 백제군을 대파한 당군은 7월 12일에 신라군과 함께 사비성을 포위하기 위해 소부리벌로 진격하였다. 이곳에도 백제군이 주둔하고 있었다. 나·당연합군은 이들을 그대로 두고 사비성으로 진격하였다가는 배후에서 습격을 받을 가능성이 컸기 때문에 소부리벌로 진격해 갔던 것이다. 그런데 진군하던 당군이 갑자기 멈추었다. 『삼국유사』에는 소정방의 영채 위로 이상한 새가 날아다녔는데 점치는 사람이 '반드시 원수(元帥)를 상하게 할 징조'라고 하자 소정방이 두려워서 진군을 중지하였다고 기록하고 있다. 이러한 설명이 과연 타당성이 있는지의 여부는 덮어두더라도 이 사건은 소정방의 안위를 걱정해야 할 정도로 무엇인가 심각한 상황이 당군에게 벌어진 것을 시사해 준다. 그 상황이란 소부리벌에 진을 친 백제군의 군세가 만만치 않았을 것이라는 것과 연관되지 않을까 한다. 당군이 진군을 멈추자 다급해진 김유신은 이상한 새를 쏘아 떨어뜨린 후 소정방을 설득하여 백제공격에 나섰다. 이 시기 백제군은 4개의 영채를 세우고 있었다. 그래서 나·당연합군도 네 길로 나누어 공격하여 마침내 백제군의 저항을 뚫었다.

소부리벌에 주둔한 군대마저 패배하자 백제 왕자는 이 위기를 벗어나기 위해 상좌평을 시켜 푸짐한 음식을 당군에 보냈지만 소정방은 이 음

부여 부소산성 전경. 이 성은 사비도읍기 백제의 왕성이었다.(국립부여박물관)

식을 받아들이지 않았다. 또 의자왕의 서자인 궁(躬)이 좌평 여섯 사람과 함께 소정방을 찾아가 용서를 빌었으나 역시 받아들여지지 않았다. 이에 의자왕은 뒤늦게 성충의 충고를 상기하고 탄식하면서 웅진성으로 피난하였다. 이때 동행한 사람은 태자 효와 소수의 측근들 뿐이었다. 의자왕의 탈출 경로는 분명하지 않지만 적에게 발각되기 쉬운 육로보다는 수로를 이용했을 가능성이 크다. 부여의 부소산성과 공주의 공산성은 모두 백마강으로 연결되어 있다. 그래서 배를 댈 수 있는 나루가 있어 물자나 사람의 이동이 매우 용이하였다. 또 이때가 7월 13일 밤이어서 달이 밝았다. 의자왕은 나·당연합군이 수도 사비성을 포위해 오

부여 백마강. 의자왕은 사비도성 함락 직전 이 강을 거슬러 웅진성으로 간 것으로 보인다.

자 일단 부소산성으로 올라가 강으로 내려가서 배를 타고 백마강을 거슬러 올라 공주의 공산성으로 피신한 것으로 추정된다.

의자왕이 태자 효와 더불어 웅진성으로 피난을 가버림으로써 사비성은 구심력을 잃었다. 이에 둘째 아들 태가 스스로 왕이 되어 군사를 거느리고 사비성 방위에 나섰다. 그러나 륭의 아들 문사(文思)는 멋대로 왕이 된 숙부를 협조하였다가 당군이 물러나면 생명을 보전하기 어렵다고 판단하고 자신을 따르는 무리와 함께 줄을 타고 성을 넘어 나가버렸다. 위기 상황에서 일어난 왕족들의 이러한 이탈 행위는 사비도성을 지키는 군사들의 사기를 크게 떨어뜨렸고 민심의 동요를 부채질하였다. 이 기회를 타서 소정방은 군사들을 독려하여 성에 올라 당나라 군대의 깃발을 세웠다. 사태를 돌이킬 수 없다고 판단한 태는 결국 성문을 열어 항복하고 말았다.

사비성이 함락되었다는 소식에 륭은 대좌평 사택천복과 함께 성을 나와 항복하였다. 그리고 의자왕도 7월 18일에 친히 효와 웅진방령군(熊津方領軍)을 거느리고 웅진성에서 나와 항복하였다. 의자왕이 웅진성을 근거로 끝까지 저항하지 못한 것은 대장 이식(禰植) 때문이었다. 이식은 당시 웅진성을 지키는 책임을 맡은 웅진방령이었다. 그는 사비성이 함락되자 대세를 돌이킬 수 없다고 판단한 후 당군에 항복하기로 결심하고 군사들과 더불어 왕을 협박하여 나·당연합군에 항복하였던 것이다. 이로써 의자왕은 변변한 저항도 하지 못한 채 당군에 항복하는 비운을 맞이 하고 말았던 것이다.

의자왕이 항복하였다는 소식을 들은 신라 무열왕은 상주에서 부여로 와서 7월 29일에 소정방과 함께 의자왕으로부터 항복례(降伏禮)를 받았다. 이 항복례에서 의자왕은 아들 륭과 더불어 단하에 앉아 단상에 앉은 소정방과 무열왕에게 술을 따르는 예를 치러야 하였다. 왕의 치욕적인 항복례를 지켜본 백제의 신하들은 나라 잃은 슬픔을 가누지 못하고 눈물을 흘렸다. 이로써 백제는 망하고 그 영토는 나·당점령군의 손아귀에 들어가게 되었다.

벌떼처럼 일어난 부흥군

1. 부흥군이 일어난 배경

백제는 660년 7월 멸망하였다. 그러나 패망을 못내 아쉬워한 민(民)들의 원한이 기폭제가 되어 각처에서 부흥군이 벌떼처럼 일어났다. 이는 백제의 패망이 국력이 미약해서가 아니라 의자왕을 비롯한 당시의 지배층들이 정치를 파탄으로 이끌어 민의 잠재력을 하나로 묶는데 실패하였기 때문임을 잘 보여준다. 그래서 백제는 비록 멸망하였지만 백제유민들의 잠재해 있던 역동성이 백제부흥이라는 움직임으로 분출하게 되었던 것이다. 여기서는 먼저 백제부흥군이 각처에서 크게 일어나게 된 배경을 몇 가지로 정리해 보기로 한다.

부흥군이 각처에서 일어나게 된 가장 큰 요인의 하나는 나·당점령군의 약탈이다. 국가간의 전쟁에서 승자와 패자의 운명은 하늘과 땅 차이다. 전쟁에서 승리하기 위해서는 무엇보다도 군사들의 사기를 올리는 것이 필요하다. 일반적으로 승전군의 지휘관들은 적국의 성을 함락하

『삼국사기』 계백 열전. 계백이 출정하기 전 아내와 자식을 죽인 내용이 나온다.

면 일정한 기가 동안 병사들의 약탈이나 강간 따위를 용인해 주었다. 이는 목숨을 걸고 싸운 병사들의 사기를 올리기 위한 일종의 보상이라 할 수 있다. 황산벌에서 대회전을 치르고온 신라 군대나 바다를 건너 기벌포에서 접전을 벌인 당나라 군대도 이러한 범주에서 벗어난 것은 아니었다. 그래서 나·당공격군은 사비도성을 함락한 후 멋대로 재물을 약탈하고 부녀자들의 겁탈을 일삼았다. 그리고 젊은이들을 붙잡아 죽이는 등 온갖 행패를 자행하였다.

한때 수도로서 융성을 누렸던 사비성은 점령군의 발길 아래 처참하게 짓밟히면서 아비규환의 도시가 되었다. 백제가 망하기 직전 '저자사람들이 무고히 달아나다가 엎어져 죽은 자가 많았다.'고 했던 멸망의 징후가 현실로 다가온 것이다. 계백이 황산벌로 출정하기 전에 '한 나라의 사람으로써 당나라와 신라의 대군을 대적해야 하나, 나라의 존망을 알 수 없다. 내 처자들이 몰수되어 노비가 될지도 모르는데 살아서 욕

보는 것은 쾌히 죽는 것만 같지 못하다.'고 하면서 처자를 죽이는 눈물 겨운 용단 또한 이런 상황을 예측하였기 때문일 것이다.

나·당점령군에 의한 재산의 약탈, 부녀자의 겁략, 인명의 살상 등은 도성민들을 극도의 불안과 공포로 몰아넣었다. 이러한 공포분위기는 유민들로 하여금 이래 죽으나 저래 죽으나 죽기는 마찬가지일진대 차라리 왕조의 부흥을 도모하겠다는 생각을 갖게 하였을 것이다. 이는 부흥군이 크게 일어날 수 있는 배경이 되었던 것이다.

다음으로 들 수 있는 요인은 나라가 망하고 난 후 임금이 점령군 앞에서 당한 치욕적인 모욕이다. 의자왕이 당 아래에서 꿇어앉아 당상의 나·당점령군 장군들에게 술잔을 올리는 등 굴욕적인 항복의 예를 갖추는 모습을 지켜본 백제의 군신들은 오열을 감추지 못하였다. 의자왕이 비록 황음하고 주색에 탐닉하였을지라도 항복의례에서 보여준 이 굴욕적인 광경과 오열하는 군신들의 모습은 이를 보거나 들은 이들에게 의분을 불러일으켰던 것이다. 의분의 감정은 골이 깊어지면서 나·당점령군에 대한 저항정신을 촉발하였다.

다음으로 들 수 있는 것은 문화적 차이에서 오는 백제 유민과 점령군 사이의 갈등이다. 당은 백제를 멸망시킨 후 유민들을 위무하면서 중국인 관료들로 하여금 그들을 감시하도록 하였다. 그러나 중국인과 백제민은 습속과 생활풍속이 서로 맞지 않았다. 즉 문화적 차이가 있었던 것이다. 그럼에도 중국인 관료들은 이러한 문화적 차이를 잘 고려하지 않은 채 정복자로서 자신들의 우월감만 강조하였다. 이는 결국 유민들과의 갈등을 불러일으켰고 갈등의 누적은 유민들로 하여금 당군에 저항하게 하는 도화선이 되었다.

마지막으로 들 수 있는 것은 백제 유민들의 흥망계절(興亡繼絶)의 정신이다. 중국 고전에서 말하는 흥망계절의 정신은 '망해 버린 것을 일으키고[興亡] 끊어진 후사를 잇게 한다[繼絶].'는 뜻으로서 패배한 나라의 왕자를 꼭두각시 임금으로 삼아 그 조상들에 대한 제사를 이어가도록 한 것이다. 이는 어디까지 승자의 통제 하에 이루어진 알량한 승자의 아량이었다. 그러나 백제 유민들은 '흥망계절'을 망해버린 백제 왕조를 다시 일으키겠다는 뜻으로 파악하였다. 이것은 바로 왕조의 부흥을 목적으로 한 정신이라 할 수 있다.

오늘날 부여박물관 광장 한 켠에 자리한 당나라 장군 유인원(劉仁願)의 기공비에는 "가짜 승려 도침과 가짜 한솔 귀실복신이 …… 스스로 말하기를 '망한 것을 일으키고 끊어진 것을 잇는다(興亡繼絶).'고 하였다."는 내용이 기록되어 있다. 전승국의 장군이 기록한 이 내용은 부흥군이 흥망계절의 정신에 의해 백제를 부활시키려고 일어났음을 보여주는 것이라 하겠다.

흥망계절은 기본적으로 유교 정신의 소산이다. 따라서 백제 유민들이 이러한 정신을 가지게 된 것은 백제가 유학에 대한 폭넓은 이해를 하고 있었던 것에서 비롯되었다고 할 수 있다. 백제에는 유교 경전을 전문으로 하는 박사제가 있었다. 무령왕대에 이미 오경(五經)박사를 두었고, 성왕대에는 양나라로부터 모시(毛詩)박사와 강례(講禮)박사를 초빙해 오기도 하였다. 이처럼 백제는 유학에 대한 체계적인 교육체제를 갖추었고 또 학문적 이해도 높았다. 그렇기 때문에 자연히 유교 경전과 중국사서들이 널리 읽혔다. 이 시기에 애독된 서적은 오경(五經)과 제자백가서(諸子百家書)와 역사서였다.

이 같은 분위기 속에서 무왕은 당나라에 자제를 보내어 국학에 입학시켰고, 국내에서도 유학 교육을 장려하였다. 의자왕이 태자 시절에 '효우(孝友)'를 몸소 행하여 해동증자라는 별명을 들었다는 이야기는 왕실이 앞장서 유학 정신을 실천하는 모습을 보여준 것이다. 그리고 흑치상지가 어려서부터 『춘추좌씨전』과 『사기』와 『한서』를 읽었다는 것도 당시 지배층이 유교 경전과 중국의 사서에 대해 깊은 이해를 가지고 있었음을 보여준다. 이렇듯 유학에 대한 이해는 흥망계절의 정신을 낳았고 나라가 망하자 유민들은 이러한 정신에 따라 부흥운동에 참여할 수 있었던 것이다.

2. 부흥군을 이끈 주역들

백제가 멸망한 후 의자왕과 왕자들을 비롯하여 고위 귀족들과 유력한 백성들은 점령군의 분리정책에 의해 포로가 되어 당으로 끌려갔다. 그 수는 1만2천 명이나 되었다. 이 가운데 왕족으로는 왕과 왕비 은고·태자 륭·소왕(小王) 효·왕자 연·태 등이 있었고, 신료로는 대좌평 사택천복(沙宅千福)·국변성(國弁成)·손등(孫登) 등이 있었다. 포로로 잡혀간 사람 외에 살아남은 유민들은 자신이 처해 있는 상황을 극복하려는 의식과 목숨을 보존하려는 본능의식이 동시에 발동되었다. 그래서 이들의 동향은 여러 형태로 나타났는데 크게 세 가지로 나누어 정리해 볼 수 있다.

첫째는 왜로 도망을 간 경우이다. 바다를 건너 왜로 달아난 달솔의 관등을 가진 자와 승려 각종(覺從) 등이 그 예가 된다.

둘째는 나·당점령군에 협조한 경우이다. 당은 백제를 멸망시킨 이후 점령지를 효율적으로 다스리기 위해 백제 유민 가운데 영향력이 큰 자들을 도독부의 도독이나 주의 자사 및 현의 현령 등에 임용하는 정책을 취하였다. 그래서 유민들 중의 일부는 나·당점령군의 정책에 호응하여 관리로 등용되어 자신의 지위를 유지해 나가기도 하였다. 웅진도독부의 도독이 된 의자왕의 아들 부여륭과 사마로 활동한 이군(軍)과 법총(法聰) 등이 그 예가 된다.

셋째는 멸망한 왕조를 부활시키기 위해 목숨을 걸고 부흥군을 일으킨 경우이다. 그 대표적인 인물들이 두시원악에서 일어난 정무(正武), 구마노리성의 여자진(餘自進), 임존성의 흑치상지·사타상여와 복신·도침 등이다. 여자진과 흑치상지와 복신은 왕족 출신이고, 사타상여는 백제의 유력한 귀족 가문인 대성팔족에 속하는 사씨 출신이었다. 부흥군장군의 대다수는 왕족이거나 고위 귀족 출신자들이었지만 그 활동상을 어느 정도나마 알 수 있는 인물은 복신과 흑치상지 및 부여풍 정도이다. 여기서는 이 세 사람의 행적을 간략히 정리해 두기로 한다.

1) 복신

복신은 무왕의 조카로서 의자왕과는 4촌간이다. 따라서 그의 본래의 성은 마땅히 왕실의 성인 부여씨여야 하였다. 그럼에도 불구하고 그가 부흥군을 일으킬 당시의 성은 귀실씨(鬼室氏)였다. 그의 성이 귀실로 나오는 것은 그의 조상이 어느 시기에 귀실(鬼室) 지역을 식읍으로 받아 식읍지의 명칭을 성으로 삼아 귀실씨를 칭하였기 때문이다. 『신찬성씨록』(新撰姓氏錄)에는 귀실씨의 유

은산별신당에 모셔진 복신장군 영정

래에 대해 '귀신이 감화하였기 때문에 성을 귀실로 하였다.'고 하고 있는데 이는 백제 당시의 사실이 아니라 백제 멸망 이후 왜로 망명한 귀실씨 출신자들이 왜에서 생활하면서 그들의 성씨에 새로운 의미를 부여하면서 생겨난 것이다.

복신의 활동은 7세기 전반기에 처음으로 보인다. 627년 백제는 신라의 서쪽 지방을 공격하고 남녀 3백여 명을 포로로 잡아왔다. 이에 신라는 당에 사신을 보내 구원을 요청하였다. 상황이 이렇게 전개되자 무왕은 복신을 당에 보내 당시의 상황을 설명하고, 당의 이해를 구하도록 하였다. 당은 복신을 비롯하여 삼국의 사신들을 모아놓고 서로 화해하

며 지낼 것을 권유하였다. 이로 미루어 볼 때 귀실복신은 유능한 외교가였다고 할 수 있다. 대당외교활동을 마치고 돌아온 그는 중앙과 지방에서 군지휘관으로 활동하였다. 이때의 군부대 지휘경험은 그가 나·당점령군과의 전투를 수행할 때 유용하게 활용되었다.

복신이 627년에 당에 사신으로 파견되었을 때의 관등은 달솔이었다. 그런데 660년 7월 부흥군을 일으킬 때도 그의 관등은 여전히 달솔로 나온다. 자그마치 30여 년 동안 그는 달솔의 관등에 머물러 있었던 것이다. 백제에서 최고의 관등은 좌평이며 그 정원은 본래 6명이었다. 그가 30여 년을 지나는 동안 좌평이 되지 못하였다는 것은 그의 가문이 1품인 좌평까지 올라갈 수 없는 가문임을 의미한다. 아마도 귀실씨는 왕성인 부여씨에서 지파로 갈라져 나오면서 그 격이 떨어졌기 때문에 최고 귀족 가문의 대접을 받지 못하였던 것으로 보인다.

2) 흑치상지

부흥군 장군 가운데 그 행적이 뚜렷한 인물은 흑치상지이다. 그는 『구당서』와 『신당서』 및 『삼국사기』 열전에 입전되었기 때문에 익히 알려진 인물이었다. 그러나 그의 열전에는 생몰 연대와 출신 가문에 대해 아무런 언급이 없다. 이러한 미비점을 보완해 주는 것이 1929년 10월 중국 하남성 낙양의 망산에서 발견된 흑치상지묘지명이다. 이 묘지명에 의해 그는 630년에 출생하여 689년 10월 60세의 나이로 처형을 받아 죽었다는 것과 그의 선조는 본래 왕족으로서 부여씨였지만 흑치 지역을 봉지(封地)로 받아 흑치씨(黑齒氏)를 칭하게 되었음을 알 수 있게 되었다. 그의 가문의 선조가 흑치 지역을 봉지로 받은 시기는 6대조나 7대조 정도였을 것으로 추정된다.

그의 묘지명에 따르면 그의 가문은 증조대부터 대대로 달솔을 역임한 것으로 나온다. 이는 그의 가문이 최고의 관등인 좌평까지 오를 수 없는 가문임을 보여주는 것이다. 아마도 왕실에서 갈라져 나와 지파가 되면서 그 격이 떨어졌기 때문일 것이다. 왕도의 서부에서 태어난 그는 가문의 음덕으로 약관의 나이에 달솔의 관등을 받았고, 이후 어느 시기에 풍달군의 군장(郡將)이 되었다. 군장은 군의 행정과 더불어 군사권도 관장하는 직책이었으므로 그는 군지휘관으로서의 경험도 쌓게 되었다.

31세 되던 해인 660년에 의자왕이 나·당점령군에 무릎을 꿇자 그도 왕을 따라 당군에 항복하였다. 그러나 나·당점령군이 군대를 풀어 사비성을 크게 노략질하고, 많은 장정들을 죽이는 것을 보고 울분을 참지 못한 나머지 마침내 자신의 본거지인 풍달군으로 돌아가 부흥군을 일으켰다. 그가 거병한 시기는 660년 7월 20일 이후에서 8월 26일 이전의 어느 시기로 추정된다. 이때 보조를 같이 한 인물이 별부장(別部長) 사타상여였다. 그는 대성팔족에 속하는 유력한 사씨가문 출신이었다. 두 사람은 곧 임존성으로 가서 복신이 거느리는 부흥군과 접응하였고 부흥군이 진압될 때까지 동고동락을 같이 하였다.

흑치상지 가문의 봉지였던 흑치의 위치에 대해 흑치를 인체구조상의 '검은 이'로 보고 흑치국(黑齒國)이 있었던 것으로 전해지는 필리핀 방

흑치상지묘지명. 이 묘
지명에 의해 그의 성이
부여씨에서 흑치씨로
바뀐 것을 알 수 있다.

면으로 비정하는 견해도 있다. 그러나 흑치는 기본적으로 지명이므로
백제의 지명을 음사한 것으로 보아야 한다. '흑치'는 '검은 니'·'검은
이'로 읽을 수 있는데 '니'는 '내'·'노' 등과 상통한다. 이럴 때 주목
되는 것이 오늘날 예산군 덕산면이 백제 때 금물현(今勿縣)이었다는 사
실이다. 금물은 '검은 내'로 읽을 수 있으며 이는 흑치의 '검은 니'와
상통한다. 따라서 흑치와 금물은 동일 지명에 대한 표기의 차이에 지나
지 않는다고 할 수 있다.

그렇다면 흑치는 바로 덕산 지역에 비정할 수 있다. 덕산은 부흥군의
중심지인 임존성=대흥과 아주 가까운 거리에 있다. 흑치상지가 풍달군
에서 군대를 일으킨 후 곧바로 임존성으로 와서 활동한 것도 그의 기반
이 덕산 지역에 있었기 때문일 것이다.

3) 부여풍

부여풍은 부흥백제국의 왕이다. 그의 이름은 부여풍(扶餘豊), 풍(豊),
여풍(餘豊), 여풍장(餘豊璋), 풍장(豊璋)으로 표기되고 있다. 이를 종합
하면 부여풍의 본명은 부여풍장(扶餘豊璋)으로 성은 부여이고 이름은
풍장이다. 부여풍의 경우는 성은 그대로 하고 이름만 외자로, 풍의 경
우는 성은 생략하고 이름만 외자로, 여풍은 이름과 성을 외자로, 여풍
장은 성만 외자로, 풍장은 성을 생략하고 표기한 것이다. 여기서는 부
여풍으로 통일하여 사용하고자 한다.

백제가 멸망할 당시 부여풍은 왜국에 있었다. 그러나 중국사서와 『삼
국사기』에는 풍왕을 '고왕자(古王子)' 또는 '고왕자(故王子)'라고 적었
을 뿐 그가 누구의 아들이며 언제 어떠한 이유로 왜국에 가게 되었는지
에 대해 구체적인 언급이 없다. 따라서 부여풍의 실체와 그가 왜국으로
가게 된 배경을 먼저 정리해 두는 것이 필요하다.

『일본서기』 서명기 3년(631)조에는 백제왕 의자가 왕자 풍장을 왜에
보낸 것으로 나온다. 이 기사대로 하면 풍장은 의자왕의 아들이 된다.
문제는 631년이 무왕 32년이어서 연대가 맞지 않는다는 사실이다. 이
때문에 서명 3년을 서명 13년(641) 이후로 연대를 조정하여 풍장을 백
제 왕자 교기(翹岐)로 파악하는 견해와 의자왕은 무왕의 오기라는 입장
에서 풍장을 무왕의 아들로 파악하는 견해가 있다. 이러한 견해들은 풍
장이 한 사람이라는 전제에서 나온 것이다.

그러나 풍장은 동명이인일 가능성도 배제할 수 없다. 이는 풍장과 충

승(忠勝)과의 관계에서 추정해 볼 수 있다. 『일본서기』에 의하면 풍장은 효덕기 백치(白雉) 원년(650)조에는 충승의 형으로, 제명기 6년(660)조 에서의 충승의 조카로 나온다. 한 사람이 동일 인물의 형도 되고 조카 가 되는 것은 있을 수 없다. 때문에 충승을 풍장의 동생이라 한 것과 숙 부라 한 것 중 어느 하나가 잘못이라고 할 수도 있다. 그러나 효덕기의 풍장과 제명기의 풍장을 동명이인으로 파악하면 이러한 모순점은 쉽게 해결된다. 즉 서명기 3년조와 효덕기 백치 원년조에 보이는 풍장은 무 왕의 아들로, 제명기 6년조의 풍장은 의자왕의 아들로 파악하면 무리가 없게 된다. 왜냐하면 충승과 무왕의 아들인 풍장과는 형제관계가 되고 의자왕의 아들인 풍장은 충승과는 숙질관계가 되기 때문이다.

제명기에 보이는 풍장이 의자왕의 아들이라는 사실은 『속일본기』 천 평신호(天平神護) 2년(766)조의 기사에서도 확인된다. 여기에는 '의자 왕의 군대가 당나라에 패하여 항복하자 그 신하인 좌평 복신이 사직을 다시 일으켜 멀리서 풍장을 영입하여 끊어진 계통을 이었다.'라고 하면 서 백제왕경복(百濟王敬福)의 조상은 의자왕에서 나왔다는 것, 의자왕 의 아들로 풍장왕과 선광왕이 있었다는 것, 의자왕은 이 두 아들을 왜 에 보냈다는 것, 의자왕이 패하여 당나라에 항복하였다는 것, 뒤에 좌 평 복신이 풍장을 맞이하여 왕으로 삼았다는 것, 풍장이 왕위에 오른 후 복신을 멋대로 죽였다는 사실도 전해주고 있다. 이 기사는 비록 백 제가 멸망한 지 100여 년이 지난 이후의 기록이지만 풍왕에 대해서는 아주 구체적으로 언급하고 있으므로 믿어도 좋을 것이다. 그렇다면 부흥군에 의해 옹립된 풍장은 의자왕의 아들임이 분명하다고 하겠다.

그러면 풍장은 언제 무슨 연유로 왜에 가 있게 된 것일까. 이는 의자
왕대의 백제와 왜와의 관계에서 살펴볼 수밖에 없다. 의자왕은 즉위 초
에 친위정변을 단행하여 왕권 강화에 걸림돌이된 어머니의 누이동생의
자식들과 동생인 왕자 교기, 내좌평 기미 등 고위인사 40여 명을 섬으
로 추방하였다. 추방된 교기는 왜로 건너갔는데 이때 왜는 의자왕의 의
사와는 반대로 그를 일정하게 대우해 주었다.

이로 말미암아 백제와 왜 사이는 서먹한 관계가 되었고, 교역품의 수
량과 질도 종래보다 떨어졌다. 그러나 이러한 갈등관계는 오래 지속될
수 없었다. 의자왕은 무엇보다도 신라를 일정하게 견제하기 위해 왜와
의 관계를 회복하는 것이 필요하였고 왜도 백제로부터의 선진문물의
도입이 절실히 필요하였기 때문이다. 그리하여 의자왕은 8년(648)에 사
신을 왜에 파견하여 이전의 화호관계로 돌아갈 수 있는 터전을 마련한
후 이러한 우호관계를 보다 분명히 하기 위해 13년(653)에 부여풍을 왜
로 파견하였던 것이다. 왜에 파견된 부여풍은 대왜외교를 수행하다가
본국이 멸망하자 그대로 왜에 머물게 되었던 것이다.

3. 소정방군의 공격을 물리친 부흥군

1) 임존성을 근거로 부흥군을 일으킨 복신과 도침

백제가 멸망한 후 일어난 부흥군 가운데 가장 핵심적인 역할을 한 인

물은 복신과 도침이었다. 그들이 군사를 일으킨 시기는 자료마다 차이가 있다. 먼저 『자치통감』에는 용삭 원년(661) 3월조에 나오는데 『자치통감』의 기사는 앞부분이 초(初)로 기록되어 있어 그 시기를 661년 3월로 보기 어렵게 한다. 다음 문무왕이 당나라 장군 설인귀에게 보낸 답서(報書)에는 소정방이 당으로 돌아간 후 복신이 군사를 일으킨 것으로 되어 있다. 그런데 『삼국사기』 신라본기에 의하면 소정방이 임존성에 주둔한 부흥군을 공격한 것이 660년 8월 26일이고 이 공격이 실패한 후 당으로 돌아간 시기는 660년 9월 3일로 나온다. 이는 소정방이 돌아간 후 복신과 도침이 부흥군을 일으켰다는 답서의 내용과는 상치된다. 한편 『일본서기』에는 복신과 여자진이 660년 9월 5일 이전에 부흥군을 일으켰다고 기록하고 있다. 이러한 사실들을 종합하여 볼 때 복신과 도침이 부흥군을 일으킨 것은 의자왕이 항복의례를 행한 660년 8월 2일 이후부터 소정방이 임존성을 공격한 8월 26일 사이의 어느 시기로 보는 것이 타당할 것이다.

복신과 도침이 부흥군을 일으켰을 때 최초의 거점성에 대해서는 두 가지 설이 있다. 하나는 『구당서』 백제전에 나오는 주류성으로 보는 설이고, 다른 하나는 당유인원기공비에 나오는 임존성으로 보는 설이다. 이중 당유인원기공비는 유인원이 부흥군을 진압한 직후인 663년에 세운 것이어서 부흥백제군의 활동과 동시대의 것이다. 이로 미루어 볼 때 복신과 도침의 초기 거점성은 임존성이라 할 수 있다. 이는 소정방이 회군하기 전에 임존성을 공격하였다는 사실과 『일본서기』 제명기에도 복신의 거병 지점을 임사기산(任射岐山)이라고 한 것에서 입증된다. 이후 복신과 도침은 어느 시기에 그 중심지를 임존성에서 주류성으로 옮겼다. 주류성설은 부흥군의 후일의 거점이 된 주류성을 처음부터 거점성인 것처럼 잘못 기록한데서 빚어진 착오로 보인다.

백제시대의 임존성은 신라 경덕왕대에는 임성군으로, 고려에 와서는 대흥군으로 개칭되었다. 대흥군은 오늘날의 예산이다. 충남 예산군 대흥면 봉수산에는 봉수산성이 있다. 이 성은 현재 둘레가 2,450m에 달하는 거대한 산성으로 돌로 쌓은 석성이다. 이 성은 백제시대에 고구려를 방어하기 위해 축조한 것으로 웅진 및 사비도읍기에 북방을 지키는 요새였다. 이 봉수산성이 바로 임존성인 것이다. 봉수산성의 성벽과 건물지에 대한 조사보고서에 의하면 성벽은 처음 축조된 이후 세 번 이상 개축되거나 수축되었다. 성 내부의 건물지 등에서 수습된 기와 가운데는 백제시대의 기법이 보이는 기와도 있고, 또 명문을 새긴 기와 가운데는 '존관(存官)'·'존(存)'이나 '임존관(任存官)'으로 판독되는 글자가 새겨진 것도 있다. 이러한 자료들은 임존성이 백제시대에 축성되었음을 뒷받침해준다.

임존성은 백제 서방의 치소인 방성(方城)이었다. 이 성은 660년 나·당연합군이 백제를 공격할 때

대흥 봉수산성 출토 '존관' 명문 와당. 이 와당은 봉수산성이 임존성임을 보여준다.

그 공격로에서 벗어나 있었기 때문에 백제가 멸망한 이후에도 군사력을 그대로 유지할 수 있었다. 그리하여 복신과 도침은 병력이 많고 지리적으로 긴요한 요새지인 임존성을 근거로 660년 8월 백제 부흥의 기치를 내걸었던 것이다. 같은 시기에 풍달군에서 부흥군을 일으킨 흑치상지와 사타상여도 임존성으로 와서 복신과 도침의 군대에 합류하였다. 흑치상지군의 합류는 복신으로서는 더할 나위 없는 원군이었다. 이들은 임존성 내에 대책과 소책을 세운 후 전후로 호응하는 방식으로 나·당점령군의 공격에 미리 대비하였다.

2) 소정방의 공격을 물리친 부흥군

복신 등이 부흥군을 일으키자 소정방은 직접 군대를 이끌고 공격에 나섰다. 임존성에 근거한 부흥군의 규모가 적지 않은데다 이를 그대로 두면 부흥군의 기세가 걷잡을 수 없을 만큼 확대될 것을 우려하였기 때문이다. 이에 소정방은 초장에 기선을 제압하고자 무리하게 공격을 감행하였던 것이다. 그리하여 660년 8월 26일 임존성을 둘러싸고 양군 사이에 치열한 전투가 벌어졌다. 이 전투는 5~6일간에 걸쳐 공방이 지속되었는데 부흥군이 필사의 각오로 완강하게 저항하는 통에 당군은 더 이상 공격하지 못하고 퇴각하였다. 이 공격에서 당군이 얻은 전과는 전초기지에 해당하는 소책만을 함락하는 것으로 그쳤다.

전쟁이란 자고로 공격과 방어과정에서 피해가 생기기 마련이다. 더구나 공격군이 패배했을 경우 그 피해는 더욱 커질 수밖에 없다. 따라서 임존성 전투에서 패배한 당군의 피해도 적지 않았을 것이다. 그럼에도 불구하고 『삼국사기』와 『구당서』 및 『신당서』에는 당군이 입은 피해에 대해서는 아무런 언급없이 그냥 퇴각한 것으로만 나온다. 이는 나·당 점령군의 패배와 그 피해를 드러내지 않으려는 사서 편찬자의 의도에서 나온 것일 뿐이지 사상자와 포로로 잡힌 자가 없었던 것은 물론 아니다. 당군이 입은 피해는 『일본서기』 제명기에 의해 짐작해 볼 수 있다. 이에 의하면 복신은 660년 10월에 좌평 귀지(貴智) 등을 왜에 사신으로 보내 구원군의 파견과 부여풍의 귀국을 요청하면서 당나라 포로 1백여 명을 보낸 것으로 나온다. 복신이 당나라 포로 1백여 명을 보낸 10월은 임존성 전투가 일어난 때로부터 한 달 정도 지난 시기이다. 따라서 이 포로들은 부흥군이 임존성 전투에서 잡은 당나라 군사들임이 분명하다. 왜에 보낸 당군 포로가 1백여 명에 이르렀다고 기록하는 것은 실제로는 더 많은 수의 당군이 포로로 잡히고, 또 죽거나 부상을 입은 것을 짐작하게 한다.

임존성 싸움은 복신·도침군과 흑치상지·사타상여군의 합작으로 이루어진 연합전투였다. 이 전투에서의 승리는 부흥군이 나·당점령군과의 대규모 전투에서 거둔 최초의 승리였고 반면에 백제를 멸망시키는 동안 무패를 자랑한 당군으로서는 최초의 패배라고 하는 치욕적인 전투였다. 소정방은 이 전투에서 수많은 사상자가 나고 군사들이 포로로 잡히자 더 이상의 공격을 포기하고 퇴각하였다. 임존성에서 물러난 소정방은 1만의 군사를 남겨 두어 낭장 유인원으로 하여금 사비부성을 지키게 하고 신라 왕자 인태(仁泰)와 사찬 일원(日原) 및 급찬 길나(吉那)가 거느리는 7천 명의 신라 군대를 유인원을 돕는 지원군으로 돌렸다. 그리고 자신은 본군과 함께 의자왕을 비롯한 왕자, 대신 등 1만2천여 명에 달하는 포로들을 이끌고 9월 3일 당으로 귀환하였다. 소정방이 급히 귀환한 것은 당조정에서 이듬해인 661년에 고구려를 공격하기로 결정하였기 때문에 이에 대비하기 위해서였던 것으로 보인다.

어느 집단이든 간에 서로 연계성을 가지고 활동할 때는 그 힘이 배로 불어나기 마련이다. 거병 초기의 부흥군은 서로 연계없이 독자적으로 활동하였다. 그 때문에 나·당점령군에 대한 압박이 상대적으로 미약하였다. 이러한 한계성을 인식을 부흥군 장군들은 점차 독자적인 활동을 지양하고 연합작전을 수행해 나가려고 하였다. 이때 여러 부흥군들을 결집하는 중추적인 역할을 한 인물이 바로 복신과 도침이었다.

복신이 부흥군을 일으킬 때 군세는 막강했다. 당유인원기공비에 "벌처럼 모이고 고슴도치처럼 일어나 산과 골짜기에 가득 찼다(蜂屯蝟起彌山滿谷)."라는 표현은 비록 과장되었을지라도 복신이 거느린 군사의 규모가 적지 않았음을 보여준다. 또한 복신은 백제가 멸망할 당시 살아남은 왕족 가운데 왕실과 가까운 사람의 하나로서 부흥군 장군들 가운데서도 신분이 상대적으로 높았다. 따라서 복신은 누구보다도 부흥군의 영도자가 되기에 좋은 조건을 갖추고 있었다.

이러한 복신의 위상에 금상첨화의 날개를 달아준 것이 임존성 전투에서의 승리이다. 상대는 당나라 군대의 총사령관인 소정방이었다. 소정방의 군대를 물리친 이 승리는 훈련도 제대로 받지 못하고 또 무기마져 빈약한 부흥군들에게 나·당점령군과 싸워 이길 수 있다는 자신감을 심어주었다. 뿐만 아니라 군사들로 하여금 전투를 지휘한 장군들에 대한 신뢰도를 높였으며 또 각처의 부흥군은 물론 백제 멸망 이후 좌절과 체념에 빠진 유민과 나·당점령군에 협조하던 여러 세력들까지도 점차 복신의 휘하로 모여들게 하였다. 이제 복신의 위상은 훨씬 강화되었다. 그 결과 부흥군의 활동은 복신과 도침군을 중심으로 전개되어 복신은 통합부흥군의 최고 지휘관이 되었다. 이리하여 백제 유민들은 그를 '좌평 복신'으로 추앙하였고, 또 '신무한 권위로 이미 망한 나라를 일으켰다.'고 칭송하였다.

부활한 백제국

1. 풍왕의 즉위와 부흥백제국의 성립

660년 9월 임존성 전투에서 주도적인 역할을 하여 승리를 거둔 복신과 도침은 이제 백제국을 부활시킬 수 있는 시기가 되었다고 판단하고 부흥백제국을 이끌어갈 왕의 옹립을 서둘렀다. 이때 주목된 인물이 부여풍이었다. 복신과 도침이 부여풍을 부흥백제국의 왕으로 주목하게 된 배경은 다음의 몇 가지로 생각해 볼 수 있다.

첫째, 부여풍은 653년에 왜에 파견된 이후 백제가 멸망할 때까지 거기에 머물러 있었다. 그래서 그는 백제가 멸망하였을 때 당군의 포로가 되는 신세를 면하였다. 대다수의 왕자들이 당에 포로로 잡혀간 상황에서 그는 의자왕의 아들로서 왕위를 이을 정통성을 지니고 있었고 백제 유민들의 호응을 받을 수 있는 조건도 갖추고 있었다. 둘째, 부여풍은 왜에 머물면서 왜조정의 유력한 귀족들과 교분관계를 두터이 하였다. 부흥군이 일어났을 때 도움을 받을 수 있는 나라는 고구려와 왜뿐이었는데 왜조정의 유력한 세력들과의 이러한 긴밀한 관계는 왜의 지원을 얻는데 매우 유리한 조건이라 할 수 있다. 셋째, 부여풍은 왜에 체류한 기간이 약 7년이라는 장기간이었기 때문에 국내에서의 세력기반은 상대적으로 약하였다. 이는 부여풍의 취약점이기도 하였지만 복신과 도침으로 하여금 경계심을 품지 않도록 하는데 도움이 되었을 것이다.

이러한 여러 조건들을 고려한 복신은 부여풍을 옹립하면 정당한 왕위 계승자를 옹립하였다는 명분도 얻을 수 있고 왜로부터의 지원도 유리하게 이끌어낼 수 있을 것으로 판단하였다. 아울러 국내에서의 기반이 별로 없는 그를 옹립하면 향후 자신들의 입지를 다지는데도 별다른 장애가 없을 것으로 생각하였다. 그래서 복신과 도침은 부여풍을 왜로부터 모셔와 왕으로 옹립하기로 하였던 것이다.

풍왕을 옹립할 뜻을 굳힌 복신은 660년 10월에 좌평 귀지를 왜에 보내 군대 지원을 요청하면서 부여풍도 귀국시켜 줄 것을 청하였다. 왜는 그 요청을 받아들여 부여풍을 귀국시키기로 하였다. 그렇지만 부여풍이 실제 귀국한 것은 11개월 뒤인 661년 9월이었다. 이처럼 1년 가까운 세월이 지난 뒤에 왜가 부여풍을 귀국시킨 것은 부흥군 지원 여부를 둘러싼 왜조정의 입장 정리가 그만큼 복잡하였기 때문이다.

661년 9월 부여풍은 왜군 5천 명의 호위를 받으며 귀국하였다. 그가 백제로 돌아오자 복신은 그를 왕으로 세우고 국가 통치와 관련한 모든 권한을 맡겼다. 의자왕의 아들로서 왕위 계승에 아무런 하자가 없었고 또 정통성까지 갖춘 그가 즉위함으로써 부흥백제국이 탄생하게 되었다. 이에 따라 이제 부흥군 장군들은 부흥백제국의 장군이 되었고 군사들은 나·당점령군에 단순히 저항하는 세력이 아니라 끊어진 왕조를 다시 이은 왕국의 군대가 되었다. 그리하여 복신과 도침 등 부흥군 장군들의 위상도 강화되었고 또 정통성도 인정받게 되었다.

2. 왕도가 된 주류성

왕국이 성립되면 왕도가 반드시 있어야 한다. 왕도를 결정하는 작업은 권력의 중심지를 정하는 것이고 또 정치·행정의 구심점을 다지는 중요한 사업이다. 백제의 왕도였던 사비성은 나·당군에게 점령된 상태였기 때문에 부흥백제국의 왕도는 부흥군의 거점성과 연계하여 살펴볼 수밖에 없다. 복신과 도침이 처음 군대를 일으켰을 때의 중심지는 임존성이었다. 그 후 복신은 그 중심지를 임존성에서 주류성으로 옮겼다. 그 시기는 문무왕의 답서에 신라가 661년 3월에 주류성을 포위, 공격한 것으로 나오고 있으므로 661년 3월 이전으로 추정할 수 있다.

주류성의 위치에 대해서는 홍성설, 한산 건지산성설, 부안설, 연기 당산성설 등이 제기되어 왔다. 홍성설은 『대동지지』에 '홍주는 본래 백제의 주류성으로 당이 지심주로 고쳤다.'고 한 기사에 근거하여 홍성군 장곡면 대현리와 산성리의 학성산성(두루성)에 비정한 것이다. 그러나 당의 지심주는 본래 지삼촌을 개칭한 것이지 주류성을 개칭한 것이 아니다. 그러므로 이 설은 성립될 수 없다.

건지산성설은 한때 유력한 설로 통설화되기도 하였지만 근래에 이 산성의 동·서벽에 대한 부분적인 발굴 결과 고려 후기에 축성된 것으로 밝혀져 신빙성이 없게 되었다.

연기 당산성설은 『일본서기』의 소류성(疏留城)을 주류성으로, 안성천을 백강으로 비정하여 나온 것이지만 백강은 금강임이 분명함으로 역시 받아들이기 어렵다. 필자는 주류성을 부안에 위치한 것으로 보는 견해가 타당하다고 본다. 그 이유는 다음과 같다.

첫 번째는 백강의 위치가 금강이라고 하는 점이다. 백강은 웅진강, 기벌포 등으로도 불렸는데 이를 동진강이나 안성천으로 보는 설도 있다. 그러나 이 백강은 660년 당군이 백제를 공격할 무렵과 663년 나·당점령군이 주류성을 공격할 때도 나오는데 모두 같은 강이다. 660년의 백강은 금강임이 분명하므로 663년의 백강도 금강인 것이다.

두 번째는 주류성은 금강의 남쪽에 위치하였다는 점이다. 이를 짐작하게 하는 것이 663년 나·당점령군의 진격로이다. 나·당점령군의 작전은 수군과 육군의 합동작전으로 이루어졌다. 이때의 진군로를 보면 육군은 웅진에서 출발하여 금강을 건너지 않고 바로 진격한 것으로 나오고, 수군도 곧장 웅진강을 타고 금강 하구로 내려간 것으로 나온다. 이런 사실은 주류성이 금강 남쪽에 위치하였음을 보여주는 것이다.

세 번째는 가림성과의 관계이다. 가림성은 서천군 임천면의 성흥산성에 비정되며 금강 건너편에 있다. 만약 주류성이 금강 북쪽에 위치했다면 가림성이 최대의 장애물이 된다. 정면 돌파를 하기에는 가림성은 너

부안 위금암(우금) 산성의 성벽(남에서). 이 산성은 부흥백제국의 거점성으로서 왕성의 기능을 하였다.

무 험고하여 희생이 많게 되고, 그대로 두고 가면 배후를 기습당할 위협이 많기 때문이다. 그런데 나·당점령군은 가림성는 비켜두고 주류성으로 곧장 공격해 나갔다. 이는 가림성이 주류성의 배후 거점성이 아니었음을 의미한다. 따라서 주류성은 금강 남쪽에 위치한 것으로 볼 수밖에 없다.

네 번째는 주류성에는 복신이 몸을 숨긴 굴실(窟室)이 있어야 한다는 점이다. 『신증동국여지승람』 부안현조에는 우진암에 세 개의 굴이 있

는 것으로 나온다. 주민들은
이 굴을 '원효굴' 또는 '베
틀굴'이라 부르고 있다. 이
굴이 바로 복신이 몸을 숨겼
던 굴로 보아도 큰 무리는
없을 것이다.

　이러한 정황을 감안하면 주
류성은 부안의 위금암산성
으로 볼 수 있겠다. 위금암
산성은 둘레가 약 3,960m이
르고 성벽의 높이는 3m 내
외이며 윗면의 폭은 2m 이

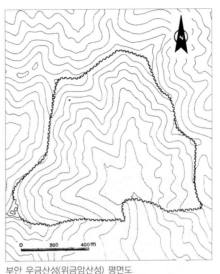

부안 우금산성(위금암산성) 평면도

상이다. 성곽은 울금바우(높이 329m)를 서남각으로 하고 능선과 남변
의 중앙의 수구를 막기 위해 사방을 높게 쌓고 중간은 넓은 포곡식 산
성이다. 남변은 능선을 따라 돌로 축조하였고, 서변 역시 8부 능선에
돌로 축조하였으나 거의 무너졌다. 북단에 북장대와 남변 수구의 서쪽
에 남장대가 있다. 울금바우에서는 동진강의 어귀까지가 쉽게 눈에 들
어온다.

　그러면 왜 복신과 도침은 중심지를 임존성에서 주류성으로 옮긴 것일
까. 그 배경은 다음의 몇 가지 측면에서 생각해 볼 수 있다. 첫째, 주류
성은 농사 짓기에는 척박한 곳이나 산은 높고 계곡은 좁아 지키기는 쉽

고 공격하기는 어려운 천험의 요새였다. 따라서 이곳은 군사적 거점지역으로서 좋은 조건을 갖추고 있었던 것이다.

둘째, 주류성은 주변에 넓은 평야를 끼고 있어서 경제적으로 물산이 풍부한 곳이었다. 복신과 도침은 거병 초기에 임존성에서 당군의 공격을 물리쳤지만 단기간에 나·당점령군을 격퇴할 수는 없었다. 이들은 장기전에 대비해야 하였고 그러기 위해서는 무엇보다도 곡창지대를 확보하는 것이 급선무였다. 천험의 요새인 주류성은 곡창지대인 동진강과 만경강 유역의 넓은 평야지대와 접해 있었다. 복신과 도침은 주류성을 거점으로 삼고 이 지역의 곡창지대를 안전하게 확보하여 군량 조달을 원활히 하려 하였던 것 같다. 나아가 이 지역의 생산물이 당군이 주둔한 사비성으로 들어가지 못하게 차단하는데도 중점을 두었던 것으로 보인다.

셋째, 차령산맥 북쪽에 위치한 임존성은 나·당점령군의 공격을 방어하는 데는 효과적이나 좀더 공세적 입장을 취할 경우 한계가 있었다. 임존성은 나·당점령군의 거점인 사비성에서 상대적으로 멀리 떨어져 있었기 때문이다. 그래서 복신은 방어하기도 좋고 사비성을 공격하기도 쉬운 주류성으로 중심지를 옮긴 것으로 보인다.

넷째, 부흥군을 지원해 주는 왜와의 접촉로도 고려하여야 한다는 점이다. 부흥군은 단독으로 나·당점령군에 대항할 수 없었기 때문에 외부로부터의 원조가 절실하였다. 이 시기 부흥군이 원조를 기대할 수 있는 세력은 왜였다. 그러므로 부흥군의 거점은 왜가 들어오기 쉬운 지역

부안 죽막동 제사 유적(좌)과 복원그림(우). 이 곳은 백제와 중국과 왜와의 무역의 거점항이었다.(국립전주박물관)

이어야 하였다. 그러나 임존성은 지리적으로 너무 북쪽에 있을 뿐만 아니라 나·당점령군이 금강하류 지역을 이미 장악했기 때문에 부흥군이 왜와 접촉하는데 매우 불리한 위치였다. 왜냐하면 군수물자를 실은 군선이 임존성으로 갈 경우 나·당점령군의 공격을 받기 십상이었기 때문이다. 반면에 부안 지역은 백제 당시에도 대왜교섭의 주요 거점항이었다. 이 점은 항해의 안전을 기원하기 위해 만들어진 죽막동 제사 유적에서 왜계 유물이 출토되는 것에서 확인된다. 또 이 지역은 금강 남쪽에 위치하였기 때문에 왜와 접촉하기 쉬울 뿐만 아니라 나·당점령군의 방해망에서 벗어나 있었다.

 이렇게 볼 때 복신과 도침이 주류성으로 거점을 옮긴 까닭은 명확해진다. 즉 이들은 방어상의 이점과 경제적 이점 및 왜와의 손쉬운 접촉 등 여러 가지 측면을 고려하여 임존성에서 주류성으로 중심지를 옮겼던 것이다. 주류성으로 중심지를 옮긴 복신과 도침은 661년 9월 왜에서 돌아온 부여풍을 맞아 왕으로 옹립하였다. 이로써 주류성은 부흥백제국의 왕도가 되었다.

3. 군사조직과 병력충원

1) 군사조직

부흥백제국의 군사편제는 기본적으로 백제 당시의 것을 그대로 따랐다. 백제의 군사편제는 크게 시위군, 왕도수비대, 중앙군, 지방군으로 나뉜다. 국왕을 시위하고 왕도의 수비와 치안을 담당하는 군사는 왕도 5부에 각각 5백 명씩 배치된 5부군(五部軍)이었다. 5부군은 2천5백 명 정도가 되는데 왕도 5부에 거주하는 백성들 중에서 용맹한 자들을 선발한 것으로 보인다. 지휘자는 달솔의 관등을 가진 인물이었다.

중앙군은 왕도 주변의 산성에 배치되어 훈련을 받고 유사시에는 출동하였다. 지방군은 방성군과 진군·성군 등으로 이루어졌다. 방성에는 1천2백~7백 명의 상비군이 주둔했다. 중요한 진성에는 진성군이, 내륙지역의 군성에는 성병(城兵)이 배치되어 있었는데 이들은 평소에 각자의 배치 지역에서 훈련을 받다가 대규모 군사동원이 이루어질 경우 방령의 지휘를 받았다.

그러나 백제 말기에 와서 정치질서의 문란으로 군사지휘체계는 제대로 작동되지 않았다. 따라서 막상 나·당연합군이 공격해 들어왔을 때 이 군사조직들은 제 기능을 다 발휘하지 못했다. 그렇다고 해서 백제의

부여 부소산성에서 출토된 백제시대의 철제무기(좌)와 철제찰갑편(우)(국립부여박물관)

군사동원 체제가 완전히 붕괴된 것은 아니었다. 일정한 조건만 갖추어
지면 이 조직은 언제든지 다시 기능을 할 수 있었다. 그래서 부흥백제
국은 기왕의 군사조직을 기반으로 그 조직을 확대해 나갔다. 이 가운데
복신과 도침이 거느린 부흥군은 왕을 시위하는 기능을 하면서 동시에
중앙군으로서의 역할을 하였다. 그리고 각 지역의 부흥군은 지방군과
같은 역할을 담당하면서 복신과 도침의 중앙군과 긴밀한 연관 속에서
협동체제를 이루어나갔다.

 부흥백제군의 병종은 보병, 수군, 승병 및 특수 부대 등으로 이루어졌
다. 이 가운데 주력은 보병이다. 이 보병은 도부수, 창수, 궁수로 편제
되었다. 기병은 정예 기병과 일반 기병으로 편제되었는데 정예 기병은
국왕 직속의 기병이었다. 기병부대에 필수적인 군마는 백제 당시에 운
영되는 목장에서 기른 말들을 이용하였다. 이 목장들은 대개 왕실 직속
이든가 아니면 고위 귀족들에게 사여된 목장이었다. 왕실 직속의 목장

과 관청 소속의 목장은 22부 가운데 내관 12부의 하나인 마부(馬部)가 관리하였다. 이 목장들은 대개 섬에 설치되었는데 부흥군은 각 섬에서 기르던 군마들을 동원하여 기병대를 운영하였던 것이다.

부흥백제국의 수군은 백제 멸망 이후 살아남은 수군들을 중심으로 편성되었다. 만경현의 군산도, 임피현의 진포, 부안현의 위도 등은 부흥백제국 수군의 주요 기항처였다. 그리고 부안군 변산에서는 질이 좋은 목재가 산출되었으며 부흥군은 이 지역의 목재를 이용하여 군선을 만들고 선부(船夫)들을 징발하여 수군으로 편제하였던 것으로 보인다. 이 수군들은 663년 백강 전투 때 왜의 수군과 합동작전도 수행하였다.

부흥백제국의 또 하나의 병종으로는 승병을 꼽을 수 있다. 승병은 승려로 이루어진 부대이다. 승려 도침이 거느린 군대는 바로 승병이 중심이 된 병력이라 할 수 있다. 이외에 특수한 병기를 다루는 부대들도 있었다. 당유인원기공비에는 부흥군이 나·당점령군의 진영을 공격할 때 운제(구름사다리)를 사용하기도 하고 석투(石投)를 전문으로 하는 부대와 궁수대가 있었다고 하는 기사가 나온다. 따라서 부흥백제군에는 운제를 사용하는 부대, 석투를 전문으로 하는 부대, 활과 노(弩)를 전문으로 다루는 부대가 있었고 이 외에 성문을 깨뜨리는 역할을 전문으로 하는 부대도 존재하였음을 알 수 있다.

2) 병력충원과 군수조달

부흥군이 나·당점령군과 전쟁을 지속적으로 수행해 나가기 위해서는 무엇보다도 필요한 것이 병력이었다. 그러나 멸망 이후 백제의 군지휘체계가 무너지고 병사들은 사방으로 흩어졌기 때문에 원활한 병력동원은 매우 힘들었다. 초기 부흥군 장군들의 군사모집 방법은 그야말로 다양하였다. 복신과 여자진은 아쉬운대로 흩어진 병졸들을 모아 거병을 하였고, 흑치상지는 종래 자신이 거느렸던 풍달군의 군사를 동원하였다. 그리고 일부 장군들은 자기의 세력기반이 된 지역의 주민들을 규합하여 부흥군을 조직하였다.

그러나 전쟁이 계속되면서 부흥군도 많은 사상자를 내게 되었다. 661년 사비남령(泗沘南嶺) 전투에서 1천5백 명, 웅진강구 전투에서는 1만여 명이 전사하였다는 것이 그 예가 된다. 따라서 부흥군 장군들은 손실된 병력을 제때에 보충하여야 하였고 그러기 위해서는 좀더 조직적인 병력충원 방법이 모색되어야 하였다.

이때 가장 큰 병력 자원은 나·당연합군의 진격로에서 벗어나 있는 성들이었다. 진격로에서 멀리 떨어진 성들은 전쟁을 치루지 않았기 때문에 군사력을 어느 정도 유지할 수 있었다. 이 군사력은 옛 백제의 유력한 세력들에 의해 장악되어 있었으므로 이 세력들을 적극적으로 끌어들이는 것이 필요하였다. 이들을 부흥군 쪽으로 끌어들이는 계기를 이룬 것은 660년 8월의 임존성 전투와 661년 4월의 두량윤성 전투였다. 임존성 전투에서 복신은 소정방이 거느린 당군의 공격을 물리쳤고 두량윤성 전투에서는 신라의 대군을 크게 격파하여 부흥군들의 기세를 한껏 고조시켰다. 이러한 승리는 사방의 성들이 부흥군에게 몰려들게 하는 자극제가 되어 남방의 2백여 성이 부흥군에 적극 호응하여 오게 되었던 것이다. 이 토대 위에서 주류성을 거점으로 중앙군을 형성한 복신과 도침은 각 지역의 부흥군들과의 유기적인 관계를 통해 방이나 군 예하에 소속되었던 군인들을 동원하거나 필요한 경우 성 단위로 백성들을 병사로 충원하는 길을 열었다.

한편 부흥군이 지속적으로 전쟁을 수행하기 위해서는 병기의 조달도 제때 이루어져야 했다. 부흥군은 초기에는 병기를 제대로 갖추지 못해 목봉(木棒)이나 죽창을 주무기로 하였다. 그러다가 신라군으로부터 병기를 빼앗아 무장을 하기 시작했다. 이후 왜가 662년 정월과 3월 두 차례에 걸쳐 화살을 비롯한 군수품을 보내옴으로써 부흥군의 무장이 보강되었다. 그러나 나·당점령군으로부터 탈취한 무기로 무장을 하거나 왜로부터의 무기를 공급받는 것만으로는 사실상 전쟁을 제대로 수행하기가 어려웠다. 이는 일시적인 방법일 뿐 장기적인 항전에는 한계가 있었기 때문이다. 자체적으로 필요한 무기들을 제작·조달해 나가지 않을 수 없게 된 부흥군은 철산지를 확보하여 칼·창·촉 등을 만들었다. 그리고 화살대는 전죽(竹箭)을 많이 이용하였는데 전죽은 삼과 같이 곧게 자라는 대나무여서 화살대로 손색이 없었다.

한편 부흥군은 처음에는 나·당점령군의 군수물자를 빼앗아 사용하는 것으로 군량 조달 문제를 해결하였다. 나·당점령군의 군수물자의 노획은 부흥군의 부족한 군량도 보충하는 한편 당군의 군량을 궁핍하게 하는 이중적인 효과가 뒤따랐다. 이외에 왜로부터 일정한 분량의 군량을 조달받기도 하였다. 그러나 약탈과 왜로부터 군량 조달도 항구적인 방법은 아니었다. 때문에 부흥군은 새로운 군량 조달 방법을 모색하여야 하였다. 이때 부흥군의 군량 공급의 원천이 된 것은 산성의 군창(軍倉)과 군현의 교통 요지에 설치되었던 저창(儲倉)이었다. 당시 백제의 중요한 산성에는 상비군에게 공급하기 위해 군량을 갈무리한 군창이 마련되어 있었다. 가림성으로 비정되는 성흥산성에서 군창이 발굴된 것은 이를 보여준다. 그리고 옹산성을 지키던 부흥군이 항복을 권하는 신라군에 대해 '군대도 많고 군량도 풍부하다.'고 큰소리 친 것도 이러한 것이 사실임을 입증하여 주는 것이다.

저창은 군수물자를 저장하기 위한 창고이다. 『대동지지』는 면천군 석두 동쪽에 저창이 있었다고 기록하였다. 이 기사는 백제에서의 저창의 존재를 보여주는 유일한 예로서 중요한 교통로에 저창이 설치되었음을 추정하게 하는 것이다. 따라서 이 저창은 본래 수군의 군수물자를 갈무리하기 위해 마련한 곳간 시설이라 할 수 있다. 부흥군들은 백제가 설치한 산성의 군창들과 육로와 수로 교통이 편리한 지역의 저창들을 확보하여 군량을 조달하고 또 각 지역에서 거둔 물자들을 이 창고에 갈무리하여 장래에 대비하였다. 부흥군이 나·당점령군에 장기적으로 항전할 수 있었던 것도 이러한 군량 조달루트가 확보되어 있었기 때문에 가능했던 것이다.

고구려와 왜의 움직임

1. 군사 지원을 외면한 고구려

당 고조는 618년 수를 멸망시키고 중국 천하를 통일하였다. 천하통일 이후 당의 대외정책에서 제1의 우선 순위는 고구려를 복속시키는 것이었다. 그러나 몇 차례에 걸쳐 고구려를 공격하였지만 완강한 저항에 부딪쳐 모두 실패하고 말았다. 이렇게 되자 당은 백제를 먼저 공략한 다음 고구려를 치는 방향으로 전략을 바꾸었다. 따라서 백제 정벌은 고구려를 멸망시키기 위한 의도적인 공격이라고 할 수 있다. 백제를 멸망시킨 유인궤가 당고종에게 표를 올려 "백제 땅에서 철군하면 고구려를 멸망시키는 것은 요원하다."고 주장한 것은 이를 잘 보여준다.

7세기 전반경 백제와 고구려와의 관계는 긴밀하였다. 이 시기의 양국 관계는 '서로 친하게 지낸다(轉相親比)'·'입술과 이의 관계(脣齒)'· '고구려의 지원을 믿었다(恃高句麗之援)'라는 표현에서 비교적 잘 드러난다. 이러한 관계는 의자왕이 친위 정변을 단행한 후 친고구려적인 입장을 취하게 됨에 따라 형성되었다. 그래서 의자왕대에 백제와 고구려는 신라를 공격하는데 일정하게 공동보조를 맞추었다.

그러나 막상 백제가 나·당연합군의 공격을 받아 위급한 상황에 처하였을 때 고구려는 군사적 지원을 외면하였다. 고구려는 당의 일차적인 목적이 자신을 멸망시키는 것이라는 것을 이미 잘 알고 있었다. 또 백제가 멸망하면 그 여파가 자국에 미칠 것이라는 것도 모르는 바는 아니었다. 그럼에도 고구려는 백제의 멸망을 강 건너 불 구경하듯 방관해 버렸다. 그러면 왜 고구려는 백제가 풍전등화와 같은 어려운 상황에 처하였음에도 불구하고 백제를 지원하지 않았을까. 여기서는 고구려가 그렇게 할 수밖에 없었던 배경을 몇 가지로 정리해 두기로 한다.

첫째, 당은 백제를 멸망시키기 위해 고구려가 백제와 연결하는 것을 차단하는 정치적·군사적 정지작업을 먼저 착수하였다. 그래서 당은 고구려에 대해 만약 백제를 구원하면 거란 등 북방민족을 동원하여 고구려를 치겠다고 압력을 가하였다. 실제로 당은 백제를 공격하기 2년 전인 658년에 영주도독 정명진과 우영군중랑장 설인귀로 하여금 고구려를 공격하게 하였고, 659년에는 설인귀가 횡산에서 고구려 장군 온사문(溫沙門)의 군대를 격파한 일이 있다. 이 같은 공격은 고구려가 대당전선의 군사력을 돌려 백제를 구원하지 못하게 하기 위한 전략으로 보인다.

둘째, 당은 소규모의 군대로 고구려 국경을 자주 침략함으로써 고구려의 국력을 약화시키는 소모작전을 전개하였다. 당의 소규모 군대가 침략할 때마다 고구려 주민들은 빈번히 성보(城堡)에 들어가야 하였고 그로 말미암아 농사를 제대로 지을 수 없게 되었다. 이는 결국 고구려의 경제상황을 어렵게 만들었고 농민생활에도 곤핍을 안겨주었다.

셋째, 이 시기 고구려는 내적으로 도교를 크게 숭상했기 때문에 종교적 갈등도 만만치 않았다. 정변을 통해 집권한 실권자 연개소문이 크게 장려한 도교는 유교와 불교에 맞먹을 정도로 성행하였다. 보덕화상은 도교의 창궐이 나라를 위태롭게 할 것이라고 누차 간하였지만 받아들여지지 않자 전주로 방장을 옮기기까지 하였다. 이는 불교계의 일부 세력들이 연개소문 정권에 등을 돌려 이탈하였음을 보여주는 것이다.

넷째, 이 당시 고구려는 왕실을 비롯하여 실권 귀족들의 사치와 방탕이 극심하였다. 화려한 벽화고분의 조영은 이 시기 귀족들의 호화로운 삶의 한 단면을 반영하고 있다. 귀족들의 이러한 사치와 방탕은 빈번한 전쟁으로 가뜩이나 피폐한 국력을 더욱 소진시켰고 마침내 고구려를 파멸로 이끄는 하나의 요인이 되었다. 이로 말미암아 고구려는 백제에 대한 군사지원을 적극적으로 검토할 처지가 못되었던 것 같다.

그러나 백제의 멸망은 한반도 내에서 백제-고구려 대 신라-당 세력 사이의 균형을 깨어버려 신라와 당으로 하여금 고구려를 더욱 목조이는 기회로 작용하였다. 이는 고구려에 커다란 충격을 안겨주었다. 그리하여 고구려는 어떠한 형태로든 나·당점령군의 발목을 잡고 있는 부흥백제국을 돕지 않을 수 없는 처지에 몰렸다. 그렇지만 이 시기 고구려의 부흥백제국 지원은 군사행동을 같이하는 것이 아니라 고구려 단독으로 신라를 공격하는 형태로 이루어졌다. 이러한 사례를 몇 가지 열거해 보기로 한다.

첫째, 고구려는 660년 10월 신라의 칠중성을 공격하였다. 이 공격은 부흥백제군의 요청에 의해 이루어진 것이 아니라 고구려의 독자적인 판단에 의한 것이었다. 그렇지만 고구려의 칠중성 공격은 신라군의 전력을 분산시키는 효과를 가져왔고 결과적으로 부흥군을 간접적으로 지원하는 형태가 되었다.

둘째, 고구려가 661년 5월 신라의 술천성과 북한산성을 공격한 사건이다. 그런데 이 시기 고구려는 군대를 일으켜 신라를 공격할 형편이 아니었다. 왜냐하면 이보다 한 달 전인 661년 4월에 당의 임아상·설필하력·소정방 등이 35만의 대군을 동원하여 세 길로 나누어 고구려를 공격해 왔기 때문이다. 이때 고구려의 집권자인 연개소문은 아들 남생에게 수만의 정병을 주어 압록강에서 당군을 막도록 하였으나 도리어 패배하고 말았다. 당군은 패강에서 고구려군을 격파하고 일시적으로 평양성을 포위하기까지 하였다. 따라서 고구려로서는 위기의 상황이었다. 그럼에도 불구하고 고구려는 661년 5월 신라의 술천성과 북한산성 공격에 나섰던 것이다.

고구려가 이러한 군사행동을 하게 된 배경과 관련하여 주목되는 것이 이때 백제 부흥군이 두량윤성에서 신라군을 크게 격파하였다는 사실이다. 신라군이 두량윤성에서 대패하자 무열왕은 이를 돕기 위해 황급히 정예병을 급파하였고 이로 말미암아 신라의 방어망이 허술하게 되었다. 당과 대결하는 가운데서도 신라의 상황을 살피고 있던 고구려는 부흥백제군의 공격으로 신라의 방어망이 허술해진 틈을 노려 신라의 북변인 술천성과 북한산성을 공격하였던 것이다. 이 같은 고구려의 행동은 상황에 따라 자국의 이익을 취하겠다는 의도에서 나온 것이 분명하다. 그렇지만 고구려의 신라에 대한 공격은 신라군의 활동에 일정한 제약을 가하는 것이 되었고 이는 비록 간접적이기는 하지만 부흥백제군에게는 커다란 힘이 되었다고 할 수 있다.

2. 왜조정의 부흥군 지원

1) 부흥군 지원을 결정한 왜조정

660년 7월 나·당연합군에 의한 백제의 멸망은 바다 건너 왜에게도 큰 충격을 주었다. 물론 왜에서도 백제 멸망 직전에 백제에 큰 변란이 일어나리라는 징후가 없었던 것은 아니었다. 이를테면 참새가 바다에 들어가 고기로 되었다고 하는 작어(雀魚) 설화가 그것이다. 이 설화는 '백제의 의자왕과 태자가 사로잡혀 당으로 갔으므로 한반도 쪽을 향한 지역에 군사적 방비를 튼튼히 하고 나아가 성책을 수리하고 군사로를 차단시켜야 한다.'는 급박한 정세의 한 단면을 암시하는 것이었다. 그리고 '백제가 신라를 치고 돌아오는데 말이 밤낮을 쉬지 않고 스스로 금당을 돌았으며 풀을 먹을 때만 돌기를 그쳤다.'고 한 것도 백제의 멸망을 예고한 것이었다. 또 백제가 멸망하기 2개월 전인 660년 5월에 온

나라 사람들이 까닭없이 무기를 가지고 왕래했다는 기록도 백제 멸망을 예고하는 징후였다. 이처럼 백제 멸망의 조짐이 이미 몇 해 전부터 빈번히 보였지만 당시 왜조정에서는 이러한 조짐에 대해 아무런 관심을 두지 않았다. 도리어 이 시기 왜조정은 백제 멸망 4개월 전인 제명 6년(660) 3월에 수군 2백 척을 동원하여 숙신국을 토벌하는 군사를 일으켰다.

한편 왜는 660년을 전후하여 백제를 둘러싼 국제적 상황의 변화를 제대로 파악하지 못하고 있었을 뿐만 아니라 660년 7월 백제가 나·당연합군의 공격을 받았을 때도 그 사실을 모르고 있었다. 왜가 백제 멸망을 알게 된 것은 복신이 660년 9월 사신을 왜에 보내 구원군을 요청하면서부터였다. 이렇듯 왜가 나·당연합군의 백제 공격에 대해 정보가 어두웠던 것은 당과 신라가 백제 공격 계획에 대한 보안을 철저하게 했던 탓이었다. 실제로 659년 11월 백제를 정벌할 계획을 세운 당은 이 사실이 외부로 새어나가지 않게 하기 위하여 상당한 신경을 썼다. 그래서 당나라에 체류하고 있던 왜인들이 백제와 가깝다는 이유로 돌아가지 못하게 막은 뒤 서경의 특별한 장소에 유폐시켜 두었다. 그래서 왜는 백제와 마찬가지로 당의 한반도 출정계획을 눈치채지 못하였다. 그 결과 백제는 위기상황에 직면해서도 왜에 구원을 요청하지 못하였고 또 왜도 백제를 돕는 출병이 늦어지게 되었던 것이다.

백제와 왜의 관계는 의자왕 13년 이후 긴밀한 관계를 유지하고 있었다. 이러한 관계는 '입술이 없으면 이가 시리다.'는 순망치한(脣亡齒寒)

과 같은 것이었다. 그래서 두 나라는 동북아시아 국제정세 속에서 긴밀하게 공동보조를 취하였다. 그러나 백제의 멸망은 멸망 그 자체로 끝나는 것이 아니라 왜에게는 나·당연합군의 위협이 곧바로 일본열도에로 직결될 수 있다는 위기감을 조성하였다. 그래서 왜조정은 독자적으로 신라와 당나라의 위협으로부터 자신을 지켜야 하는 커다란 숙제를 떠안게 되었다. 이러한 상황에서 복신이 사신을 보내 부여풍의 귀환을 요청하자 왜로서는 그 요청을 들어주지 않을 수 없었다. 왜냐하면 부흥군의 존재 자체가 나·당군의 압박을 막아주는 방파제 구실을 할 수 있었기 때문이다. 그리하여 부여풍은 귀국할 수 있었던 것이다.

이렇게 볼 때 부여풍의 귀국과 군사지원은 당시 왜조정의 정치적 상황과 긴밀한 관계를 맺고 있다고 할 수 있다. 이 시기 왜조정의 실권자는 나카노오에(中大兄)황자였다. 그는 고토쿠(孝德)천황의 반대에도 불구하고 아스카(飛鳥) 강변의 행궁(行宮)으로 수도를 옮겼다. 이후 고토쿠가 죽자 황조모존(皇祖母尊)인 하시히토(間人)황후를 다시 천황으로 옹립하였다. 이가 사이메이(齊明)천황이다. 이 과정에서 왜의 지배층 사이에는 정치적 갈등이 빚어지게 되었고 나카노오에 세력은 갈등으로 빚어진 국내 모순을 극복하는 문제를 안게 되었다. 이러한 상황에서 백제의 멸망으로 한반도에서의 세력균형이 깨어지자 심각한 위기의식을 느낀 나카노오에 황자는 국내의 정치적 갈등을 극복하면서 동시에 한반도로부터 밀려오는 위기에 능동적으로 대처하여야 하였다. 작어(雀魚) 출현이 암시하는 징후가 현실로 나타난 것이다. 그래서 나카노오에 황자는 일차적으로 자국의 경비를 강화하면서 위기 돌파의 방법으로 고구려와 백제와의 동맹을 추진하였다. 이 방법은 당시 왜조정에게는 한반도로부터 파급될 나·당연합군의 압력을 극복할 수 있는 현실성 있는 대외노선으로 간주되었다. 이리하여 복신이 군사지원과 부여풍의 귀환을 요청하자 왜조정은 그 요청을 받아들였던 것이다. 왜조정이 부여풍의 귀환과 부흥군에 대한 원조를 결정한 뒷자락에는 그런 맥락이 깔려 있었던 것이다.

2) 군수품 지원

왜는 비록 백제부흥군을 지원하기로 결정했으나 이를 실제 행동으로 옮기는 것은 그리 쉽지는 않았다. 그래서 복신의 부여풍 귀환 요청에서부터 부여풍이 귀국하게 되기까지는 9개월이라는 시간이 걸렸다. 이 기간에 왜는 파병에 필요한 여러 가지 병장기들을 준비하고 군대를 모집하였다. 스루가국(駿河國)에 선박 건조를 맡기고 하도군(下道郡)의 이마향(邇磨鄕)에서 2만 명의 군사를 징발한 것은 백제 구원을 위한 사전 준비로 볼 수 있다. 그러나 군사모집과 군수품의 조달 및 군선의 건조 등 일련의 준비 작업은 사이메이 천황이 661년 7월 아사쿠라궁(朝倉宮)에서 죽음으로써 한때 차질을 빚게 되었다. 그렇지만 나카노오에 황자가 해외의 군사와 관련되는 업무를 주관하고 있었기 때문에 구원군 파견과 같은 큰 틀은 깨어지지 않았다.

그렇다고 하여 왜조정이 부흥백제국을 구원하기 위한 병장기와 선박

등을 준비하는 작업은 그렇게 순탄하게 진행된 것만은 아니었다. 이 무렵 왜에서는 스루가국에서 만든 배를 오미(續麻) 교외에 옮겨놓았더니 밤중에 고물과 이물이 서로 반대로 바뀌었다던가 하도군 이마향의 군사가 사이메이 천황의 죽음으로 파견할 수 없게 되었다는 이야기가 떠돌았다. 특히 군선의 고물과 이물이 반대로 바뀌었다는 것은 왜가 마침내 패배할 것을 미리 걱정한 대목으로 해석할 수도 있다. 이는 구원군 파견에 대한 왜조정의 여론이 그리 좋지 않았음을 반영하는 것이기도 하다.

사이메이 천황이 죽은 후 나카노오에 황자가 천황위에 올랐다. 이가 덴지(天智)천황이다. 덴지는 즉위 후 반대여론에도 불구하고 부흥백제국 지원을 본격적으로 추진하였다. 지원의 핵심은 부여풍의 귀환과 군대의 파견 및 군수품의 조달로 나누어 볼 수 있다. 이러한 준비는 시간적 여유도 필요하였다. 그래서 왜는 실행하기 쉬운 것부터 추진해 나갔다. 이 중에서 제일 먼저 실행한 것이 부여풍의 귀환이었다. 그리고 곧이어 군수품 지원을 실행에 옮겼다. 군수품 지원은 662년 1월과 3월에 걸쳐 두 차례 이루어졌다. 1차 때 보낸 것은 화살 10만 개, 실 500근, 면 1천 근, 포 1천 단, 가죽(韋) 1천 장, 종자 쌀 3천 곡(斛)이었고 2차로 보낸 것은 포 3백 단이었다.

이때 군수품 운송의 책임을 맡은 인물은 아즈미노히라부노무라지(阿曇比羅夫連)이었다. 그는 170척의 배에 군수품을 싣고 군사들로 하여금 운송선을 호위하여 바다를 건넜다. 이러한 군수품은 당시 어려움을 겪고 있던 부흥군에게 큰 도움이 되었을 것이다. 이에 풍왕은 662년 6월에 달솔 만지(萬智)를 왜에 사신으로 파견하여 대량의 군수물자를 공급해준 것에 대한 사례도 표시하고 또 지속적인 군사원조를 요청하였다. 그런데 이때 왜가 복신에게 공급한 군수품은 풍왕에게 준 것보다 압도적으로 많았다. 이는 왜가 복신이 부흥백제국의 실세임을 인정하고 있었음을 보여주는 것이라 하겠다.

부흥군의 주요 거점성

　백제가 망한 후 각처에서 일어난 부흥군은 나·당점령군과 치열한 전투를 벌였다. 격전이 치루어진 성들은 바로 부흥백제군의 거점성들었다. 부흥백제국의 주요 거점성으로서 그 이름이 알려진 것은 임존성·두량윤성·고사비성·내사지성·빈골양·우술성·진현성·거열성·지라성·주류성·각산성·덕안성 등이다.

　이들 성 가운데 두량윤성·고사비성·내사지성·우술성 등은 통일신라기에 와서 행정구역의 치소(治所)가 되었기 때문에 그 위치를 비교적 쉽게 알 수 있다. 그러나 치소가 되지 못했던 대다수의 성들은 『삼국사기』 지리지에는 삼국유명미상지분조(三國有名未詳地分條)에 수록되어 있어 그 위치를 분명히 하기 어렵다. 그 대표적인 예가 주류성이다. 주류성은 부흥백제국의 수도로서 기능을 하였지만 통일신라기에 와서 행정구역의 치소가 되지 못하였기 때문에 『삼국사기』에는 그 연혁에 관한 기사가 나오지 않는다. 그로 말미암아 그 위치조차 구체적으로 알 수 없어 부안의 위금암산성으로 추정되고 있는 실정이다.

그러나 전투의 진행과정이나 군대의 진격로를 올바르게 이해하기 위해서는 이 거점성들의 위치를 정확히 파악하는 것이 중요하다. 여기서는 부흥백제국의 거점성 가운데 그 위치를 비정할 수 있는 성들에 대해 연혁을 간략히 정리해 두기로 한다. 그러나 다루어야 할 성의 수가 많으므로 편의상 사비도성을 중심으로 하여 북쪽 지역, 동쪽 지역, 남쪽 지역, 동남쪽 지역, 사비성 부근 지역으로 나누어 정리해 보기로 한다. 다만 주류성의 경우 부흥백제국의 수도와 관련하여 이미 언급하였기 때문에 여기서는 생략해 둔다.

1. 북쪽 지역의 주요 거점성

1) 임존성

임존성은 복신 등이 최초로 거병한 곳이며 또 왕도 주류성이 함락된 이후에도 최후까지 항거하였던 거점성이기도 하였다. 임존성은 『일본서기』에 임사기산(任射岐山) 또는 임서리산(任敍利山)으로 표기되었다. 『자치통감』 고이(考異)에서는 임효성(任孝城)으로도 표기되는데 이는 '존(存)'과 '효(孝)'의 글자 모양이 비슷한 것에서 비롯된 오기이다. 임존성은 신라 경덕왕대에는 임성군으로, 고려에 와서는 대흥군으로 개칭되었다. 대흥군은 오늘날의 예산이다. 『대동지지』에는 대흥의 봉수산성을 임존성으로 표시하고 있다.

임존성의 성벽과 건물지에 대한 조사보고서에 의하면 성벽은 처음 축

대흥 봉수산성(임존성) 평면도

조된 이후 세 번 이상 개축되거나 수축되었다. 성 내부의 건물지 등에서 수습된 기와들 가운데는 백제시대의 기법으로 된 것도 있고, 또 '존관(存官)'·'임존관(任存官)'으로 판독될 수 있는 명문도 있다.

이러한 유물들은 임존성이 백제시대에 축조되었음을 뒷받침해준다.

2) 두량윤성

두량윤성은 661년 3월 부흥백제군과 신라군 사이에 큰 전투가 벌어진 성이다. 이 성은 열기현·두릉윤성·두곳성·윤성·두량이성 등으로 다양하게 표기되었다. 이 가운데 열기는 백제시대의 명칭이고 윤성은 백제 멸망 후 당나라 도독부 체제하에서 만들어진 명칭이다. 백제시대의 열기현은 신라 경덕왕대에는 열성현으로, 고려시대에는 정산현으로 개칭되었다. 정산현은 오늘날 충남 청양군 정산면이다.

『신증동국여지승람』과 『대동지지』에 의하면 정산면에 계봉산성이 있는데 이 산성이 바로 두량윤성이다. 계봉산성은 표고 210m 산정에 테

뫼식으로 돌린 석축산성인데 내탁
(內托)공법으로 축조되었다. 성의
둘레는 560m이고 성내에는 너비
10m 정도의 내호(內濠)를 둘렀다.
그리고 1.8×1.8m의 정방형 우물이
있는데 지금도 물이 솟아나고 있다.

2. 남쪽 지역의 주요 거점성

1) 피성

피성은 『일본서기』 천지기 원년조
에만 나오는 성으로 662년 12월에
일시적으로 부흥백제국의 수도가 되었다. '벽(辟)'에는 '피' 음과 '벽'
음이 있다. 『삼국사기』 도독부–7주조에는 "벽성현은 본래 벽골이다(辟
城縣本碧骨)."라는 기사가 나오는데 벽(辟)을 '피'로 읽으면 벽성현은
'피성현'과 상통한다. 그렇다고 하면 『일본서기』는 '벽(辟)'을 '피'로
읽어 벽성(辟城)을 '피성(避城)'으로 표기한 것이라 할 수 있다. 피성,
즉 벽성=벽골은 백제의 벽골군으로 오늘날의 김제시이다. 『일본서기』
에 의하면 피성은 서북으로 고련단경수(古連旦徑水)가 띠처럼 둘러 있
고 제방이 경작지를 둘러싸고 있어 매우 비옥한 곳으로 나온다. 이러한
모습은 오늘의 김제시의 지세와 상통한다.

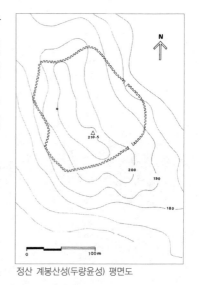

정산 계봉산성(두량윤성) 평면도

이 피성의 중심지를 김제 교촌리의 성산(城山)으로 비정하는 견해가 있다. 이 견해에 의하면 성산은 고려시대의 토성이지만 백제시대에 축성한 성이 그 아래에 묻혀 있다고 한다. 현재의 성산은 테뫼식 토성으로 둘레는 569m, 폭 4~6m에 이르는 넓은 회랑도를 굴착하여 토루를 쌓은 것이 특징이다.

2) 고사비성

『자치통감』에는 고사비성이 고사(古泗)로 나온다. 고사는 고사부리를 개칭한 것이므로 고사비성은 고사부리(古沙夫里)라 할 수 있다. 고사부리는 백제시대에는 고사부리군이었고 신라 경덕왕대에 고부군으로 개칭되어 고려로 이어졌는데 지금의 전북 고부이다. 이 고사비성을 구체적으로 정읍시 영원면의 금사동산성으로 비정하는 견해도 있다.

3) 덕안성

덕안성은 득안성으로도 표기되었다. 덕안성은 백제시대에는 5방성 중의 하나인 동방성이었고 백제 멸망 이후에는 당의 5도독부의 하나인 덕안도독부가 설치되었다. 『삼국사기』 도독부-7주조에 의하면 득안현은 백제의 덕근지를 개칭한 것으로 기록하였다. 덕근지의 '지(支)'는 '지(只)'와 마찬가지로 성을 의미한다. 따라서 덕근지는 덕근군이 된다. 덕근군은 신라 경덕왕대에 덕은군으로 개칭되었고 고려시대에도 덕은군으로 불렸는데 오늘날의 충남 논산시이다.

『신증동국여지승람』과『대동지지』에는 논산 지역의 고성으로 황화산성과 마야산고성이 나온다. 이 중에 은진의 진산인 매화산은 표고 355m로서 마야산이라고도 한다. 이 산의 정상부에 축조된 석축산성이 매화산성이다. 고려시대 이전에 축성된 것으로 보이는 이 산성의 평면 형태는 삼태기형이며, 동과 서에서 각각 성문지가 확인되었고, 다듬은 화강석 성돌로 바른층 쌓기방식으로 쌓아올렸다. 이 성의 둘레는 1,550m로서『한원』백제조에 나오는 동방성의 둘레와 큰 차이가 없다. 따라서 매화산성 즉 마야산 고성을 덕안성에 비정할 수 있다.

4) 빈골양

이 빈골양과 음이 유사한 것이 빈굴현이다. 백제시대의 빈굴현은 신라 경덕왕대에 빈성현으로 개칭되었고 고려에 와서는 인의현으로 바꾸었다. 오늘날의 태인은 태산군과 인의현의 머리글자를 한 자씩 따서 합성한 것으로서 인의현은 신태인읍 백산리에 자리하였다. 이 빈골양을 태인군 옹동면 산성리에 있는 산성으로 보는 견해도 있다.

5) 이례성

이례성은 초기에 일어난 부흥군의 거점성 중의 하나이다.『대동지지』연산조에 의하면 이례성은 연산의 두솔산에 축성되었고 그 음이 전(轉)하여 이리성으로 불렸다는 내용이 나온다. 따라서 이례성은 연산으로 비정할 수 있다.『신증동국여지승람』에는 두솔산에 옛 성터가 있다고 기록하고 있는데 이것이 이례성 터가 아닐까 한다.

6) 각산성

이 성은 661년 4월에 부흥군과 신라군이 격전을 벌인 격전장이다. 이 성은 무왕 6년(605)에 축조되었는데 『삼국사기』 지리지에는 삼국유명 미상지분조에 수록되었다. 그래서 그 위치는 확실히 알 수 없다. 이 각산을 '뿔뫼'로 보고 임실군 관촌면 오원천 양편 기슭에 뿔처럼 솟은 세 군데의 산성 즉 대리의 산성과 배뫼산의 산성 및 방현리 산성으로 보는 견해도 있다.

3. 동쪽 지역의 주요 거점성

1) 우술성

우술성은 백제시대에는 우술군이었고 신라 경덕왕대에는 비풍군으로, 고려시대는 회덕군으로 개칭되었다. 오늘날의 대전광역시 회덕면이다. 『신증동국여지승람』과 『대동지지』에 의하면 우술군에 계족산성이 있는데 이 산성이 바로 우술성이다. 계족산성은 표고 399m의 산정에 테뫼식으로 돌려진 석축산성이다. 둘레가 약 1,037m 가량이고, 현재 350m 정도가 남아 있으며 높이는 2~6m이다. 이 성의 몸체는 내탁공법으로 축조되었다.

성벽의 폭은 상부의 경우 대략 7~9m 정도이다. 최근에 이루어진 계

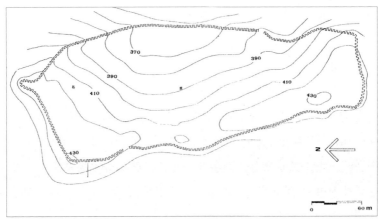

대전 계속산성(우술싱) 평면도

족산성 발굴 결과 '우술(雨述)', '우술천국(雨述天國)' 등을 새긴 명문 기와가 출토되었다. 이는 우술성이 계족산성임을 입증해 주는 것이다. 이 산성은 문의-청주를 거쳐 북상하는 통로를 감시할 수 있고 보은-옥 천-회덕-유성-공주에 이르는 이른바 웅진도도 차단할 수 있는 중요한 요충지였다.

2) 진현성

진현은 정현(貞峴)으로도 표기되었다. 이는 '진(眞)'과 '정(貞)'의 글 자 모양이 유사한데서 비롯된 것이다. 이 성은 "강에 임해 높고 험하여 (臨江高險)"라고 한 표현에서 보듯이 군사적인 요충지였다. 백제시대의 진현현은 신라 경덕왕대에 진령현으로, 고려에 와서는 진잠현으로 개

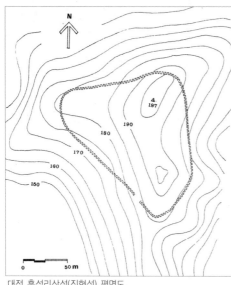

대전 흑석리산성(진현성) 평면도

칭되었다. 진현성은 오늘날의 대덕군 진잠면이다. 『대동지지』 진잠조에는 밀암산고성(密岩山古城)이 나오는데 그 형세는 "돌로 된 봉우리가 물가에 벽처럼 서 있다(石峯臨水壁立)."고 표현되고 있다. 따라서 진현성은 조선시대의 밀암산고성으로 볼 수 있다.

현재의 대덕군 기성면에 흑석리산성이 있다. 이 산성은 표고 180m의 산정에 테뫼식으로 돌려진 석축산성인데 둘레는 540m 정도이고 성벽은 완전히 붕괴된 상태이다. 이 성은 남쪽을 제외한 3면이 갑천으로 둘러싸였고 경사가 가파르다. 이 산성은 속칭 '밀암산성(密岩山城)'이라고 하므로 산성의 지세와 명칭으로 미루어 볼 때 진현성은 현재의 흑석리산성에 비정할 수 있다. 이 산성은 대전에서 연산에 이르는 고대 교통로의 요충지였다.

3) 내사지성

내사지성은 '노사지성(奴斯只城)'으로도 표기되었다. 백제시대에는 노사지현이었고 신라 경덕왕대에는 유성현으로 개칭되었으며 고려시대에도 유성현으로 불렸다. 내사지성은 오늘날의 대전광역시 유성구이다. 『신증동국여지승람』과 『대동지지』에는 유성에 유성산성이 있었던 것으로 나온다.

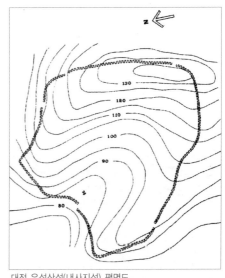

대전 유성산성(내사지성) 평면도

이 유성산성은 현재 대전시 월평동 '성재'에 있는 석축산성이다. 이 성은 표고 137.8m의 작은 봉우리를 서남벽의 일부분으로 하고 능선을 따라 성벽을 돌린 테뫼식 산성이다.

그 둘레는 710m이고 외벽의 높이는 4.3m, 상부폭은 2.2m에 이른다. 성내에는 너비 7~12m의 내호가 둘러져 있다. 이 성은 서쪽으로 갑천에 임하고 경사가 급한 험요지로서 대전-공주 간의 길목을 지키는 요충지였다.

4) 사정책

사정책의 존재는 662년 2월 지라성 · 급윤성 · 대산책과 함께 나온다.

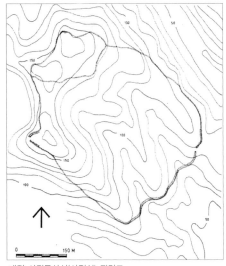

대전 사정동산성(사정성) 평면도

『삼국사기』 백제본기에 의하면 이 사정책은 성왕 4년(562)에 세워졌다. 이 책은 명칭으로 미루어 볼 때 동성왕 20년(498)에 축조된 사정성을 보완하기 위해 만들어진 것이라 할 수 있다. 이 사정성은 현재 대전광역시 사정동 창평 마을 뒷산에 있는 사정동 산성에 비정되고 있다.

5) 지라성

지라성은 『삼국사기』 지리지 삼국유명미상지분조에 주류성의 다른 이름이라고 기록되어 있다. 그러나 주류성과 지라성은 별도의 성이 분명하므로 이 기사는 잘못이다.

『책부원구』에는 이 성을 지리성(支離城)으로 표기하고 있다. 지라와 지리를 같은 것으로 보면 '지라→지리→질'로의 음운 변화를 생각해 볼 수 있다. 따라서 지라성은 『신증동국여지승람』 회덕현 산천조에 나오는 질현으로 비정할 수 있다. 질현은 회덕에서 동쪽으로 넘나드는 고개로서 옥천 방면과 문의-청주 방면 및 회인-보은 방면에 이르는 교통상의 주요 통로이다. 이 성의 둘레는 800m이다.

6) 옹산성

이 성은 661년 8월 우술성과 함께 신라군에 대항한 성이다. 옹산성의 위치에 대해서는 『신증동국여지승람』 이산현 성곽조에 나오는 노산성에 비정하는 견해와 현재의 대전광역시 회덕면 계족산성에 비정하는 두 가지 견해가 있다. 그러나 계족산성은 산성 내에서 '우술'이 새겨진 기와가 출토되었기 때문에 옹산성은 아니다. 따라서 옹산성은 회덕산성에 비정할 수 있겠다.

4. 동남쪽 지역의 주요 거점성

1) 거열성

거열성은 거타(居陁)라고도 하였는데 본래 백제의 성이었다. 문무왕대에 신라의 영역이 되어 거타주가 설치되었고, 경덕왕대에 거창군으로 바뀌 고려로 이어졌다. 거창읍 상림리의 거열산성이 이 성으로 추정되고 있다.

2) 거사물성

거사물성은 663년 신라군에 대항한 항전지다. 그런데 이 거사물성의 위치는 『일본서기』 계체기 7년조의 '기문(己汶)'과 『한원』에 인용된

거창 거열산성
(거열성) 성벽

『괄지지』의 '기문(基汶)' 및 『양직공도』 백제국사조에 보이는 '상기문
(上己汶)' 등과 연관하여 추정해 볼 수 있다. 기문은 '거미리', '거물'
로서 '큰물(大水)'이라는 뜻으로 풀이되는데 이는 거사물과 상통한다.
기문은 오늘날 남원이다. 그렇다고 하면 거사물은 남원으로 비정할 수
있다.

5. 사비성 부근 지역의 주요 거점성

1) 왕흥사잠성

이 성은 초기 부흥군의 주둔지였다. 왕흥사는 법왕 2년(600)에 창건하
기 시작하여 무왕 35년(634)에 완공된 절이다. 1934년에 부여군 규암면

부여 왕흥사지 전경

신구리의 절터에서 '왕흥(王興)'이 새겨진 기와가 발견되었고 근래의
발굴조사에서도 '왕흥' 명 기와편이 나왔다. 왕흥사지 배후의 울성산
위에는 발권식(鉢卷式)의 석루(石壘)가 있다. 따라서 이 석루가 왕흥사
잠성으로 추정되고 있다.

2) 사비남령

초기 부흥군의 주둔지였던 이 성은 명칭에서 미루어 사비도성과 가까
운 곳에 위치한 것으로 보인다. 이를 금성산으로 보는 견해도 있지만
금성산은 사비도성 내에 있는 산이어서 타당하지 않다. 사비남령과 관

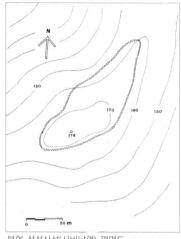

부여 석성산성(사비남령) 평면도

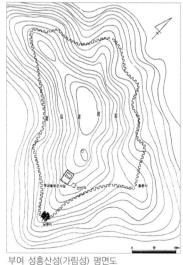

부여 성흥산성(가림성) 평면도

련하여 주목되는 것이 부여 부근의 석성산성이다. 이 산성은 테뫼식인 주성과 포곡식인 외성으로 이루어진 복합식 산성인데 주성의 둘레는 580m, 외성의 둘레는 1,600m 정도이다. 이 성은 금강을 사이에 두고 임천의 성흥산성과 대응하여 사비의 동남 외곽을 지키는 기능을 하였다. 그렇다고 하면 사비남령은 석성산성으로 보는 것이 타당할 것이다.

3) 가림성

가림성은 동성왕 23년(501)에 축조되었다. 백제의 성 가운데 축조시기를 알 수 있는 몇 안 되는 성 중의 하나인 가림성은 수륙 요충지에 자리한 매우 험고한 성이었다. 백제시대에는 가림군이었고 신라 경덕왕대에 와서 가림군(嘉林郡)으로 개칭되었다. 고려시대

부여 성흥산성(가
림성) 동문지

에도 가림군이라 하였는데 오늘날의 부여군 임천면이다. 『신증동국여
지승람』과 『대동지지』에 의하면 임천면에 성흥산성이 있는데 이 산성
이 바로 가림성이다.

성흥산성 발굴보고서에 의하면 이 산성에는 동문지, 서문지, 남문지
등 3개의 성문지가 있는데 이 가운데 동문지와 남문지가 조사되었다.
성문들은 모두 성흥산 정상부에서 흘러내리고 있는 능선의 정상부에
자리잡은 것이 입지적 특징이다. 동문지 배수로 남쪽의 다짐층에서 생
토면에 이르기까지 백제 토기만 나오고 다른 시기의 유물은 보이지 않
아 이 부분 전체가 백제시대에 흙을 돋구어 다진 것이 분명하다. 이러
한 고고학적 발굴결과는 성흥산성이 백제의 가림성이라는 사실을 뒷받
침한다.

부흥군의 나·당점령군 공격

1. 임존성 전투

임존성 전투는 660년 8월 26일에 일어났다. 임존성은 복신과 도침이 거느린 부흥군의 초기 중심성으로서 오늘날 대흥의 봉수산성이다. 대흥에서 부여와 공주까지의 거리가 각각 90리밖에 되지 않으므로 이 임존성은 웅진 및 사비시대에 서북지방의 요새로 꼽혔다. 이 성은 백제시대에는 서방의 방성으로서 상비병이 주둔하고 있었다. 상비병의 수는 평상시에는 7백 명에서 1천2백 명이었지만 예하에 여러 군과 현이 소속되어 있었기 때문에 유사시에 동원할 수 있는 군대는 훨씬 많았다. 더구나 이 군사는 나·당연합군이 백제를 칠 때 주 공격로에서 벗어나 있었기 때문에 온전하게 남을 수 있었다.

복신과 도침은 이처럼 군사도 많고 지리적으로 험한 요새인 임존성을 근거로 백제 부흥의 기치를 들고 일어났다. 점령군 총사령관인 소정방이 직접 군대를 이끌고 공격해 오자 복신과 도침은 흑치상지·사타상

대흥 봉수산성(임존성) 성벽

여 등의 부흥군과 긴밀한 연결을 가지면서 당군의 공격에 대비하였다. 부흥군과 당군 사이의 첫 전투는 660년 8월 26일 벌어졌다. 이 전투에서 부흥군은 완강히 저항하여 당군의 공격을 물리쳤다. 소정방은 겨우 소책만 함락한 채 퇴각하고 말았다. 임존성 전투의 승리는 부흥군의 사기를 크게 진작시키고 주변의 수많은 성들이 부흥군에 호응하도록 하는 효과를 거두었다. 이후 부흥군의 활동은 복신과 도침을 중심으로 전개되었다.

2. 사비성 부근 전투

임존성에서 패배한 소정방은 사비부성으로 퇴각하였다. 이때 당조정에서는 고구려를 공격하기로 결정하였기 때문에 소정방은 철군을 서둘러야 하였다. 그래서 소정방은 유인원으로 하여금 1만의 당군을 거느리고 사비부성을 지키게 한 후 의자왕을 비롯하여 백제인 포로들을 데리고 660년 9월 3일 당으로 돌아갔다. 소정방이 군사를 1만 명 정도 남겨

둔 데는 당이 백제 왕도를 함락하는 과정에서 별다른 희생을 치르지 않아 부흥군의 저항을 크게 염려하지 않아도 된다는 것과 필요하면 신라군을 언제든지 동원할 수 있다는 전략적 고려도 작용하였던 것 같다.

소정방이 귀국하였다는 사실을 파악한 부흥군은 곧바로 사비성 공격에 나섰다. 이 공격에서 부흥군은 다양한 전술을 구사하였다. 그만큼 부흥군의 활동은 소정방이 예상한 이상으로 눈부셨다. 첫 번째의 책략은 백제가 망하자 어쩔 수 없이 나·당점령군에 항복한 사람들을 회유하여 당의 진영으로부터 이탈시키는 것이었다. 유민들의 이탈은 나·당점령군의 기반을 뿌리 채 뒤흔들 수 있는 것이었다. 사비성을 공격하는 부흥군이 이러한 책략을 사용할 수 있었던 것은 임존성 전투에서 부흥군이 소정방의 군대를 크게 깨뜨려 그 사기가 크게 올랐기 때문이었다. 그래서 이 책략은 당군에 항복한 유민들을 심리적으로 동요시키는 효과를 거두었다. 둘째는 사비부성으로 들어가는 길목을 차단하여 군량 운송을 아예 막아 버리는 것이었다. 이를 위해 부흥군은 사비남령에 4~5개의 책을 세우고 통행을 감시하였다. 셋째로는 주변 지역의 세력들을 부흥군 쪽으로 끌어들이는 것이었다. 그리하여 이례성을 중심으로 한 20여 성들이 부흥군에 호응하였다. 이처럼 호전한 여세를 몰아 부흥군은 사비성을 포위하고 당군에 대한 압박을 더욱 강화하였던 것이다.

한편 당군은 부흥군이 사방의 길목을 차단하였기 때문에 성 바깥 출입이 자유롭지 못했을 뿐 아니라 군량 조달에도 어려움을 겪었다. 이런 위급 상황을 타개하기 위하여 당군은 신라에 구원을 요청하였다. 이 시기 신라 무열왕은 의자왕의 항복례를 받은 후 귀환하던 도중 삼년산성에 머물고 있었다. 그런데 당으로부터 군사지원을 요청하는 급보를 받자 10월 9일에 태자와 더불어 군사를 사비로 되돌렸다. 이리하여 부흥군과 신라군 사이에 다시 전투가 벌어졌다.

그 첫 번째의 전투는 사비성으로 가는 길목에 위치한 이례성에서 일어났다. 이례성은 오늘의 논산시 연산면에 위치하였다. 신라군의 공격을 받은 부흥군은 완강히 저항하여 10일간에 걸친 공방전이 계속되었다. 무열왕이 거느린 신라의 대군을 맞아 10일간 대적하였다는 사실은 이례성에 주둔한 부흥군의 규모가 만만치 않았다는 것과 그들의 항전의지 또한 매우 강하였음을 짐작하게 한다. 그러나 이례성은 10월 18일에 함락되었다. 이례성 전투에서의 패배는 금새 소문이 퍼져 이웃 20여 성도 모두 신라군에 항복하고 말았다.

신라군은 이 기세를 몰아서 사비성으로 진격하여 10월 30일 사비남령에 진을 친 부흥군을 공격하였다. 사비남령으로 비정되는 석성산성은 테뫼식인 주성과 포곡식인 외성으로 이루어진 복합식 산성으로서 금강을 사이에 두고 임천의 성흥산성과 대응하여 사비의 동남 외곽을 지키는 기능을 하였다. 부흥군은 여기에 4~5개의 책을 세워 당군의 공격에 대비하면서 군량 운송로를 차단하였다. 신라는 사비로 들어가는 바로 길목에 위치한 이 사비남령 공격에 총력을 기울였다. 그 결과 이 전투는 허무하게도 하루만에 끝나고 말았으며 부흥군은 1천5백 명이나 전

부여 석성산성(사비남령) 성벽. 이 곳에서 1,500명의 부흥군이 전사하였다.

사하였다. 전사자의 수가 1천5백 명이나 되었다는 것도 이곳에 주둔한 부흥군의 수가 매우 많았음을 시사해 주는 것이다.

사비남령의 부흥군을 격파한 신라군은 사비성으로 입성하였다. 이어 신라군은 내친김에 11월 5일 계탄을 건너 왕흥사잠성에 진을 친 부흥군을 또 공격하였다. 계탄의 위치는 분명하지 않으나 백마강 부근의 어느 나루로 비정되며, 왕흥사잠성은 왕흥사지 뒤의 울성산에 위치하였다. 이 성에 주둔한 부흥군은 공격해 오는 신라군을 맞아 완강히 저항하였지만 이틀 뒤인 11월 7일 7백 명의 전사자를 내고 함락되고 말았다.

사비성을 포위 공격한 부흥군의 중심지는 사비남령과 왕흥사잠성이었고 여기에 이례성 등 주변의 성들이 여기에 호응하였다. 그런데 사상자 수와 위치 상으로 볼 때 부흥군의 사령부는 사비남령에 있었던 것 같으며 이곳에서 사비성 포위 공격을 총지휘한 사령관은 여자진이었을 가능성이 높다. 그는 왕도의 중부 출신으로서 여씨(餘氏)를 칭하고 있었으므로 왕족 출신이라 할 수 있다. 그는 의자왕이 항복한 후 곧바로 구마노리성을 근거로 부흥군을 일으켜 별도의 영채를 세웠다. 그리고 소정방군이 임존성을 공격하다가 복신군에 패배하여 퇴각한 후 귀국하자 그 틈을 타서 사비성 공격을 단행하였던 것 같다. 거병 당시 그의 관등은 달솔이었지만 곧바로 좌평을 칭한 것은 이러한 활동으로 그의 위상이 높아졌기 때문일 것이다.

그러나 여자진이 거느린 부흥군의 사비성 공격은 신라군에 의해 실패로 돌아가고 말았다. 그리하여 사비성에 포위되었던 당군은 겨우 한숨을 돌리게 되었지만 부흥군은 사기가 떨어지고, 또 이 공격을 총지휘한 여자진의 위상도 깎이고 말았다. 이는 임존성에서 승리를 거둔 복신의 위상을 더욱 높여 주는 작용을 하였다.

3. 웅진강구 전투와 두량윤성 전투

1) 웅진강구 전투

부흥군의 나·당점령군 공격은 660년 11월 이후 소강상태를 이루었다. 계절이 겨울이어서 그랬을 것 같다. 그러나 부흥군은 이듬해인 661

년 3월경 해동이 되자 사비성 공격을 다시 단행하였다. 이때 부흥군을 지휘한 사령관은 도침과 복신이었다. 이 공격은 사비성 공격을 단행한 여자진의 부흥군이 신라군에 의해 격파되어버렸기 때문에 이를 만회하기 위한 작전으로 보인다.

이 시기 복신과 도침군의 공격은 두 갈래로 이루어졌다. 하나는 유인원이 주둔한 사비성을 직접 공격하는 것이고, 다른 하나는 사비성 공격군을 배후에서 지원하면서 당군을 돕기 위해 들어오는 신라군을 막는 것이었다. 사비성에 대한 공격을 주도한 장군에 대해 『신당서』에만 복신으로 기록하고 있고 나머지 사서에는 모두 도침으로 적고 있다. 따라서 사비성 공격군의 총지휘관은 도침이라고 할 수 있다. 이 시기 도침이 거느린 군대는 1만 명이 훨씬 넘는 대군이었다. 이들은 660년 3월 사비성을 포위하여 옥죄여 왔다.

이 무렵 당군이 주둔한 사비성 주변 지역은 부흥군에 장악되어 있었기 때문에 외부로부터 당군을 지원하는 병력의 출입은 상대적으로 어려웠다. 이에 당나라 장군 유인원은 부흥군의 공격을 맞받아치기 위해 1천 명의 군대를 출동시켰다. 그러나 1차 선발대로 출동한 1천 명의 당군은 도리어 부흥군의 공격을 받아 전멸하고 말았다. 이는 작전면에서나 군대의 규모면에서나 부흥군이 압도적이었음을 보여주는 것이다.

자그만치 1천 명의 전사자를 낸 당군은 더 이상의 공격은 생각하지도 못하고 사비성 방어에만 급급하였다. 이렇듯 상황이 위급하게 전개되자 당나라 조정에서는 유인궤를 검교대방주자사로 삼아 백제 지역으로

보내 사비성에 주둔한 당군을 도와 난국을 타개하는 길을 모색하도록
하였다. 유인궤가 백제 지역에 오기에 앞서 웅진성에는 왕문도가 지휘
하는 당군이 주둔하고 있었다. 그러나 왕문도가 갑작스럽게 죽음으로
써 지휘체계가 일시적으로 공백 상태에 빠졌다. 백제 지역에 도착한 유
인궤는 웅진성에 주둔한 군대를 통솔하여 기강을 세우고 또 신라에 대
해서도 군대를 동원하게 하여 합동 공격을 계획하였다. 마침내 부흥군
과 당군은 웅진강구에서 대 회전을 벌이게 되었다. 이것이 이른바 웅진
강구 전투이다.

 유인궤군이 오는 것을 미리 탐지한 도침은 웅진강을 사이에 두고 두
책을 세웠다. 그러나 이 시기 당군은 유인궤군의 참여로 사기가 올라
있었을 뿐만 아니라 군의 진용도 제대로 갖추고 있었다. 또 유인궤는
용병술도 뛰어난 장군이었다. 반면에 도침군은 1차전 승리에 도취되어
적군을 얕보는 마음이 생겨났다. 그 결과 웅진강구에서의 일대 접전은
부흥군의 대패로 막을 내렸다. 부흥군은 웅진강 건너편의 영채로 후퇴
하려고 하였지만 병력이 건널 다리는 너무 좁았다. 이리하여 1만여 명
이나 되는 군사들이 물에 빠져 죽거나 전사하였다. 대패한 도침은 하는
수 없이 사비성의 포위를 풀고 임존성으로 퇴각하였다. 이때가 661년 3
월이었다.

2) 두량윤성 전투에서의 대승
 이 무렵 신라는 당으로부터 군사지원 요청을 받고 상당한 고민에 빠

졌다. 거듭되는 전투에다 질병까지 만연하여 군대 동원이 쉽지 않았기 때문이다. 그러나 사비성으로부터 구원을 요청하는 사신이 밤낮을 이었으므로 이를 거절할 수는 없었다. 이에 신라는 위기에 빠진 당군을 구원하기로 결정하고 대대적으로 군사를 일으켰다. 이때 동원한 신라군은 이찬 품일과 잡찬 문왕 및 대아찬 양도 등이 거느린 대당군과 잡찬 문충과 아찬 진왕이 거느린 상주군, 아찬 의복이 거느린 하주군, 무염과 욱천 등이 거느린 남천주군, 문품이 거느린 서당군, 의광이 거느린 낭당군 등이었다. 신라의 정예부대가 대거 동원된 셈이었다.

신라군은 661년 2월에 출동하였다. 진격로는 두 방향으로 이루어졌다. 대당군은 사비성의 북부 지역인 두량윤성 방면으로 나갔고 나머지 부대들은 사비성의 남부 지역인 고사비성 방면으로 출동하였다. 두량윤성에는 복신이 거느린 부흥군이 주둔하고 있었고 고사비성에도 또 다른 부흥군이 진을 치고 있었기 때문이다.

부흥군과 신라군과의 전투는 두량윤성에서 먼저 일어났다. 두량윤성은 오늘날 충남 청양군 정산면에 위치하였고 『신증동국여지승람』과 『대동지지』에 나오는 정산면의 계봉산성에 비정된다. 이 계봉산성은 부여까지는 30리 거리이고 공주까지는 50리 떨어진 요충지였다. 두량윤성을 둘러싸고 부흥군과 신라군 사이에 벌어진 전투는 두 단계로 전개되었다.

첫 번째의 전투는 품일이 거느린 대당 휘하의 분견대와의 전투이다. 이 전투는 3월 5일에 일어났다. 3월 5일 대당 휘하의 일부 군대가 먼저

정산 계봉산성(두량윤성) 원경. 이 곳에서 복신은 신라군을 크게 격파하였다.

두량윤성 남쪽에 이르렀다. 그러나 신라군은 진을 칠 지역을 찾느라 전열을 제대로 정비하지 못하고 있었다. 부흥군은 그 기회를 놓치지 않고 기습작전을 펼쳤다. 불의의 공격을 받은 신라군은 놀라 제대로 대응하지 못하여 패주하고 말았다. 이리하여 부흥군은 기선을 제압하게 되었고 반면에 신라군은 수세에 몰렸다.

한편 사비성 남부로 진군한 신라군은 3월 12일 고사비성에 와서 성 밖에 진을 쳤다. 고사비성은 지금의 전북 고부인데 이를 정읍시 영원면의 금사동산성으로 비정하는 견해도 있다. 신라의 대군이 고사비성을 공격한 것으로 미루어 볼 때 이 성에도 상당히 많은 부흥군이 포진했던 것을 짐작할 수 있다. 그러나 진을 친 신라군은 성을 공격하기도 전에 두량윤성으로 진군한 대당의 분견대가 패전하였다는 소식을 들었다. 대당군의 패배 소식은 이들에게 충격이었다. 이에 신라군은 고사비성 공격을 포기하고 급히 군대를 돌려 두량윤성으로 달려갔다. 고부에서 정산까지는 꽤나 먼길이다. 그럼에도 신라군이 예상보다 빨리 정산에 도달한 것은 이들이 얼마나 강행군하였는가를 보여주는 것이다.

고사비성 공격군과 합세한 대당군은 공격을 재개하였다. 이리하여 부흥군과 신라 본군과 사이에 본격적인 전투가 벌어졌다. 이 전투는 두 진영이 대규모의 군대를 동원한 대회전으로서 한 달을 하고도 엿새나 계속되었다. 서로 밀고 당기는 지루한 공방전 끝에 승리는 마침내 부흥군 쪽으로 돌아갔다. 이것이 유명한 두량윤성 전투이다. 이 전투의 승리로 부흥군의 기세는 한껏 고조되었다. 나·당점령군과 싸워 이길 수 있다는 자신감을 높여주었다. 그 결과 나·당점령군의 위세에 눌려 움츠러들었던 각 지역 세력들이 부흥군에 합류하기 시작하여 남쪽의 2백여 성이 복신에게로 귀속하여 왔다.

반면에 660년 백제를 공격하여 멸망시킨 이후 한번도 패배한 적이 없었던 신라군으로서는 이 전투에서의 패배가 준 충격은 컸다. 패전의 소식을 들은 신라 무열왕은 급히 김흠, 진순, 천존, 죽지 등으로 하여금 군대를 거느리고 가서 구원하도록 하였다. 김흠 등이 거느린 구원군이 가시혜현(고령군 우곡면)에 이르렀을 때 패배한 신라군은 이미 가소천(거창군 가조면)으로 퇴각하고 있었다. 구원군도 하는 수 없이 그대로 회군하였다. 무열왕은 패장들에 대하여 패전의 책임을 물어 처벌을 내렸다.

이 전투에서의 패배로 엄청난 병마의 손실을 입은 신라는 다시 출병하지 못할 정도로 전의를 크게 잃었다. 그럼에도 『삼국사기』에는 신라군의 패배를 '이기지 못하였다(不克)'라고만 간단히 표현하고 있다. 이는 신라군의 패배를 드러내지 않으려는 사서 편찬자의 의도적인 조작이라 하겠다.

4. 빈골양 전투와 각산 전투

두량윤성에서 대패의 쓴잔을 마신 신라군은 4월 19일 회군하였다. 그러나 부흥군은 패전부대들이 무사히 되돌아가도록 내버려두지 않았다. 곳곳에서 길목을 차단하여 타격을 주었다. 그 첫 번째 싸움이 빈골양 전투이다. 빈골양은 빈굴현으로 오늘날의 경남 인의 지방인데 이를 태인군 옹동면 산성리산성으로 보는 견해도 있다.

이곳에 주둔한 부흥군은 대당·서당 등 신라군의 선봉 부대는 그대로 보내고 후미 부대인 하주군을 기습하였다. 병력이 움직일 때 대개 선봉에는 정예병이 배치되고 후미에는 지중병이 따르게 마련이다. 그래서 부흥군은 신라군의 병기와 군수품을 빼앗기 위하여 후미 부대를 공격하였던 것이다. 이 전투에서 신라군은 또 패배하였고 부흥군은 많은 군수물자를 확보하게 되었다.

빈골양 전투에서 많은 군수품을 빼앗긴 신라군은 회군을 재촉하였다. 회군하던 도중 신라군은 각산에서 또 부흥군의 공격을 받았다. 각산에 진을 친 부흥군은 잡찬 문충이 거느린 상주군과 의광이 거느린 낭당군을 기다렸다가 공격하였던 것이다. 그러나 신라군의 저항이 거세었기 때문에 부흥군은 도리어 패배하고 말았다. 신라군은 승세를 몰아 각산의 둔보(屯堡)까지 진입하였다. 그 결과 부흥군은 2천 명이 참수되거나 포로가 되는 손실을 입었다. 이 싸움에서 전사한 부흥군의 수가 2천 명이나 되었다고 하는 것은 각산에 진을 친 부흥군의 규모도 만만하지 않앉음을 알게 한다.

이처럼 두량윤성 전투에서 패배한 신라군은 회군하는 도중 도처에서 부흥군의 공격을 받았다. 부흥군이 신라군이 퇴각하는 길목을 기다렸다가 공격한 것은 이 작전이 상당히 조직적으로 이루어졌음을 보여준다. 따라서 빈골양과 각산에 주둔한 부흥군은 복신군과의 연결을 가지면서 신라군을 공격한 것으로 볼 수 있겠다.

5. 옹산성 전투와 우술성 전투

1) 옹산성 전투

660년 백제를 멸망시킨 당군은 처음에는 사비성을 주둔군의 거점으로 삼았다. 그러나 661년 3월~4월의 웅진강구 전투와 두량윤성 전투 이후 당군은 방어하기에 좀더 유리한 웅진성으로 거점을 옮겼다. 그리고 유인원과 유인궤도 군대를 한데 모아 단일부대를 편성하였다. 한편 두량윤성 전투에서 대승을 거둔 부흥군은 승리의 기세를 몰아 당군의 새로운 거점성이 된 웅진부성에 대한 포위공격을 늦추지 않았다. 웅진부성이 포위됨에 따라 군량 운송로는 또 차단되었고 이로 말미암아 당군은 군량 조달에 어려움을 겪지 않을 수 없었다. 이 시기 당군의 군수품 조달은 전적으로 신라에 의존하고 있었는데 신라는 사잇길로 웅진부성에 군량을 보내야 하였다. 신라가 사잇길을 이용한 것은 부흥군의 운량도 길목 차단이 빈틈없이 수행되었음을 보여주는 것이다.

백제 지역에 주둔한 당군이 이처럼 매우 곤핍한 상황에 처해 있었음에도 불구하고 당나라 고종은 661년 6월 고구려를 공격하는 군대를 일으켰다. 그리고는 신라에 대하여 군대 동원을 요청하고 동시에 웅진부성에 주둔하고 있는 당군에게도 동원령을 내렸다. 당의 요청을 받은 신라 문무왕은 7월 김유신을 대장군으로 삼아 대군을 친히 거느리고 당군을 지원하는 길에 올랐다. 이 출병에는 대당, 귀당, 상주정 등 10개의 군단이 동원되었고, 대장군 김유신을 비롯한 24명의 장군이 동참하였다. 이번에 동원된 군대는 신라가 여태껏 동원한 군대 가운데 그 규모가 가장 큰 것이었다.

고구려를 공격하기 위해 출발한 신라군은 시이곡정에 이르렀다. 한편 웅진부성의 유인원도 군대를 거느리고 사비에서 배를 타고 혜포에 이르러 남천주에 영채를 세웠다. 이때 옹산성에 주둔 중이었던 부흥군이 신라군의 진격로를 가로막았다. 옹산성에 주둔한 부흥군은 병력도 많았고 군량도 넉넉하였으며, 군대의 사기도 충천하였고 군사들을 지휘하는 장군의 자세도 결연하였다. 또 이 성에는 대책을 비롯하여 여러 책들이 설치되어 방어체계도 잘 갖추어져 있었다.

이처럼 지리적으로 험고하면서도 방어 시설에서부터 풍족한 식량, 사기충천한 수많은 군사, 뛰어난 지휘관 등을 두루 갖춘 옹산성은 그야말로 난공불락의 철옹성이었다.

김유신은 방어체계가 잘 갖추어진 옹산성을 곧바로 공격하면 많은 희생자가 생겨날 것을 우려하여 싸우지 않고 항복을 받아내 보려고 하였다. 그래서 그는 옹산성을 지키는 장군에게 항복을 권유하는 사신을 보내 '외로운 성을 홀로 지키는 것은 항복하는 것만 못하다. 항복하면 상을 받을 것이고 그렇지 않으면 죽음이 있을 뿐이다.' 라는 말을 전하였다. 부흥군 장군을 달래고 얼렀던 것이다. 그러나 부흥군 장군은 '이 성은 비록 작지만 군사와 먹을 것이 모두 풍족하고 사졸들도 의롭고 용맹하니 차라리 싸워 죽을지언정 살아 항복하지 않을 것이다.' 라고 결연한 항전의지를 표명하였다.

옹산성의 부흥군이 항복을 거부하고 완강히 저항하자 신라군은 총공격을 단행하였다. 총공격에 앞서 신라 문무왕은 661년 9월 19일 웅현정에서 각 부대의 총관과 대감들을 모아놓고 작전회의를 열었다. 이 회의에서 문무왕은 이 싸움에서 반드시 이길 것을 친히 맹세하고 나섰다. 이 맹세는 어떠한 수단을 써서라도 옹산성을 반드시 함락시키겠다는 문무왕의 의지의 표명이었던 것이다. 9월 25일 신라군은 옹산성으로 진격하여 성을 포위하였지만 부흥군은 조금도 굴하지 않고 싸워 신라군의 공격을 번번이 물리쳤다. 그래서 신라군은 희생이 늘면서 오히려 사기가 떨어졌다.

이에 신라 문무왕은 친히 눈물로써 사졸들을 독려하였다. 왕의 눈물 어린 독전은 군사들을 감동시켜 공격을 한껏 부추겼다. 이리하여 부흥군은 수에 밀리고 기세에 눌려 9월 27일 옹산성의 대책이 불탔고 끝내 성은 함락되고 말았다. 성을 사수하던 장수들과 수천 명의 병사들이 참살되었다. 그런데 옹산성 전투에서 장졸이 항복하였다는 기사가 나오

지 않는다. 이는 이 전투가 부흥군이 치른 전투 가운데 가장 치열하고
또 장렬한 전투였음을 보여주는 것이다.

2) 우술성 전투

옹산성을 함락한 신라군은 다시 진군하다가 우술성에 주둔한 부흥군
의 제지를 받게 되었다. 우술성은 백제시대에는 우술군으로서 오늘날
의 회덕면이다. 최근에 이루어진 회덕의 계족산성의 발굴에서 출토된
'우술(雨述)', '우술천국(雨述天國)'이 새겨진 명문기와는 우술성이 계
족산성임을 입증해 준다. 이 산성은 문의-청주를 거쳐 북상하는 진로
를 감시할 수 있는 주요 교통로에 위치하였다. 동시에 보은-옥천-회덕
-유성-공주에 이르는 이른바 웅진도 차단할 수 있는 작전상의 요충지
였다. 우술성에 주둔한 부흥군 장군은 달솔 조복과 은솔 파가 등이었

계족산성에서 출토된 '우술'명 기와. 이 기
와의 출토로 대전 계족산성이 우술성임이
밝혀졌다.

다. 이들은 우술성을 거점으로 하여
독자적으로 부흥군을 일으킨 후 복
신군과 일정한 연계를 맺은 것 같
다. 신라군이 공격해 오자 우술성의
부흥군은 완강히 저항하였다. 그러
나 옹산성을 함락시킨 후 사기가 오
른 신라군의 공격을 막아내기는 역
부족이었다. 이렇게 상황이 불리하
게 전개되자 달솔 조복과 은솔 파가

대전 계족산성 성벽

는 목숨을 구하기 위해 무리를 이끌고 신라군에 항복하고 말았다. 이들
의 이탈로 부흥군의 저항은 현저하게 약화되었다. 그 결과 우술성은 함
락의 비운을 맞았고 부흥군은 1천여 명이나 참수되었다. 참수된 부흥군
의 숫자에서 미루어 볼 때 우술성에도 적지 않은 군대가 주둔하고 있었
음을 알 수 있다.

　요충지 옹산성에 이어 우술성마저 함락됨으로써 부흥군이 입은 타격
은 이만저만한 것이 아니었다. 두 전투에서 전사한 군사의 숫자만 해도
수천 명이나 되었고, 두 성에 저장해두었던 군량과 병기도 모두 적군의
수중에 들어가게 되어 막대한 전력의 손실을 입었다. 더구나 두 성의

함락으로 당군의 목을 옥죄었던 군량 수송로마저 뚫려버리고 말았다.
이는 부흥군의 향후 작전 운용에 부정적인 영향을 끼치게 되었다.

나·당점령군의 반격

1. 당군의 전열 정비

661년 9월 웅산성과 우술성 전투에서 부흥군을 격파한 신라군은 소정
방군을 지원하기 위해 북으로 진군하였다. 이때 당나라 소정방은 급히
사람을 보내 군량 공급을 요청하였다. 그러나 이 시기 신라는 웅진성에
주둔한 당군에 대한 군량 보급 책임도 맡고 있었기 때문에 매우 어려운
형편이었다. 신라 문무왕이 당나라 장군 설인귀에게 보낸 답서에 '1만
명의 당군은 4년간 신라가 공급해준 군수물자로 먹고 입었다.' 라고 한
것이라든가 '유인원 이하 병사에 이르기까지 몸은 비록 중국 땅에서 태
어났지만 실제로 살아간 것은 신라 때문이었다.' 라고 말한 것은 이를
잘 보여준다. 그렇지만 신라는 소정방으로부터 군량 공급 요청을 거절
할 길이 없었다. 고구려에 대항하기 위해서는 아직은 나·당동맹이 필
요하였기 때문이다.

그래서 신라는 웅진으로 군량 운송의 임무는 노약자들을 동원하여 맡

겼다. 그러나 이들은 군량 운송 도중에 눈을 만나 사람과 말이 거의 다 죽는 지경에 이르기도 하였다. 여기에는 부흥군의 기습공격도 한 몫을 거들었다. 한편 문무왕은 당군에 군량을 공급하는 책임을 김유신에게 맡겼다. 김유신은 김인문, 양도 등 9명의 장군을 거느리고 2천여 량의 수레에 미 4천 석과 조미(租米) 2만2천여 석을 싣고 운반하는 수송작전을 펼쳤다. 이 과정에서 김유신 등은 고구려의 공격을 받았지만 무사히 군량 수송을 성공적으로 마쳤다. 그러나 고구려의 완강한 저항에 부딪쳐 고전을 면치 못하고 있던 소정방은 신라로부터 군량을 공급받자 고구려 공격을 포기하고 662년 2월 회군하고 말았다.

소정방의 고구려 공격 실패는 당조정에 큰 충격을 주었다. 무엇보다도 당조정은 고구려를 쉽게 깨뜨릴 수 없다는 사실을 재인식하게 되었고 동시에 부흥백제군에게 포위되어 곤경에 빠져 있는 웅진부성의 당군의 앞날에 대해서도 어떤 형태로든 결정을 내려야 하였다. 이때 웅진부성에 주둔한 당군에 대해 내린 당나라 조정의 결정은 웅진성 하나만으로 견디기 어려우니 신라에 들어가 기대거나 아니면 본국으로 회군해도 좋다는 것이었다. 이는 사실상 백제 옛 땅을 포기하는 것과 다를 바가 없었다. 이렇듯 당조정이 전략을 바꿔야 할 만큼 고구려 정벌의 패배와 부흥백제국의 저항이 당에게 준 충격은 컸던 것이다.

조정의 결정 사항을 통보받은 당군의 대다수는 본국으로 돌아가기를 희망하였다. 오랜 전투와 승산을 확신할 수 없는 전쟁으로 지칠대로 지친 군사들로서는 당연한 바램이었다. 이러한 당군의 내부 상황을 간파한 풍왕과 복신은 당군이 철군하면 안전하게 돌아갈 수 있게 하겠다는 제안을 내놓았다. 부흥백제국의 이러한 제의는 당나라 군사들의 철군을 유도하는 심리전술이라고 할 수 있다. 부흥백제국으로서는 당군이 철수하면 더욱 좋고 철군을 하지 않더라도 당군의 사기가 분명히 떨어질 것으로 기대할 수 있었기 때문이다.

군사들이 돌아가기를 희망하는 속에서 당군 지휘부는 회군할 것이냐, 신라에 기대어 지낼 것이냐, 위험하더라도 그대로 주둔할 것이냐를 놓고 결정을 내려야 할 판국이었다. 당군이 어떠한 결정을 내리느냐는 부흥백제국의 앞날을 좌우하는 것임은 물론이다. 이러한 진퇴양난의 상황을 정리한 인물이 유인궤였다. 그는 철군을 강력히 반대하면서 군사들의 귀환 요구에 제동을 걸고 나섰다. 당나라가 백제를 멸망시킨 것은 고구려를 멸망시키기 위한 전단계라는 점과 소정방의 고구려 정벌이 실패로 돌아간 마당에 웅진 주둔군마저 회군하면 백제가 다시 회생하게 된다는 점을 군사들에게 부각시켰다. 또 그는 백제가 다시 살아나면 고구려를 멸망시킬 기회가 오지 않을 것이라고 주장하면서 군사들에게 웅진성이 적에게 둘러싸여 있어 자칫 실수하면 적의 포로가 되기 십상이지만 신라에 기대어도 빌붙어 먹는 신세일 뿐이라는 말로 병사들을 달랬다. 그리고 부흥백제군이 무방비 상태에 있을 때 공격하면 승리를 거둘 수 있고 그렇게 되면 본국에서도 원병을 보내줄 것이라는 말로 설득하였다. 이러한 유인궤의 설득에 대다수의 군사들이 동의함으로써 당군은 웅진성에 그대로 남게 되었다.

2. 나·당점령군의 반격과 부흥군의 거점성 상실

1) 지라성·사정책 전투

유인궤의 강력한 주장과 설득에 따라 웅진성에 그대로 주둔하기로 결정한 당군은 전열을 새로이 정비하여 반격에 나섰다. 이리하여 전쟁의 양상도 점차 바뀌게 되었다. 이전까지의 전투는 부흥군 공격에 나·당점령군이 대응하는 형태로 이루어졌지만 이제는 나·당점령군이 주도적으로 부흥군을 먼저 치기 시작하였던 것이다. 나·당점령군의 이러한 작전 수정의 배경에는 부흥군을 이끄는 중심축이었던 복신과 도침사이에 틈이 생기기 시작하였다는 점도 크게 작용하였던 것 같다. 복신은 처음에는 도침과 더불어 부흥군을 이끌었지만 이 시기에 갈등이 생겨나 마침내 복신은 도침을 제거하여 군사권을 장악하였던 것이다. 부흥백제군 지휘부 내부의 이러한 갈등은 군사들의 사기를 떨어뜨려 기강을 해이하게 하였고 따라서 방어태세에 구멍이 생길 수밖에 없었다. 나·당점령군은 부흥백제군의 이러한 내부 분열과 갈등을 적절히 이용하면서 적극적인 공세에 나섰던 것이다.

이때 나·당점령군의 공격은 일차적으로 웅진성 동쪽에 위치한 여러성을 대상으로 한 것이었다. 나·당점령군이 이 지역을 우선 공격한 것은 신라로부터 안전한 군량 운송 때문이었다. 그래서 662년 7월 나·당점령군은 1차적으로 지라성·사정책·대산책·급윤성 등을 공격하였다. 지라성은 『삼국사기』 지리지 삼국유명미상지분조에 주류성의 다른

대전 질현산성(지라성) 석축상태

이름이라고 기록되어 있으나 이 기사는 잘못된 것이다. 지라성은 지리
성(支離城)으로도 표기되었는데 오늘날 대전광역시 회덕에 위치한 질현
에 비정되고 있다.

　질현은 회덕에서 동쪽으로 넘나드는 고개로 옥천 방면과 문의-청주
방면 및 회인-보은 방면에 이르는 교통상의 통로로 요충지였다. 그리
고 이 성은 둘레가 800m나 되어 이 지역에서는 계족산성 다음으로 꼽
히는 큰 규모의 산성이었다. 사정성은 현재 대전시 사정동 창평마을 뒷
산의 사정동산성에 비정되고 있다. 대산책이나 급윤성은 그 위치를 분
명히 밝히기가 어렵다. 다만 이 성책(城柵)들은 지라성 및 사정성과 동

시에 언급되는 것에서 미루어 서로 이웃한 성책(城柵)일 것이다.

이들 성과 책에는 상당히 많은 부흥군들이 웅거하면서 서로 기각지세를 이루어 당군에 대항하였다. 이때 유인궤는 부흥군의 방어태세가 매우 느슨한 틈을 타서 먼저 지라성의 기습공격을 감행하기로 하였다. 그의 작전은 맞아 떨어져 당군의 불의의 기습공격을 받은 부흥군은 변변히 대적하지도 못하고 패배하고 말았다. 이렇게 되자 나머지 성들도 모두 함락되었다. 나·당점령군은 이 성들을 함락한 후 군대를 나누어 진수하게 하였다. 이리하여 부흥백제국은 웅진강 동쪽 지역의 여러 성들을 빼앗겼다. 『자치통감』은 이 전투 기사를 용삭 2년(662) 추 7월 정사조에 실었는데 7월의 삭일(朔日)이 무자이므로 정사는 30일이 된다. 그러므로 이 전투가 일어난 시기는 662년 7월 30일로 추정할 수 있다.

이 전투에서 당군이 승리를 거둔 배경을 몇 가지로 정리할 수 있다. 첫째, 유인궤와 유인원은 군대를 통합한 후 사졸들을 충분히 쉬게 하여 군세를 키웠다. 이는 사졸들의 사기를 올리는 계기가 되었다. 둘째, 당군은 조정의 지시에 따라 회군하느냐 신라에 들어가 기대느냐 아니면 그대로 남느냐는 문제를 재빨리 정리하여 전세를 새롭게 가다듬었다는 점이다. 셋째, 최종적으로 남기로 결정한 이상 유인궤는 부흥백제군을 충분히 격파할 수 있다는 자신감을 군사들에게 보여주어야 하였고 그것이 실전에서 당군의 사기를 높이는 계기로 나타났던 것이다.

2) 진현성 전투

662년 7월 당군의 기습 공격으로 지라성 등을 상실한 복신은 당군의 진격에 대비하여 진현성(眞峴城)의 군비를 특별히 강화하였다. 이 성은 현재의 대덕군 기성면 흑석리산성에 비정되고 있다. 진현성은 남쪽을 제외한 3면이 갑천(甲川)으로 둘러싸여 경사가 가파른 군사적 요새였을 뿐만 아니라 대전에서 연산에 이르는 고대 교통로의 요충지였다. 때문에 나·당점령군은 이 성을 확보하는데 주력하였다.

지라성 등을 함락한 당군이 공격해 오자 이 성에 주둔한 부흥백제군은 높고 험준한 성의 지리적 이점을 이용하여 그 공격을 잘 막아내었다. 그러나 초반의 성공적인 방어는 도리어 부흥군의 경계심을 풀어놓았다. 이러한 방심을 눈치챈 유인궤는 신라군을 앞세워 야간 공격에 나

대전 흑석동산성(진현성) 전경. 앞에 보이는 하천이 대전시내 최대 하천인 갑천이다. 이곳 전투에서 부흥군은 800여 명이 전사하였다.

섰다. 높고 험한 지세 때문에 공격은 쉽지 않아 나·당점령군은 풀을 잡고 겨우 올라가야 하는 고통을 겪었지만 끝내는 새벽에 성안으로 들어갈 수 있었다. 그 결과 부흥백제군은 8백여 명에 달하는 병력을 잃었다. 지라성 전투가 벌어진 날이 662년 7월 30일이므로 진현성 전투는 662년 8월에 일어난 것으로 추정된다.

3) 내사지성 전투

지라성 등에 이은 진현성의 함락은 부흥백제군에게는 큰 손실이었다. 이를 만회하기 위해 부흥백제군은 내사지성을 근거로 신라에 대한 공격에 나섰다. 내사지성은 오늘날의 대전광역시 유성구 월평동의 석축 산성인 유성산성에 비정되고 있다. 이 성은 성벽을 돌린 테뫼식 산성으로 서쪽으로 갑천에 임하고 경사가 급한 험요이며 동시에 대전-공주 사이의 길목을 지키는 요충지였다.

부흥백제군은 이 성을 근거로 하여 빈번히 신라를 공격하였다. 『삼국사기』에는 부흥군이 '악한 짓을 하였다(作惡).'고 표현하고 있는데 이는 신라의 관점에서 쓴 것에 불과하며 '작악'의 실체는 부흥백제군이 빈번히 신라군을 공격하여 괴롭힌 것으로 볼 수 있다. 그런데 이 내사지성 전투에 당군의 존재가 보이지 않는다. 또 중국 측 사서에도 이 전투와 관련된 기사는 없다. 따라서 이 전투는 부흥백제군과 신라군이 벌린 전투임이 틀림없다.

내사지성에 주둔한 부흥군이 신라를 공격한 것은 신라군과 당군의 합

대전 유성산성(내사지성) 동벽. 이 성을 함락시키기 위해 신라는 19명의 장군을 동원하였다.

동작전을 미리 차단하기 위한 전략적인 차원에서 이루어진 것으로 볼
수 있다. 신라는 부흥군의 근거지인 내사지성을 함락하기 위해 김흠순
등 장군 19명으로 하여금 공격에 나서게 하였다. 이 공격에 동원된 장
군의 수는 두량윤성 전투에 동원된 11명 보다 많았다. 이는 동원된 신
라군이 그만큼 많았음을 의미함과 동시에 내사지성에 주둔한 부흥백제
군의 규모도 적지 않았음을 보여주는 것이다. 신라군의 공격을 받은 부
흥백제군은 완강히 저항하였지만 마침내 격파되고 말았다.
  지라성과 진현성 등 주요 거점성에 이어 내사지성의 함락으로 부흥군
은 금강 동부의 모든 거점을 상실하게 되었다. 이 성들은 신라가 사비

부성 및 웅진성으로 가는 길목에 위치한 성들이었는데 이제 이 지역 모두가 나·당점령군의 수중에 들어가게 된 것이다. 이로써 나·당점령군은 군량을 수송할 수 있는 길을 안전하게 확보할 수 있게 되었고 반면에 부흥백제군의 기세는 그만큼 꺾이고 말았다.

4) 거열성 · 거물성 · 사평성 전투

부흥백제국의 동방 거점성들을 함락시켜 전쟁의 주도권을 잡은 신라는 거열성, 거물성, 사평성 등으로 공격을 확대하였다. 이들 성은 661년 3월 두량윤성 전투에서 부흥군이 크게 승리하자 부흥군에 적극 호응해온 거점성들이었다. 부흥백제국은 이들 남쪽의 거점성들을 확보함으로써 신라를 측면에서 견제할 수 있게 되었다.

거열성은 거타(居陁)라고도 하였는데 현재 거창읍 상림리의 거열산성으로 비정되고 있다. 이 성은 신라 수도와 그리 멀리 떨어져 있지 않았기 때문에 부흥백제국이 이 지역을 차지하고 있는 한 신라로서는 큰 골칫덩어리가 아닐 수 없었다. 그러나 신라는 부흥군이 일어난 초기에는 이 지역에 대한 군사작전을 전개할 수 없었다. 왜냐하면 이 시기에 신라는 당의 요구에 의해 고구려를 공격하는데 군대를 동원하거나 웅진부성으로 통하는 운량도를 확보하기 위해 웅진 동쪽 지역을 공격하는데 군대를 투입하여야 하였기 때문이다. 그래서 이 지역에 대해서는 미처 손을 쓸 사이가 없었던 것이다. 신라가 거열성쪽으로 공격군을 돌릴 수 있었던 것은 웅진성 동쪽의 진현성과 내사지성 등을 함락하여 웅진

거창 거열산성(거열성) 전경. 이곳 전투에서 부흥군은 700명의 전사자를 내었다.

부성으로 통하는 운량도를 확보한 후였다. 흠순과 천존 등이 거느린 신라군의 거열성 공격은 663년 2월에 이루어졌다. 신라군이 들이닥치자 부흥백제군은 완강히 저항하였지만 끝내 견뎌내지 못하고 마침내 7백여 명의 전사자를 내면서 성을 내주었다.

거열성을 함락시킨 신라군은 다시 거물성과 사평성을 공격하였다. 거물성은 남원이고 사평성은 남원과 장수 사이에 비정된다. 이렇게 볼 때 신라군은 거창-장수-남원을 잇는 교통로를 따라 진격한 것으로 볼 수 있다. 거물성과 사평성의 항복을 받아냄으로써 신라군은 이제 부흥백제군의 동남쪽 거점도 모두 손아귀에 넣게 되었다.

5) 덕안성 전투

거열성 등 남쪽 거점들을 장악한 신라군은 그 여세를 몰아 덕안성(오늘날의 충남 논산)으로 진격해 갔다. 그런데 신라군이 거창과 남원을 함락한 후 논산까지 진격해 가는 동안 부흥백제군이 저항하였다는 기록은 어디에도 나오지 않는다. 즉 신라군은 별다른 저항을 받음이 없이

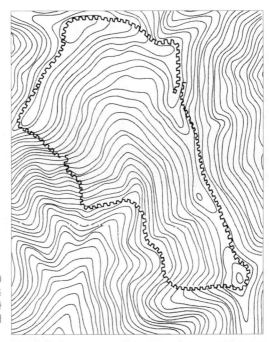

논산 매화산성(덕안성) 평면도. 이 성에서 부흥군은 신라군을 막다가 1,070명의 전사자를 내었다.

논산까지 진격하였던 것이다. 이러한 상황은 이 지역의 세력들이 대세가 신라쪽으로 이미 기울어진 것으로 판단하고 더 이상 부흥백제군에게 협조하지 않았음을 반영해 주는 것이 아닐까 한다.

논산까지 진격한 신라군은 663년 2월에 덕안성을 공격하였다. 덕안성은 오늘날의 충남 논산의 매화산성에 비정되고 있다. 이 성은 백제 당시에도 5방성의 하나인 동방성이 위치했던 만큼 군사와 행정의 요충지였고 또 부흥백제국의 새 수도인 피성(避城)과도 가까웠다. 따라서 진군해 오는 신라군을 덕안성에서 막느냐 못막느냐는 피성의 운명과도 직결되었다. 때문에 부흥백제군은 신라군의 공격에 완강하게 저항하였다. 그러나 거열성을 함락한 후 파죽지세로 밀고 올라온 신라군의 기세를 꺾지 못하고 덕안성의 부흥군은 1,070여 명의 전사자를 내면서 성을 빼앗기고 말았다.

덕안성의 함락으로 부흥백제국의 수도인 피성도 신라군의 공격권 안에 들어가게 되었다. 그래서 주변에 별다른 방어시설이 없는 피성을 지키는 것은 이제 불가능하게 되었다. 이에 풍왕은 안전을 도모하기 위해 중심지를 다시 주류성으로 옮겨야 하였다. 그만큼 덕안성의 함락이 부흥백제국에게 준 충격은 컸던 것이다.

이처럼 부흥백제군은 662년 7월 이후 지라성·내사지성을 비롯한 웅진 동쪽의 여러 성과 거열성 등 남쪽의 여러 성들을 잃었고 수도 피성에서 가까운 덕안성마저 내주었다. 이제 부흥백제군의 주요 근거지는 웅진 남쪽의 주류성, 서쪽의 가림성, 북쪽의 임존성 등에 지나지 않게 되었다. 이리하여 나·당점령군은 부흥군의 본거지에 대한 본격적인 합동 공격을 할 수 있게 되었다.

부흥군 지도부의 갈등과 분열

1. 동지 도침을 죽인 복신

의자왕이 항복한 후 일어난 부흥군 장군 가운데 핵심적인 역할을 한 인물은 복신과 도침이었다. 이들은 서로 의지하며 왜에 가 있던 부여풍을 모셔다가 왕으로 옹립하였다. 부흥백제국을 세우고 또 부흥군의 정통성을 확립한 것도 이들이다. 이들에 의해 옹립된 풍왕은 국내 기반이 미약하였기 때문에 군사지휘권은 실제로 복신과 도침이 장악하고 있었다. 그럼에도 불구하고 부흥백제국의 최고 지도부를 구성한 복신과 도침은 풍왕과 더불어 보조를 맞추면서 전열을 가다듬어 나·당점령군에 대항하였다.

그런데 661년 3월의 웅진강구 전투 및 두량윤성 전투 이후 점차 부흥백제군 지도부 사이에 금이 생기기 시작하였다. 그러한 갈등이 표면화된 첫 번째의 내분은 복신이 동지였던 도침을 제거한 사건이다. 그러면 어떻게 하여 두 사람 사이에 갈등이 일어나게 된 것일까. 그 배경은 다음과 같이 몇 가지로 정리해 볼 수 있다.

첫째, 웅진강구 전투와 두량윤성 전투 이후 생겨난 두 사람의 위상의 변화이다. 부흥군 초기에는 도침의 위세는 매우 컸던 것 같다. 중국 측 사서에서 복신과 도침의 기재 순서를 보면 모두 도침이 먼저 기록되었다. 당시의 금석문인 『당유인원기공비』에도 도침이 복신보다 앞에 나온다. 이는 당이 도침을 복신보다 높은 존재로 인식하였음을 보여주는 것으로서 그만큼 도침의 위세가 컸다는 것을 증거해주는 것이기도 하다. 그러나 도침은 웅진강구 전투에서 당군에 대패하여 많은 전사자를 내었다. 반면에 복신은 두량윤성 전투에서 신라군과 한달 가량을 싸워 대승을 거두었다. 대패와 대승이라는 전투 결과의 명암은 두 사람 사이에 보이지 않는 갈등을 일으키게 하는 요인이 되었던 것이다.

둘째, 웅진강 전투 이후 도침이 보인 행동이다. 도침은 웅진강 전투에서 크게 패배했음에도 불구하고 최고 사령관처럼 거침없는 행동을 하였다. 그는 당나라 장군 유인원이 보낸 사신을 외관(外館)에 두고 상대조차 하지 않았을 뿐만 아니라 유인원이 보낸 편지에 답서도 보내지 않았다. 그가 이런 행동을 하게 된 데에는 부흥백제국의 위세를 과시하려는 의도도 깔려 있었을 것이다. 그렇지만 지나치게 독단적인 그의 행동은 복신을 자극하지 않을 수 없었다. 이로써 두 사람 사이에 갈등이 빚어지고 마침내 권력을 둘러싼 암투로 진전되어 갔던 것으로 보인다.

셋째, 두 사람의 대왜(對倭)정책에 대한 입장의 차이이다. 복신과 도침은 처음에는 왜에 머무르던 풍왕을 옹립하는데 의견을 같이 하였다.

그래서 왜로부터 풍왕을 모셔와 왕으로 세웠다. 그러나 두 사람의 대왜 정책에는 차이가 있었다. 복신은 좀더 적극적으로 친왜정책을 추진하였지만 도침은 소극적이었다. 『일본서기』에 의하면 풍왕을 옹립하기 위해 왜에 사신을 파견하고 또 구원군을 요청한 주체를 복신으로만 기록하고 있고 도침에 대해서는 일언반구도 나오지 않는다. 이러한 사실은 복신이 도침보다 더 친왜적이었음을 반영해 주는 것이라 하겠다.

이처럼 친왜적인 입장을 지닌 복신은 왜에 사신을 거듭 파견하여 군사 지원을 적극 요청하였다. 그러나 도침에게는 복신의 이러한 조치는 자신의 군사적 기반을 강화하려는 의도로 비쳐졌을 수도 있다. 그래서 도침은 복신의 친왜적인 입장에 제동을 걸어 견제하려 하였고 이는 결국 두 사람 사이를 벌어지게 하지 않았을까 한다.

이제까지 생사를 같이 했던 두 사람의 관계는 점차 다시는 돌아올 수 없는 극한 상황으로까지 치닫고 말았다. 그로 인해 복신은 최고 사령관인 것처럼 행동하고 자신의 입장에 브레이크를 거는 도침을 그대로 두고 볼 수 없다고 판단하였던 것 같다. 어제의 동지가 이제는 적이 되어 상대방을 제거하지 않으면 자신이 당하게 되는 형국이 되었던 것이다. 상황이 이렇게 전개되자 복신은 661년 9월에서 662년 7월 사이의 어느 날 마침내 도침을 제거하고 그가 거느렸던 군사마저 장악하였다.

2. 풍왕의 피성 천도

도침을 죽인 다음 그가 거느렸던 군대까지 수중에 넣음으로써 복신은 군사지휘권을 통째로 거머쥐게 되었다. 그에 따라 정치적 실권도 복신에게로 넘어가게 되었다. 그 결과 복신과 도침의 세력균형 위에서 자신의 위상을 유지했던 풍왕의 위치도 흔들릴 수밖에 없었다. 그렇지만 풍왕은 가능하면 복신과 호흡을 맞추면서 부흥백제국 운영에 전념하려고 하였다. 그래서 662년 후반까지 두 사람 사이의 갈등은 특별히 표면화되지는 않았다. 그러나 이러한 미봉적인 관계는 오래갈 수 없었다. 유인원이 두 사람에 대해 "밖으로는 화합하나 안으로는 마음이 떠나 있는 (外合內離) 상태였기 때문에 언제든지 깨어질 수 있다."고 한 표현은 두 사람의 관계를 잘 말해주는 것이라 할 수 있다.

풍왕과 복신 사이에 틈이 보이기 시작한 것은 662년 12월 피성으로의 천도 문제와 관련해서였다. 피성은 벽성이라고도 하였는데 오늘날의 김제시이다. 『일본서기』에 의하면 피성은 서북으로 고련단경수(古連旦徑水)가 띠처럼 돌아갔고 제방이 경작지를 둘러싸고 있어 매우 비옥한 곳이었다. 풍왕은 이곳으로 천도할 것을 강력히 주장하였다. 그가 피성으로의 천도를 주장하게 된 배경은 다음과 같은 측면에서 생각해 볼 수 있다.

하나는 경제적인 측면이다. 부흥백제군과 나·당점령군과의 전쟁은 해를 넘기면서 장기화할 조짐을 보이고 있었다. 그로 인해 농민 경제는 파탄에 이르렀고 부흥백제국도 인적·물적 자원을 동원하기가 더욱 어렵게 되었다. 반면에 나·당점령군은 금강 동쪽에 위치한 부흥군의 주요 거점 지역을 빼앗아 운량도를 안전하게 확보하였으므로 이를 바탕으로 부흥백제군에 대한 압박을 가속화하여 왔다.

이 시기 왕도 주류성은 방어요새로서는 안성맞춤이었지만 주변 지역의 농사와 양잠만으로는 필요로 하는 물자를 제대로 감당할 수 없었다. 더구나 지라성, 내사지성 등 동쪽 거점성들을 상실하여 부흥백제국의 힘이 미치는 지역이 급격하게 축소됨으로써 주변 지역으로부터의 지원도 크게 기대할 수 없게 되었다. 풍왕은 주류성은 장기전을 수행하기에는 적합하지 않다고 판단하고 대신 땅이 기름지고 생산력이 풍부한 피성으로 천도할 것을 주장하였던 것으로 보인다.

다른 하나는 풍왕의 정치적 의도이다. 천도는 어떠한 경우에든 정치적으로 미치는 영향력이 크다. 풍왕은 피성으로의 천도를 자신이 주도함으로써 이를 계기로 자신의 세력기반을 확대하려고 하였던 것 같다. 이러한 추론을 뒷받침해 주는 것이 복신의 근거지가 주류성이었다는 점이다. 복신이 임존성에서 주류성으로 중심지를 옮긴 것은 이곳이 자신의 정치적 기반이 되는 곳이었기 때문이었다. 그런데 피성으로 천도하면 복신은 자신의 근거지와 멀어지게 된다. 이는 자연히 복신의 기반을 약화시키는 요인으로 작용할 수도 있는 것이다. 물론 복신도 풍왕의 속셈이 무엇인지 전혀 눈치채지 못한 것은 아니었을 것이다. 그럼에도 복신은 풍왕의 천도 주장에 동의하였다. 그가 천도 주장에 동의하게 된 것은 부흥백제군이 처한 경제적인 어려움을 타개할 별다른 방법이 없다는 것과 피성으로 옮기더라도 자신이 군사권을 장악하고 있는 이상 자신의 위상에 아무런 변화가 없을 것이라고 판단하였기 때문이 아니었을까 한다.

반면에 왜군 장군 에치노다쿠쓰(朴市田來津)는 풍왕의 천도 움직임에 반대하고 나섰다. 그는 풍왕이 661년 9월에 귀국할 때 5천 명의 군사를 거느리고 호위해온 장군으로서 이후 부흥백제국에 그대로 머물러 있었다. 따라서 그는 풍왕을 지지하는 세력이라 할 수 있다. 그가 천도를 반대힌 주장의 핵심은 '주류성은 지대가 높아 지키기는 쉽고 공격해 오기는 어렵지만 피성은 지대가 낮아 지키기 어렵다.'는 것이었다. 즉 그는 정치적, 경제적인 측면보다 군사적 측면을 강조하여 피성은 지키기 어려운 곳이므로 천도를 해서는 안된다는 입장을 보였던 것이다.

이처럼 부흥백제국의 지휘부는 피성 천도 문제를 둘러싸고 두 갈래로 나누어졌다. 방어적 측면에서 주류성에 그대로 머물러야 한다는 입장과 군량확보를 중시한 측면에서 피성으로 천도하여야 한다는 주장이 그것이다. 그러나 풍왕은 자신의 의지에 따라 662년 12월 마침내 피성으로의 천도를 단행하였다. 이는 정치적 판단에 따른 천도였다. 그렇지만 얼마 지나지 않아 새로운 상황이 벌어지고 말았다. 피성으로 천도한 지 몇 개월 되지 않은 시기에 신라군이 덕안성까지 진격하여 점령해 버린 것이다. 덕안성은 피성과의 거리가 멀지 않았기 때문에 이제 피성은 신라의 직접적인 공격권에서 벗어날 수 없게 되었다. 더구나 피성은 지대가 낮아 적을 방어하는데 매우 불리하였다. 이점은 피성이 안고 있는 최대의 약점이었다. 이에 풍왕은 하는 수 없이 천도 2개월만에 다시 방어에 유리한 주류성으로 중심지를 옮겨야 했다.

3. 풍왕의 복신 살해

풍왕의 주장으로 단행되었던 피성 천도는 기대한 만큼의 성과를 거두지 못한 채 실패로 끝났다. 이로 말미암아 풍왕의 입지는 더욱 좁아진 반면에 복신은 군사적 실권뿐만 아니라 정치적 대권까지 장악하게 되었다. 그리하여 복신은 자신의 이름으로 왜에 사신을 보내거나 당나라 포로를 보내기도 하였다. 이는 그가 외교권도 자기 마음대로 휘둘렀음을 보여주는 것이다. 이로써 국가 운영의 전권은 복신이 행사하고 풍왕은 제사만 주관하는 실권없는 존재가 되었다.

『구당서』유인궤전에서는 복신을 매우 흉포하고 잔학한 사람으로 표현하고 있다. 이는 적장을 의도적으로 평가 절하한 것이라 할 수도 있다. 그러나 다른 측면에서 생각하면 이 기사는 그가 매우 엄격하게 잘 잘못을 가리고 잘못에 대해서는 가차없이 처벌하는 일면을 보여주는 것으로도 생각해 볼 수 있다. 아마 복신은 실권을 장악한 후 부흥백제국의 기강을 세우면서 동시에 자신의 반대세력을 잠재우기 위해 그렇게 과단성있게 행동하지 않았을까 한다. 그의 이러한 행동은 풍왕의 입장에서는 전횡으로 비치게 되었을 것이다. 이로 말미암아 독주와 견제가 균형을 잃게 되었고 두 사람 사이의 갈등의 골은 더욱 깊어져 더 이상 공존하기 어려운 상황으로 빠져들었다.

상황이 이렇게 전개되자 복신은 모반을 획책하였다. 그는 명목상 왕일뿐 실권이 없는 풍왕을 그대로 두기보다는 그를 제거한 후 자신이 직접 왕위에 올라 군사와 정무를 처리하는 것이 더 낫다고 생각하였던 것 같다. 복신이 자신의 이름으로 왜에 사신을 보낸 것도 이러한 그의 속내를 잘 드러내 준다. 그래서 복신은 풍왕을 제거하겠다는 마음을 더욱 굳히게 되었다.

풍왕을 제거하기로 작심한 복신은 제거방법으로 군대를 동원하여 피를 흘리기보다는 희생을 줄이는 수단을 모색하였다. 그래서 그는 거짓으로 병을 핑계로 삼아 굴실(窟室)에 누어 풍왕이 문병 오기를 기다리기로 하였다. 굴실은 좁은 공간이기 때문에 풍왕이 문병하러 왔을 때 소수의 측근으로 그를 쉽게 사로잡을 수 있을 것으로 생각했던 것이다.

한편 풍왕은 복신이 모반할 마음을 가지고 있다는 것을 짐작은 하였지만 군사권을 장악한 복신과 그를 따르는 많은 추종세력을 제압할 수 있는 힘이 없었다. 그렇지만 복신의 모반이 보다 구체적으로 진행되자 더 이상 그대로 당할 수만 없다고 판단한 풍왕은 복신의 계교를 거꾸로 이용한다는 계책을 세웠다. 그래서 그는 문병을 핑계로 심복과 함께 굴실을 급습하여 복신을 사로잡았다. 풍왕이 오기를 기다렸다가 사로잡으려고 계획하였던 복신은 도리어 자신의 계교에 걸려들고 말았던 것이다.

부안 원효굴. 복신은 이곳에 몸을 숨겼다가 풍왕에게 피살되었다.

　풍왕이 군사권을 장악한 복신을 사로잡을 수 있었던 것은 그를 지지
하는 세력이 어느 정도 있었기 때문에 가능하였다. 이때 풍왕을 지지한
세력으로는 규해(糾解)를 들 수 있다. 그는 처음에는 왜국에 있었지만
복신의 요청으로 귀국하였다. 그가 왜에서 귀국하자 풍왕은 그를 석성
에 머물도록 배려하였다. 그는 석성에 온 왜의 사신 이누가미노기미(犬
上君)에게 복신의 죄를 말하였다. 그의 이런 행동은 그가 복신을 지지
하지 않는 입장을 가지고 있었음을 보여주는 것이다. 아마도 그는 군사
권을 거머쥔 복신의 안하무인격의 행동을 매우 못마땅하게 여겼던 것
같으며 그래서 복신을 제거하려는 풍왕에게 적극적으로 협조했을 것으

로 보인다.

그렇지만 복신은 부흥백제국 내에서는 '어진 장수(良將)'로 평가되었고 또 그를 지지하는 세력도 만만치 않았다. 그로 말미암아 풍왕은 복신을 사로잡기는 하였지만 죽이는 문제만큼은 쉽게 결단을 내리지 못하였다. 그를 죽였을 때 일어날 군심(軍心)의 이반과 민심의 동요가 염려스러웠기 때문이다. 이때 달솔 덕집득이 복신을 죽일 것을 건의하자 풍왕은 마침내 결단을 내려 그를 죽이고 말았다. 그 시기는 663년 6월경으로 보인다. 이로써 부흥군을 일으켜 나·당점령군을 상대로 치열한 전투를 벌이면서 막강한 위엄을 떨쳤던 복신의 장엄한 일생도 마감되고 말았다.

백강구 해전의 패배와 주류성 함락

1. 나·당점령군의 공격 전략

풍왕은 복신을 제거하고 권력을 장악하였다. 그렇지만 백제 멸망 직후부터 부흥군을 일으켜서 이끌어온 복신의 피살은 군사들의 사기를 크게 떨어뜨렸다. 반면 부흥백제국 내에서 일어난 이러한 정변은 나·당점령군에게는 절호의 공격기회가 되었다. 이에 당과 신라는 주류성 공격계획을 세웠다. 이를 위해 유인궤는 본국에 병력 증원을 요청하였다. 부흥백제군을 궤멸시키기 위해서는 웅진성에 주둔한 1만의 군대만으로는 어렵다는 판단에서였다. 유인궤의 요청에 따라 당은 손인사로 하여금 7천 명을 거느리고 가서 부흥백제군을 치게 하였다. 덕물도를 거쳐 웅진부성에 도착한 손인사는 유인궤 등의 군대와 합류하였다.

신라도 이 무렵 남쪽의 덕안성을 이미 점령하고 부흥백제국에 대한 압박작전을 세우는 중이었다. 때마침 풍왕이 복신을 살해하는 사건이 일어나자 이 기회를 놓치지 않으려고 문무왕은 친히 김유신, 김인문,

천존, 죽지 등 28명의 고위 장군들을 거느리고 웅진부성으로 나갔다. 신라가 백제 멸망 이후 이렇듯 많은 장군을 한꺼번에 출정시킨 예는 없었다. 그만큼 신라는 이번이 부흥백제국을 멸망시킬 수 있는 더할나위 없는 기회로 판단하였던 것이다. 손인사가 거느린 7천 명의 증원군 외에 신라군까지 합세함으로써 웅진부성은 온통 나·당군으로 들끓었다.

나·당점령군의 장군들은 웅진부성에서 곧바로 작전회의를 열었다. 그러나 수뇌부 내에서는 부흥백제국에 대한 공격 방향을 두고 논란이 벌어졌다. 논란의 핵심은 가림성을 먼저 공격할 것인가 아니면 주류성을 먼저 공격할 것인가 하는 문제였다. 가림성은 부여군 임천면의 성흥산성이다. 가림성을 먼저 공격하자는 쪽은 수륙의 요충지인 가림성을 내버려두고 주류성을 치면 배후로부터 공격을 받기 쉬워 위험에 빠질 것이라는 점을 강조하였다. 반면에 유인궤는 가림성보다는 주류성을 먼저 공격할 것을 강력히 주장하고 나섰다. 그 이유는 두 가지로 정리할 수 있다. 하나는 가림성은 험하고 견고하여 공격할 경우 많은 사상자가 나오게 되고, 또 부흥백제군이 지키기만 한다면 성을 함락시키는 데 많은 시간이 걸린다는 것이었다. 다른 하나는 주류성은 부흥백제국의 심장부여서 이 성만 함락시킨다면 다른 성들은 자연히 항복해 온다는 것이었다.

이 시기 가림성은 유인궤가 '가림성은 험하고 견고하여 쉽게 깨뜨리기 어렵다.'고 말한 것에서 보듯이 백제부흥군의 거점성 가운데 방어태세가 잘 갖추어진 요새였다. 이와 관련하여 주목되는 것이 유인궤가 주류성을 먼저 공격할 것을 제의하면서 한 말 가운데 "충실한 곳은 피하고 빈곳은 치라(避實擊虛)."는 병법의 한 구절이다. 여기서 충실한 곳은 가림성을 가리키고 빈곳은 주류성을 의미한다. 유인궤는 가림성에는 상당한 병력이 배치되었지만 주류성의 방비는 상대적으로 허술할 것으로 예측하였던 것이다. 그가 주류성을 먼저 공격할 것을 주장한 것도 이 때문이었다. 나·당점령군의 수뇌부는 마침내 유인궤의 주장대로 주류성을 먼저 공격하기로 결정하였다. 이러한 결정은 부흥백제국의 의표를 찌른 작전이라 할 수 있다.

2. 왜의 군대 파견

한편 백제 멸망 이후 왜는 부흥군을 일으킨 복신이 사신을 보내 도움을 요청하자 부여풍을 귀환시켜 부흥백제국을 수립하도록 하고 또 군수물자를 공급해 주었다. 그리고 병장기와 갑옷을 수선하고 선박을 갖추며 군량을 저장하는 등 군대 파견을 위한 준비도 동시에 진행시켰다. 그러나 군대 파견은 복신의 거듭된 요청에도 여전히 실행에 옮겨지지 않았다. 내부의 반대 목소리를 무릅쓰고 파병을 강행할 경우 빚어질 후유증 등이 우려되었기 때문이었다. 앞에서 언급한 이마향 사건이라든가 스루가국에서 건조한 배의 고물과 이물이 반대로 바뀌었다고 한 사건 등은 파병에 반대하는 목소리도 적지 않았음을 보여주는 것이다.

왜가 파병의 결단을 내리지 못하는 사이 부흥백제국의 상황은 급박하

게 돌아가고 있었다. 풍왕이 즉위한 661년 9월 이후 부흥백제국은 나·
당점령군과의 전투에서 밀리는 양상을 보였던 것이다. 662년 7월에는
지라성 등이 함락되고 8월에는 진현성과 내사지성 등이 함락되어 부흥
백제국은 동쪽의 주요 거점성들을 상실하게 되었다. 이로 말미암아 웅
진으로 가는 군수품 운송도로 차단막도 무너지고 말았다. 이에 부흥백
제국은 다시 김수를 왜에 사신으로 보내 긴박한 상황을 전하면서 군사
파견을 적극적으로 요청하였다. 이때 부흥백제국은 당나라 포로 가운
데 고위 인물인 속수언(續守言)도 함께 보냈다. 그를 보낸 것은 나·당
점령군의 상황을 직접 설명하도록 하여 군사지원의 화급성을 재인식시
키려 하기 위함이었다.

이에 왜는 파병을 더 이상 늦추는 것이 아무 의미가 없다고 판단하였
다. 그래서 사신 김수(金受)와 더불어 구원군의 규모와 파견 시기 등 중
요 사항을 논의하였다. 이와 더불어 이누가미노기미(犬上君)를 고구려
에 보내 백제를 구원하기 위한 파병문제를 타진하였다. 왜가 사신을 고
구려에 보내 파병을 타진한 것은 부흥백제국-왜-고구려로 이어지는
연합체제를 형성하는 것에 대한 고구려의 반응을 확인하기 위해서였
다. 이는 고구려가 연합전선에 참여할 경우 나·당점령군의 반격을 최
소화할 수 있다는 점을 염두에 둔 외교정책으로 평가할 수 있다.

왜가 이렇듯 대내외적으로 파병 준비를 본격적으로 서두르는 와중에
부흥백제국에서는 새로운 상황이 발생하였다. 663년 6월 풍왕이 복신
을 제거한 사건이 그것이다. 풍왕의 복신 제거 계획은 규해가 왜의 사

신 이누가미노기미에게 말한 것에서 보듯이 왜도 사전에 짐작하고 있었던 것 같다. 그러나 풍왕의 복신 제거는 백제 진영 내부에 큰 파문을 일으켰을 뿐만 아니라 나·당점령군으로 하여금 왕도 주류성을 직접 공격할 수 있는 빌미를 주었던 것이다. 나·당점령군의 움직임이 심상치 않음을 간파한 풍왕은 동요하는 군심을 진정시키면서 다른 한편으로는 고구려와 왜에 구원병 파견을 황급히 요청하였다. 부흥백제국의 힘만으로 나·당점령군의 공격을 막아내기 어려운 상황에서 풍왕이 현실적으로 취할 수 있는 조치란 이외에는 다른 대안이 없었다.

풍왕의 원군 요청을 받은 고구려는 이를 외면하였다. 그러나 왜는 풍왕의 요청에 따라 구원군을 급히 파견하였다. 그 배경에는 부흥백제국이 멸망하면 나·당점령군의 공격을 직접 받게 될지도 모른다는 위기의식이 작용하였기 때문이다. 이때 파견된 왜군은 전장군·중장군·후장군 등 지휘부를 구성한 6명의 장군과 2만7천 명의 군대로 편성되었다. 그리고 병력과 군수물자를 수송하는 배는 1천여 척이나 되었다.

그런데 『일본서기』에는 663년 3월에 전장군 가미쓰게누노기미와카코(上毛野君稚子) 등이 거느린 2만7천 명의 왜군이 신라를 공격하고 이어 6월에는 신라의 사비기(沙鼻岐)와 누강(奴江) 두 성을 빼앗았다고 기록하고 있다. 또 663년 8월에 왜는 또 다른 1만 명 이상의 군대를 보내 백제를 지원하였다고 하고 있다. 그런데 왜군 2만7천 명이 3월에서 6월에 이르기까지 4개월간 신라를 공격하기 위해서는 군수품 조달없이는 불가능하다. 또 대규모의 왜군이 한반도에서 군사활동을 하였다면 당연히 나·당점령군의 반격이 뒤따랐을 것이다. 그럼에도 『일본서기』를 비롯하여 『삼국사기』나 중국 측의 어느 사서에도 이에 대한 기록이 없다. 따라서 3월에서 6월까지 활동한 것으로 나오는 2만7천 명의 왜군은 이보다 늦은 8월에 출동한 것으로 보는 것이 타당할 것이다.

왜의 구원군 2만7천 명은 선발부대와 본대로 편성되어 백제로 출동하였다. 선발대는 이호하라노기미오미(盧原君臣)가 거느린 '건아(健兒) 1만여 명'이었고, 본대는 가미쓰케누노기미와카코(上毛野君稚子) 등이 거느린 1만7천 명으로 이루어졌다. 왜의 구원군이 출병한 시기는 663년 8월 1일이었다. 왜가 원군을 파견하였다는 소식을 들은 풍왕은 여러 장수들을 불러 작전을 논의하였다. 이 작전회의에 참석한 장수들은 주요 거점성들을 지키고 있던 장군들이었다. 이들이 풍왕으로부터 받은 작전명령은 각자가 맡은 임무를 마땅히 미리 알아서 도모하라는 것이었다. 풍왕이 이렇게 명령을 내린 것은 나·당점령군이 외곽 지역을 먼저 공격한 후 주류성을 공격할 것이라고 판단하였기 때문이다. 이는 대다수의 당나라 장수들이 가림성을 먼저 공격하자고 주장한데서 입증되는 바이다.

3. 백강구 해전의 패배와 불타는 왜선

그러나 풍왕은 나·당점령군이 주류성을 곧바로 치는 직공 작전을 간파하지 못하였다. 그래서 풍왕은 본래의 계획대로 주류성에는 병력 일

복원된 견당선. 당나라로 오간 왜선의 모습이다.

부만을 배치한 후 나머지 군사를 모두 거느리고 금강 하구인 백강으로 나아갔다. 여기에서 왜군을 맞이한 풍왕은 왜군과 합세하여 진영을 정비하였다. 이때의 전투대형을 보면 왜 군선 1천 척은 백강에 정박하고 부흥백제국의 정예 기병은 강 언덕에서 군선을 호위하는 형태로 이루어졌다. 이러한 전투대형은 제·왜연합군의 작전이 해전에 더 큰 비중을 두었음을 보여주는 것이다.

한편 나·당점령군은 공격부대를 수군과 육군으로 나누어 편성하였다. 당군과 신라군 연합으로 편성된 육군은 손인사·유인원 및 문무왕이 이끌었고, 당군이 중심이 된 수군은 유인궤·두상·부여륭이 지휘하면서 군량선도 함께 이끌도록 하였다. 육군과 수군은 각각 출발하여 백강구에서 합세한 후 주류성으로 함께 진군하여 공격하기로 하였다.

663년 8월 17일 당의 수군은 웅진강을 떠나 백강구에 도착하여 전열을 갖추었다. 이때 왜의 수군이 도착하였다. 이리하여 당 수군과 왜 수군이 격돌하는 숙명의 전투가 벌어졌다. 이것이 바로 유명한 백강구 전투이다. 백강구 전투는 두 단계로 전개되었다. 하나는 왜군 선발대와 당나라 수군이 벌인 전투이다. 이때 당나라 수군의 병선은 170척이었다. 8월 27일 왜의 선발대장 이호하라노기미오미(廬原君臣)가 1만여 명의 군대를 거느리고 백강으로 들어와 곧장 당군과 전투를 벌였다. 이해전에서 왜군은 승세를 잡지 못하고 물러났고 당군도 더 이상의 공격을 멈춘 채 진지를 굳건히 하면서 수비에 치중하였다. 당군이 퇴각하는 왜군을 따라잡지 않은 것은 왜군의 병력이 많은데다가 혹시나 있을지도 모를 기습공격에 대비하기 위해서였던 것 같다.

8월 28일 가미쓰케누노기미와카코(上毛野君稚子) 등이 거느린 1만7천 명의 왜군의 본대가 도착하여 선발대와 합세하였다. 이리하여 이날 제2차 전투기 벌어지게 되었다. 제·왜연합군의 본군과 당 수군 사이에 일어난 이 전투는 그 규모가 컸다. 이들은 모두 네 차례에 걸쳐 접전을 벌였는데 그때마다 왜군은 승기를 잡지 못하였다. 그러다가 마지막 접전에서 왜군은 대패하였다. 제·왜연합군이 패배한 원인을 몇 가지로 나누어 정리해 두기로 한다.

첫 번째 원인은 제·왜연합군은 기상을 전혀 고려하지 않았다는 점이다. 이때의 기상에 대해 부안 동진만의 조수간만의 차이로 파악하는 견해도 있다. 사실 동진만의 계화도(界火島)는 조수가 물러나면 육지와 연결되는 등 조수간만의 차이가 심한 지역이었다. 이는 이규보가 『남행월일기』(南行月日記)에서 보안현의 조수간만의 차이가 매우 심하였다고 한 것에서도 드러난다. 그러나 백강은 동진강구가 아니라 금강 하구이다. 따라서 이때의 기상이란 화공과 연결시켜 볼 때 풍향을 의미한다. 육지에서의 전투도 그렇지만 수전의 경우에도 풍향의 예측은 작전상

필수조건이다. 그럼에도 제·왜연합군의 지휘부는 이를 고려하지 않았던 것이다. 이 지역이 백제 땅이어서 바닷길과 기상 변화를 잘 안다는 자만심에서 비롯된 것인지도 모른다.

두 번째 원인은 제·왜연합군은 당군의 군사력을 과소평가하였다는 점이다. 이러한 과소평가는 당수군의 병선의 수가 170척인데 비해 왜군의 병선은 자그마치 1천 척이나 되어 병력의 수를 과신한 중과부적의 심리에서 나온 것일 수도 있다. 그러나 전투에서의 승패는 군사의 수에 의해 결정되는 경우도 있지만 대개는 군사의 사기와 훈련 강도에 의해 좌우된다. 그러나 제·왜연합군의 지휘부는 수적으로 우세한 자신들이 선제 공격에 나서면 숫자가 적은 당군은 스스로 물러갈 것으로 오판하였던 것이다.

세 번째 원인으로는 제·왜연합군은 군사들의 대오를 제대로 갖추지 않은 채 당수군을 공격하였다는 점이다. 1차 전투에서도 승리의 기세를 잡지 못한 제·왜연합군은 당연히 전열을 가다듬은 후 재공격에 나서야 옳았다. 그럼에도 제·왜연합군의 지휘부는 대오가 흩어진 무질서한 중군(中軍)의 병졸들을 공격에 다시 투입하였던 것이다. 대오가 흐트러진 군대로 적을 이길 수는 없다. 이러한 작전 또한 병력의 수가 많은 것을 과신한 데서 빚어진 오판이라 하겠다.

반면에 이 시기 당 수군 지휘부는 제·왜연합군의 지휘부가 오판한 것과는 달리 비교적 정확히 상황을 파악하였다. 그래서 이에 대한 철저한 대비책을 마련하여 승리를 거둘 수 있었다. 당의 수군이 승리할 수 있었던 배경을 몇 가지로 나누어 정리해 보기로 한다.

첫째, 나당수군은 기상 변화를 예의 주시하고 이를 효과적으로 활용하였다. 나·당수군이 왜선 4백 척을 불태울 수 있었던 것은 조수간만의 차이로 배가 자유롭게 움직이지 못하는 상황에서 이루어진 화공이 주효하였기 때문이다. 왜선을 겨냥한 화기는 화전인데 화전은 활 끝에 씌운 베에 기름을 적신 후 불을 붙여 적진으로 쏘는 것이다. 당수군은 기상을 잘 이용하여 화공으로 왜선을 격파하였던 것이다.

둘째, 병력의 수가 적은 당군은 진지를 굳건히 하여 수의 열세를 보완하였다. 나·당수군은 8월 27일 1차전에서 뚜렷한 승기를 잡지 못하자 진지를 견고히 하였고 또 28일 전투에서도 진지를 강화하면서 대비책을 마련하였다. 이리하여 나·당수군은 적은 수의 군대로 많은 왜군에 대적할 수 있었던 것이다.

셋째, 당수군은 좌우 협공작전을 구사하였다. 이 작전이 성공을 거두기 위해서는 지리적으로 유리한 위치를 먼저 차지하는 것이 중요하다. 왜군의 선발대가 백강구로 온 것이 8월 27일인데 당수군은 이보다 10일이나 빨랐다. 그래서 당수군은 전략적으로 유리한 위치에 진을 치고서 왜선을 협공할 수 있었던 것이다.

넷째, 당군은 견고한 군선으로 수전에 참여하였다. 이 시기 당나라의 주력함은 누선(樓船), 몽충(蒙衝), 주가(走舸), 유정(游艇), 해골선(海骨船)이었다. 해골선은 회두(迴頭)가 연속적으로 이루어지는 차선(車船)인데 적선을 들이받아 격파하는 박간(拍竿)을 장치하였다. 따라서 이 배

당나라 선박 몽충(좌)과 누강(우)(용천정차랑 논문에서 전재)

는 접근전에 유리하게 고안된 군선이었다. 이런 우수한 군선으로 당파(撞破)작전을 수행하여 당수군은 왜수군을 격파할 수 있었던 것이다.

이렇듯 네 번에 걸친 치열한 접전 끝에 왜수군은 당수군의 화공과 협공을 끝내 이겨내지 못했다. 당수군의 당파작전으로 무수한 군선이 파괴되고 많은 군사들이 살아남기 위해 바다로 뛰어들었다. 남은 배들은 퇴각하려 하였으나 조수간만의 차이로 배들이 뒤엉켜 뱃머리를 돌릴 수 없게 되었다. 이리하여 4백 척이나 되는 왜선은 불타버리고 말았고 무수한 군사들이 타죽거나 물에 빠져 죽었다.

이 과정에서 풍왕이 귀국할 때 호송을 담당하였던 왜의 장수 에치노 다쿠쓰도 이 해전에서 전사하였다. 이 전투에 대해 중국 측 사서는 "연기와 화염이 하늘에 그득하고(煙焰漲天)", "바닷물은 모두 붉게 물들었다(海水皆赤)"라고 표현하고 있다. 이런 표현은 당시 엄청난 수의 왜선이 불타는 모습을 보여주는 것이다.

정예기병을 거느리고 왜의 수군을 지원하고 있던 풍왕은 군선이 격파되고 불타버리는 위급한 상황을 보자 사태를 돌이킬 수 없다고 판단하고 허리에 찼던 보검도 내버려둔 채 황급히 측근 몇 사람과 더불어 말을 달렸다. 그는 백강구 어디쯤에서 배를 타고 고구려로 가는 망명길에 올랐다. 고구려는 그를 받아들여 망명객으로 일정하게 대접을 하였다. 그래서 풍왕은 고구려의 호의에 의지하여 왜에 있는 동생 부여용(扶餘勇)과 연락하면서 백제를 다시 일으킬 일을 도모하기도 하였다. 그렇지만 그 계획은 끝내 수포로 돌아가고 말았다.

4. 주류성의 함락과 부흥백제국의 멸망

제·왜연합군과 당나라 수군이 백강 입구에서 네 번에 걸친 큰 전투를 벌이는 동안 나·당육군은 곧장 주류성으로 진격하였다. 신라군의 최고 사령관은 문무왕이었고 그 아래에 김유신, 김인문 등 쟁쟁한 장군들이 포진하였다. 당군의 최고 사령관은 손인사였는데 그가 거느린 군대는 7천 명 정도였다. 그런데 중국 측 자료는 백강 전투에 대해 어느 정도 자세히 기술하면서 주류성 함락과 관련한 당군의 활동은 언급하고 있지 않다. 반면에 『삼국사기』에는 신라군의 활동만이 구체적으로 나온다. 이로 미루어 주류성을 공격한 주력은 신라군으로 볼 수 있다. 『일본서기』가 주류성을 포위한 장군을 '적장(賊將)' 즉 신라 장군으로 기록한 것도 같은 맥락이라 할 수 있다.

주류성에 주둔하고 있던 부흥백제군을 총지휘한 사람은 풍왕의 숙부인 부여충승과 부여충지였다. 풍왕은 백강구로 가면서 이들 숙부에게 주류성 주둔군의 지휘권을 맡긴 것으로 보인다. 그런데 이 시기 주류성 에는 왜군도 있었다. 이 왜군은 풍왕이 귀국할 때 그를 호송한 에치노 다쿠쓰가 거느렸던 5천의 군사이다. 풍왕은 백강구 전투에 임박하여 이 왜군을 둘로 나누어 한 부대는 에치노다쿠쓰가 직접 거느리고 자신을 따라오게 하고 나머지 부대는 주류성에 그대로 남게 하였다. 주류성에 남게 된 왜군은 부여충승과 부여충지의 지휘를 받았다.

신라군을 주축으로 한 공격군이 주류성에 도착한 것은 8월 13일이었 다. 당나라 수군이 백강구에 도착한 것이 8월 17일인 것에 비하면 육군 은 수군보다 한발 앞서 주류성에 도착한 셈이다. 그런데 『삼국사기』 김 유신 열전에는 8월 13일에 부흥백제군과 신라군 사이에 곧장 전투가 벌 어졌고 제·왜연합군은 패배하여 모두 항복한 것으로 기록되어 있다. 반면에 『일본서기』에는 8월 17일에 신라군이 주류성을 포위한 것으로 나온다. 이 두 기사를 종합적으로 정리하면 나·당육군은 8월 13일에 주류성에 도착하여 8월 17일에 주류성을 포위한 것으로 정리할 수 있 다. 그렇다면 두 기록 사이에 차이가 나는 나흘 동안에 제·왜연합군과 나·당육군 사이에 몇 차례의 접전이 있었던 것으로 해석할 수 있다. 이러한 관점에서 주류성을 둘러싼 전투의 전개과정을 정리하면 다음과 같다.

부흥백제군은 8월 13일에 나·당육군이 주류성에 도착하자 성을 나와 진을 치고 싸움을 벌였다. 그리하여 4~5일간에 걸쳐 몇 차례의 공방을 벌였다. 그러나 승기를 잡지 못한 부흥백제군은 다시 주류성으로 들어가 농성하였다. 신라군은 8월 17일에 주류성을 포위하였다. 이러한 상황에서 8월 28일 제·왜연합군이 백강 전투에서 대패하였고 풍왕마저 고구려로 피신하였다는 소식이 주류성에 전해진 것 같다. 이 같은 소식은 부흥백제군에게는 너무나 충격적이었다. 군사들은 더 이상 항거할 기력을 잃었다. 그리하여 9월 1일 왕자 충승 등은 왜군과 함께 신라군에 항복하였고 주류성은 마침내 함락되고 말았다.

이렇듯 주류성 전투는 8월 13일에서 9월 1일에 이르기까지 약 보름 넘게 이어졌다. 이는 662년 3월에서 4월에 걸쳐 약 한 달간 저항했던 두량윤성 전투 다음으로 오랜 기간의 장기적 항전이라 할 수 있다. 그러나 왕도 주류성이 함락됨으로써 부흥백제국도 멸망하고 말았다.

마지막까지 버틴 임존성의 부흥군

1. 신라군의 공격을 물리친 지수신

풍왕이 백강 전투에서 패전하여 고구려로 피신하고 또 주류성도 함락되자 주변의 대다수 성들은 항전을 포기하고 백기를 들었다. 이 같은 대세 속에서도 여전히 항복을 거부한 채 나·당점령군에 저항한 성도 있었다. 이에 나·당점령군은 주류성을 함락한 여세를 몰아 아직 항복하지 않은 성들을 평정하는 작업에 나섰다. 나·당점령군은 먼저 웅진 이남의 성들을 선무하거나 평정한 후 방향을 돌려 북쪽의 성들을 평정하기 시작하였다. 그러자 두량윤성을 비롯한 웅진 북쪽의 여러 성들은 그다지 큰 저항을 하지 않고 모두 항복하였다. 당나라 장군 유인궤가 부흥백제군의 중심지인 주류성을 함락하면 나머지 성들은 자연히 항복할 것이라고 예측한대로 되었던 것이다.

그러나 임존성만은 항복을 거부한 채 여전히 나·당점령군에 대항하였다. 이 성을 지킨 장군은 지수신이었다. 그가 어떤 가문 출신이며 세력기반이 어디였는지는 분명하지 않지만 복신의 신임이 두터웠던 인물이었음은 틀림없다. 그래서 복신은 주류성으로 중심지를 옮기면서 지수신에게 임존성을 사수하는 책임을 맡겼던 것으로 보인다.

임존성이 항복하지 않고 끝까지 저항하자 신라군의 공격이 시작되었다. 그런데 『삼국사기』 문무왕 3년(663)조에 의하면 신라군은 663년 10월 21일에 임존성을 공격하였다가 함락시키지 못하고 11월 4일에 회군한 것으로 나온다. 반면에 김유신 열전 중에는 신라군이 30일간이나 공격하였으나 이기지 못하자 이 성을 그대로 둔 채 회군하여 11월 20일에 왕경에 도착한 것으로 나온다. 신라군이 회군한 날짜가 11월 4일이라고 하면 두 자료 사이에는 약 보름 정도의 날짜 차이가 난다. 따라서 이 두 기사를 종합하여 신라군의 임존성 공격을 정리하면 다음과 같다.

먼저 나·당점령군은 주류성을 함락한 후 주변 성들에 대한 평정작업을 마치고 10월 초경에 임존성 공격에 나섰다. 이리하여 약 30일 동안이나 공방이 지속되었다. 이 가운데서 가장 치열하게 벌어진 전투가 10월 21일의 전투라고 할 수 있다. 이 공격에는 신라의 문무왕 뿐만 아니라 김유신 등 쟁쟁한 신라 장군들도 함께 참전하였다. 그만큼 신라는 임존성의 함락에 힘을 기울였던 것이다. 그러나 부흥군은 조금도 굴하지 않고 잘 싸워 마침내 신라군을 물리쳤다. 문무왕은 더 이상 공격해도 승산이 없다고 판단하고 11월 4일 군사를 되돌렸다.

그런데 『삼국사기』 김유신 열전에는 문무왕은 사졸들이 피곤하여 싸우기를 싫어하였으므로 회군하였다고 기록하고 있다. 사실 신라군은

663년 7월 17일 웅진성을 출발하여 8월 13일 주류성에 도착한 후 부흥 백제군과 싸웠다. 이 과정에서 신라군이 입은 피해도 적지 않았다. 그런데다 30일이나 지속된 임존성 공방전에서 입은 피해는 더욱 컸다. 이에 문무왕은 전의를 상실한 군대를 독려하여 계속 싸우는 것이 무모하다고 판단하고 회군을 결정하였던 것이다. 결국 임존성에 주둔한 부흥군의 결사 항전이 신라군의 철수를 재촉하였던 것이다. 다만 문무왕이 회군하면서 "비록 성 하나를 함락하지 못했지만 나머지 여러 성들은 모두 항복하였으니 공이 없다고 할 수는 없다."고 말한 것은 회군을 합리화하기 위한 명분에 지나지 않는다고 할 것이다.

지수신군이 임존성에서 신라 대군의 공격을 물리칠 수 있었던 요인은 몇 가지로 정리해 볼 수 있다. 첫째는 임존성이 지닌 험한 지세와 견고한 성벽이다. 임존성은 둘레가 2,450m에 달하는 테뫼식 산성으로 방어하기가 유리한 요새였던 것이다. 둘째는 풍부한 군량이다. 임존성은 주류성 다음으로 핵심적인 거점성이었기 때문에 군량과 병장기를 풍부히 비축해 두었다. 그러므로 주류성 함락 이후 다른 지역으로부터 원조를 기대할 수 없게 된 상황임에도 장기간의 항전이 가능했던 것이다. 셋째는 지수신이라고 하는 뛰어난 지휘관의 작전능력과 군사들의 불굴의 사기이다. 지수신의 탁월한 능력은 두 가지 사실에서 확인된다. 하나는 김유신을 비롯한 내노라하는 신라 장군들의 공격을 잘 막아내었다는 점이다. 다른 하나는 주류성의 함락과 풍왕의 피신으로 군사들의 사기가 떨어지고 동요하기 쉬운데도 이들의 마음을 다잡아 목숨을 걸고 싸울 수 있도록 독려한 점이다. 이 같은 장수와 군사의 일치 단결과 필사의 항전 정신이 신라군의 대규모 공격을 성공적으로 물리칠 수 있었던 것이다.

2. 당군의 앞잡이가 된 흑치상지와 임존성의 함락

신라군이 회군한 이후 임존성을 함락시키는 임무는 자연히 당군에게 돌아갔다. 당군은 신라군이 임존성을 공격하다가 실패한 싸움의 현장을 보았기 때문에 다른 방법을 모색하였다. 그리하여 찾아낸 방법이 흑치상지와 사타상여 등 당군에 항복한 부흥군 장군들을 이용하는 것이었다. 이른바 이이제이적(以夷制夷的) 공격이었다. 흑치상지와 사타상여는 663년 9월 1일 주류성이 함락되기 직전에 당군에 항복하였다. 당나라 장군 유인궤는 이들을 이용하여 임존성을 함락시키려는 계책을 마련하였다. 그러나 손인사 등은 흑치상지와 사타상여에게 군량과 무기를 준다면 도리어 부흥군을 돕는 결과를 가져올지도 모른다고 우려하면서 유인궤의 계획에 반대하였다. 이들은 흑치상지 등의 항복을 진심에서 우러나온 것으로 보지 않았던 것이다. 그러나 유인궤는 일부의 의구심과 반대에도 불구하고 그들을 은혜와 신의로 대하여 마음을 움직였다. 유인궤의 후한 대우에 감복한 흑치상지와 사타상여가 임존성 공격에 앞장서기로 하자 유인궤는 이들을 선봉으로 삼아 군량과 무기를 공급해 주고 또 당군의 일부까지 출동시켜 돕도록 하였다.

유인궤가 흑치상지와 사타상여를 활용한 이유는 몇 가지로 추측해 볼 수 있다. 첫째, 그들은 일찍이 임존성을 근거로 부흥활동을 한 경험이 있기 때문에 이 성의 허실을 잘 알고 있었다는 사실이다. 때문에 이들은 임존성을 공격하는 선봉장으로서는 적격이라고 할 수 있다. 둘째, 한때 백제를 부흥시키기 위해 생사고락을 함께 하였던 두 인물을 앞세우면 임존성에 주둔한 군사들의 마음을 동요시킬 수 있을 것이라는 계산이다. 즉 항복을 하면 흑치상지처럼 대접을 받을 것이지만 저항은 곧 죽음을 의미한다는 본보기로 그들을 내세웠던 것이다. 이는 고도의 심리적 전술이라 할 수 있다. 셋째, 흑치상지 등이 거느리고 온 군사들을 선봉에 서게 함으로써 당군의 인적 손실을 최소화할 수 있다는 것이다. 이런 복합적인 계산 아래 유인궤는 흑치상지와 사타상여를 회유하여 임존성을 함락하는 선봉에 나서도록 하였던 것이다.

이 시기의 임존성은 비록 신라군의 공격을 잘 막아냈지만 상황은 갈수록 불리하게 돌아갔다. 무엇보다도 대다수의 성들이 나·당점령군에 항복하여버렸기 때문에 지원세력이 없어졌다. 또 풍왕이 고구려로 도망하고 왕자 부여충승과 부여충지도 나·당점령군에 항복해버려 구심력도 잃어버렸다. 이렇듯 호전의 기미가 좀처럼 보이지 않은 불확실한 상황 속에서 3년에 걸친 전투는 군사들을 극도의 피로로 몰아넣었다. 또 장기전에 따른 인명손실도 많았을 뿐만 아니라 병영생활도 매우 궁핍해졌다. 이로 인해 부흥군은 더 이상 저항을 지속하기 어려운 상황에 놓이게 되었다.

이럴 즈음 한때 생사고락을 같이했던 흑치상지와 사타상여가 당군의
선봉이 되어 공격해 왔다. 이는 임존성을 지키는 군사들에게는 충격적
이었다. 더구나 그들의 뒤에는 당나라 군사가 따르고 있었다. 지칠대로
지친 상황에서 이를 본 임존성의 군사들은 크게 동요하기 시작하였다.
군심이 한번 동요되면 이를 다잡기는 매우 어렵다. 이에 지수신은 국면
전환이 불가능한 것으로 판단하고 처자마저 버리고 고구려로 몸을 피
하였다. 그 시기는 663년 11월에서 12월 사이의 어느 날이었다.

3. 사비산성군의 저항

임존성이 함락되자 당은 백제 유민의 저항을 모두 평정한 것으로 보
았다. 그리하여 중국 측 사서에는 이후 백제 유민의 항거와 관련한 기
사는 더 이상 나오지 않는다. 그런데 『삼국사기』 문무왕 4년(664)조에
는 부흥백제국의 유민들이 사비산성을 근거로 저항한 사실을 전해주고
있다. 사비산성은 그 명칭에서 미루어 사비도성 부근의 어느 산성이라
할 수 있다.

이 산성을 근거로 당군에 저항한 부흥백제군의 장군이 누구이며 병력
의 규모나 다시 거병하게 된 동기가 무엇인지 분명하지 않다. 그러나
사비도성 부근에서 이러한 저항이 일어났다고 한 사실에서 미루어 볼
때 당군의 가혹한 수취나 행패가 주요한 배경이 되지 않았을까 한다.

백제 유민들이 사비산성을 근거로 항전하자 664년 3월 웅진도독 유인

궤는 군대를 파견하여 공격에 나섰다. 이때 공교롭게도 안개가 많이 끼어 사람과 물건을 분별하지 못할 정도였다. 그래서 당군은 효과적인 공격을 하기 어려웠다. 『삼국사기』 김유신 열전에는 당군이 이러한 사연을 신라에 알리자 김유신이 은밀한 모책을 주어 안개를 거두었다고 한다. 이는 당군의 부흥군 공격에 신라가 일정한 역할을 담당하였음을 보여주는 것이다. 사비산성군은 당군을 맞이하여 힘껏 싸웠지만 마침내 패배하고 말았다. 이리하여 백제부흥군의 최후의 항전은 이것으로 완전히 막을 내리고 말았다.

오늘날 사람들은 백제의 멸망을 이야기할 때 의자왕이 거느렸다고 하는 삼천궁녀의 전설과 의자왕의 황음을 중심으로 하여 이러니 저러니 여러 이야기를 많이 한다. 모두가 망국의 비운을 맞은 군주에게 따라다니는 업보적 평가인 것이다. 물론 백제가 망한 것은 나·당연합군이라는 외압의 영향도 컸고 의자왕의 부패와 무능도 큰 몫을 하였다. 그렇지만 백제의 역사는 비운의 역사만도 아니고 나약한 역사도 아니었다. 매우 강렬한 투쟁정신을 지닌 역동적인 역사였다. 이를 잘 보여주는 것이 백제 멸망 후 일어난 부흥군의 부흥전쟁이다. 3년 동안의 부흥운동은 우리 역사에서는 그 유례를 찾아볼 수 없을 만큼 치열하게 전개되었다. 여기에는 목숨을 아끼지 않은 숱한 영웅들의 의로운 정신이 발현되었던 것이다. 그러므로 지금까지 살아 숨쉬는 백제부흥군의 정신은 올바르게 평가되고 또 계승되어야 할 것이다.

왜국으로 망명한 백제 유민들

1. 망명길에 오른 유민들

백강 전투에서 패배하고 또 주류성마저 함락된 이후 부흥백제국의 유민들의 동향은 여러 가지 형태로 나타났다. 나·당점령군에 항복한 자들도 많았지만 더러는 눈에 익은 산천과 정든 사람들을 뒤로하고 타국으로 망명을 택한 자들도 있었다. 이들은 구차스럽게 목숨을 구걸하기보다는 낯설고 물설은 만리타국에서 차라리 고국을 그리며 살자는 심정으로 떠났을 것이다. 망명지는 왜와 고구려를 택했지만 왜로의 망명이 대다수였다.

주류성이 함락되면서 왜로 망명한 대표적인 인물로는 좌평 여자신, 달솔 목소귀자, 곡나진수, 억례복류 등을 들 수 있다. 이들은 주류성의 함락으로 백제의 이름이 끊어지고 조상의 묘소도 다시 찾아갈 수 없게 되었다고 판단하고는 왜로의 망명을 계획하였던 것이다. 그러나 왜로 망명하고자 할 때 제일 큰 문제는 바다를 건너는 배를 마련하는 것이었다. 전쟁의 와중에 많은 사람들을 실어나를 수 있는 배를 마련한다는 것은 현실적으로 불가능하였다. 따라서 이들은 왜군의 군선에 의존할 수밖에 없었다. 이 시기 왜군은 8월 28일 백강 해전에서의 대패로 4백 척의 전선이 불타는 큰 피해를 입었지만 그래도 살아남은 자들은 전선을 수습하여 회군을 서두르고 있었다. 이때 왜군 전선들이 머문 정박지의 하나가 저례성이었다. 그러나 저례성의 위치는 알 수 없다. 왜국으로의 망명을 계획한 이들은 먼저 저례성으로 가서 왜군 장수들을 만나 바다를 건너는데 필요한 배와 안전한 뱃길을 확보하려고 하였다.

이렇게 왜로 건너갈 배편을 마련하면서 여자신 등은 침복기성(枕服岐城)에 두고온 가족들에게도 망명을 통보하고 저례성에 모이도록 기별을 놓았다. 침복기성은 이들의 근거지였거나 아니면 주류성이 함락되기 전에 이들의 가족이 피난을 간 곳이었을 것이다. 기별을 받은 침복기성의 가족들은 9월 5일 모저에서 길을 떠나 9월 7일 저례성에 도착하였다. 그리고 여자신 등도 9월 18일 왜군과 함께 저례성으로 와 가족들과 합류하였다. 그리고 9월 19일 왜로 떠나는 군선을 타고 망명길에 올랐다. 이들이 왜로 갈 때 가족뿐만 아니라 한 무리의 백성들도 데리고 갔다. 따라서 저례성을 출발한 여자신 등의 망명은 대규모의 집단 망명이었던 것이다.

이들과는 별도로 왜로 망명한 인물로는 귀실집사가 있다. 그의 성이 귀실이라는 것과 그가 좌평 복신의 공에 따라 왜조정으로부터 소금하(小錦下)의 관위를 받았다는 사실에서 미루어 볼 때 그는 귀실복신의 아

■안에 기록되어 있는 왜로 망명한 백제 인사들
(『일본서기』 천지기)

들이거나 그와 아주 가까운 친척이었을 것이다. 그는 왜로 망명한 이후 달솔이라는 부흥백제국의 관등을 지니고 있었다. 따라서 그도 663년 9월 주류성 함락을 전후하여 왜로 망명하였던 것으로 보인다.

그런데 왜조정은 귀실집사에게 소금하의 관위를 주면서 남녀 4백 명이나 되는 백제의 백성을 오미국(近江國) 가미자키군(神前郡)에 집단 거주토록 하였다. 귀실집사에게 관위를 준 것과 4백 명의 백제민을 집단 이주시킨 것은 귀실집사와 이 집단이 밀접한 관계에 있음을 의미한다. 따라서 4백 명이 넘는 백제민은 귀실집사가 망명할 때 함께 데리고 온 사람들이라 하겠다. 즉 그도 여자신처럼 왜 수군의 도움을 받아 대규모의 집단을 이끌고 왜로 건너왔던 것으로 보인다.

왜로 망명한 또 다른 인물로는 답발춘초(答㶱春初)와 사비복부(四比福夫) 등을 들 수 있다. 이들은 665년에 이미 왜에서 축성작업을 담당하고 있었다. 그들의 관등이 달솔로 나오고 있으므로 그들은 부흥백제국에서 부흥운동을 하다가 부흥백제국이 망하자 왜로 망명온 것으로 볼 수 있다. 그 시기가 언제인지 분명하지 않으나 사비복부와 함께 오노성(大野城)과 기성(椽城)을 축조한 억례복류가 663년 9월 19일에 왜로 망명한 것에서 미루어 볼 때 이들 역시 주류성 함락을 전후하여 망명하였을 가능성이 크다고 하겠다.

다음으로 꼽을 수 있는 망명한 인물로는 부여용이 있다. 그는 부여륭의 동생으로서 풍왕과는 형제간이었다. 그도 주류성이 함락될 즈음 몸을 빼어 왜로 망명하였다. 왜조정에서는 그가 백제국의 왕자라는 신분을 고려히어 일정한 대접을 해주었다. 왜조정의 이러한 배려와 옹호 하에 그는 고구려로 망명을 간 풍왕과 접촉을 가지면서 백제 부흥을 시도하였다. 그러나 그의 시도는 현실적으로는 아무런 성과를 거두지 못하고 말았다.

2. 유민들에 대한 왜조정의 정책

백제 멸망기에 접어들어 백제민들의 왜로의 망명과 이주는 크게 두 차례의 파동을 거치면서 이루어졌다. 하나는 660년 백제국의 멸망을 전후하여 많은 유민들이 왜로 망명한 것이고, 다른 하나는 663년 부흥백제국이 멸망할 즈음에 일어난 망명이다. 이들 이주 집단의 규모는 많게는 4백 명에 이르렀으며 이러한 대규모의 집단 망명은 한 둘이 아니었다. 이처럼 한반도로부터 대규모의 망명집단과 이주집단이 몰려오자 왜조정은 이 유민들을 어떤 형태로든 정착시켜야 하였다. 이때 왜조정이 망명자들을 처리하는 방식은 크게 두 가지로 정리해 볼 수 있다.

첫째는 부흥백제국에서 얼마만큼의 지위를 지녔던 망명자들에 대한 처리 방식이었다. 왜조정은 그들 중의 일부에게 왜조정의 관위를 주어 지배층으로 흡수하였다. 그 예로 들 수 있는 것이 671년(천지 10)에 왜조정이 망명자들에 다양한 관위를 수여한 조처이다. 이때 주어진 관위를 보면 좌평 여자신과 사택소명에게는 대금하(제9등)가, 귀실집사에게는 소금하(제12등)가, 달솔 곡나진수·목소귀자·억례복류·답발춘초·발일비자찬파라금라금수 등에게는 대산하(제13등)가 수여되었다. 그리고 달솔 덕정상·길대상·허솔모·각복모 등에게는 소산상(제16등), 여타 달솔 50여 명에게는 소산하(제17등)가 각각 수여되었다.

그러나 왜조정이 망명자들에게 관위를 줄 때 무작위로 준 것이 아니라 일정한 기준을 설정하여 수여하였다. 그 기준은 이들이 백제 당시에 지녔던 관등과 왜조정에 와서 끼친 공로 및 각 개인이 지닌 학식과 능력 등이었다. 665년(천지 4)에 귀실집사가 소금하를 받은 것은 좌평 복신의 공로에 의한 관위 수여라 할 수 있다. 그리고 671년(천지 10) 여자신 등에의 관위 수여는 그들이 본국에서 받은 관등과 또 그들이 지닌 학식이나 병법, 의약, 유교경전, 음양학 등에 대한 지식 등이 고려되었던 것이다.

왜는 이와 같은 방법으로 망명해온 백제 유민들의 학식이나 기술을 일정하게 활용하였다. 답발춘초에게 나가토국(長門國)에 성을 쌓는 일

일본 구주의 오노성(大野城). 나·당군의 공격에 대비하여 세워진 한국식 산성으로 백제 망명객 억례복류와 사비복부가 축조하였다.

을 맡긴 것과 억례복류와 사비복부에게 쓰쿠시국(筑紫國)의 오노성(大野城)과 기성(椽城) 축조를 맡긴 것이 그 예가 된다. 이 시기 왜가 빈번히 산성을 축조한 것은 660년 백제 멸망 이후 당군의 침입에 대비하기 위한 것이었다. 이러한 각도에서 볼 때 답발춘초와 사비복부는 왜의 방어체계 구축에 일조를 한 셈이 된다. 특히 이들이 병법에 밝았다고 한 사실에서 미루어 볼 때 왜의 방어체계는 백제의 병법에 따라 이루어졌을 가능성이 크다. 이외에 약에 밝거나 음양학과 오경에 밝은 유민들은 왜국에서 이 분야의 기술수준을 끌어올리는데 크게 공헌한 것으로 보인다.

다른 하나는 유력 망명인사를 따라서 이주해온 일반민에 대해 일정한 조처를 취하는 것이었다. 왜조정은 일단 이들을 한군데로 보내 집단으로 거주시켜 정착하도록 하였다. 그래서 가미자키군에는 백제의 남녀 4백여 명을 이주시켰고 아즈마국에는 2천 명을 함께 살게 하였다. 그리고 이들에게 토지를 지급하거나 기한을 정하여 관식을 제공하도록 하여 생활의 안정을 도왔다. 그러면서 왜는 이 망명집단이 자율적으로 집단의 일을 처리할 수 있도록 대표를 뽑아 이들로 하여금 일정기간 망명집단을 다스리도록 하였다. 망명집단을 다스린 대표적인 인물로는 여자신과 귀실집사 등을 꼽을 수 있다. 왜가 이처럼 유력한 망명인사들로 하여금 백제의 관등을 그대로 지니게 하고 또 승진의 기회를 준 것은 자치적 지배방식을 빌린 통치수단의 하나라고 할 수 있겠다.

그러나 왜는 필요에 따라 망명집단의 거주지를 옮기기도 하였다. 여자신과 귀실집사를 비롯하여 백제 유민 7백여 명을 가미자키군에서 가모군으로 이주시킨 것이 한 예가 된다. 왜조정이 이러한 조치를 취한 것은 망명집단의 규모가 커지자 정치적 부담을 느낀 나머지 그 규모를 축소하거나 세력기반을 약화시키기 위한 것일 수도 있고, 때로는 망명집단이 지닌 선진 농업기술을 활용하여 새로운 개간지를 만들 목적으로 이주시켰을 가능성도 없지는 않다.

망국의 비극을 전하는 금석문

1. 정림사지오층석탑에 새겨진 소정방의 공적

백제 수도였던 부여에 가면 남북으로 뻗은 큰길 동편에 우아한 5층 석탑이 서 있다. 국보 제9호로 지정된 이 석탑이 바로 정림사지오층석탑이다. 탑이 만들어졌을 당시의 절 이름은 알 수 없지만 이곳을 발굴한 결과 '정림사'라는 절 이름이 새겨진 고려시대의 기와가 발견되어 정림사지오층석탑으로 명명되었다. 이 탑은 목조가구의 형태를 모방하고 있으나 세련되고 창의적인 조형을 보여주고 있다. 그래서 탑 전체의 모양새는 장중하고 명쾌한 기풍을 풍긴다.

이 탑과 함께 세워진 본래의 사찰은 백제의 멸망 이후 폐허가 되었고 고려시대에 와서 정림사라는 이름으로 중창되었다. 그러나 이 절마저도 황폐화되어 탑만 홀로 쓸쓸히 남게 되었다. 그러나 이 탑에는 사찰의 황폐라고 하는 슬픔말고도 또 다른 비극이 서려있다. 그 비극이란 승전군 사령관 소정방이 660년 8월 2일 의자왕으로부터 항복 의례를 받

은 후 8월 15일 이 탑의 일층
탑신에 자신의 공적을 징으로
쪼아 새긴 것이다.

비문은 제1면 24행, 제2면
29행, 제3면 28행, 제4면 36
행 등 총 117행으로 각 행은
16자 또는 18자이다. 문장은
사육변려체로 과대한 필치를

부여 정림사지오층석탑 일층 탑신. 여기에 소정방이
'대당평백제국비명'이라는 제액으로 자신의 공로를
자랑하는 비문을 새겼다.

사용히였다. 글자의 길이는 4.5㎝로, 글자체는 정해(正楷)로 당조(唐調)
에 육조의 여풍이 가미되었다. 글은 하수량이 짓고 글씨는 권회소가 썼
다. 제액은 남쪽 면의 오른쪽 모퉁이 기둥 면에 '대당평백제국비명(大
唐平百濟國碑銘)'의 8자를 2행으로 전서로 새기고 그 아래에 '현경오년
세재경신팔월기사삭십오일계미건(顯慶五年歲在庚申八月己巳朔十五日癸
未建)'을 2행으로 새겼다. 이 제액에 따라 이 명문은 660년에 새겨진 것
을 알 수 있다. 이 탑에 대해 한때는 제액에 새긴 비문만을 근거로 평제
탑으로 부르기도 하였다. 이는 당을 주체로 한 인식으로서 자신의 역사
를 스스로 망각한 자기비하의 역사관에서 비롯된 잘못된 인식이라 하
지 않을 수 없다.

이 명문에는 백제를 멸망시킨 총사령관 소정방이 역임한 관직을 비롯
하여 백제 공격에 참여한 장군들의 직함을 새겼다. 소정방의 당시 직함
은 사지절신구우이마한웅진등십사도대총관좌무위대장군상주국형국공

(使持節神丘嵎夷馬韓熊津等十四道大摠管左武衛大將軍上柱國邢國公)으로 나온다. 이외에 공적이 기록된 인물로는 부대총관 유백영(劉伯英), 부대총관 동보덕(董寶德), 부대총관 김인문(金仁問), 행군장사 양행의(梁行儀), 좌장군 우원사(于元嗣), 우이도부총관 조계숙(曹繼叔), 행군장사 두상(杜爽), 우일군총관 유인원(劉仁願), 좌무위중랑장 김양도(金良圖), 우일군총관 마연경(馬延卿) 등이 있다. 이 가운데 김인문과 김양도는 신라 장군이다. 이는 백제의 멸망이 나·연합군의 합작품임을 입증해 주는 것이기도 하다.

전쟁의 공로를 내세운 공적비는 대개 다른 돌을 써서 새기는 것이 일반적이다. 그럼에도 소정방은 탑의 몸통에다 비문을 새겼다. 왜 소정방은 유별스럽게 탑신에다 자신의 공적을 새겼을까. 이 탑이 서 있는 절은 백제 성왕이 사비로 천도하면서 세운 국찰(國刹)로서 사비시대 백제의 중심적인 사찰이었다. 또 이 탑은 그 위치라든가 빼어난 조형미 등을 고려할 때 백제인의 정신적 지주역할을 하였다고 할 수 있다. 소정방이 이러한 의미를 가진 탑에 자신의 공적을 새겨둔 것은 무언가의 의도가 있었다고 하지 않을 수 없다. 즉 그는 백제인들이 신성시 여기는 탑에 백제 멸망의 사실을 새겨둠으로써 백제인들로 하여금 백제의 멸망을 기정사실로 받아들이도록 하여 더 이상 저항을 하지 못하게 하기 위한 것이 아닐까 한다. 이리하여 매우 우아하고 정제된 아름다움을 지닌 이 탑은 본래의 모습이 훼손되었을 뿐만 아니라 망국의 비극을 전하는 글자까지 새겨지게 되었던 것이다.

정림사지오층석탑의 비극은 소정방의 공로를 새긴 것 말고도 또 있다. 제1층 미석부에 다른 글자를 더 새겼다. 이른바 미석각자(楣石刻字)이다. 해서체의 이들 글자의 길이는 3.6cm이다. 동남 양쪽은 명확하지 않지만 서쪽과 북쪽에는 각각 32행으로 1행의 3자씩 새겨져 있는데 마멸이 심하여 판독 가능한 글자는 매우 적다. 새겨진 연대는 당 고종 현경 5년(660)으로 추정되고 있다.

현재 판독이 가능한 글자는 주부(州府), 내급사(內給史), 주사마(州司馬), 부병조(府兵曹), 사농(司農), 상주국(上柱國) 등이다. 이를 통해 당시 주에 설치된 관청과 몇 가지의 관직 및 훈관을 확인할 수 있다. 따라서 이 미석 각자는 백제를 멸망시킨 이후 백제 시역을 다스리는 사비부성의 실무관원들의 명단을 새긴 것으로 볼 수 있다. 비신에는 백제를 정복한 장군들의 공로가 새겨져 있고 미석에는 이 지역을 다스리는 당나라 관원들의 명단이 새겨져 있는 이 탑이야말로 백제 멸망의 비극을 몸으로 보여주는 것이어서 감회가 서글프다.

2. 석조에 새겨진 '당평제' 각자

국립부여박물관에는 백제시대에 만든 커다란 석조(石槽)가 전시되어 있다. 백제 후기에 만든 원형석조로서 외구경은 1.65m, 전체 높이는 1.6m에 이른다. 이 석조에는 당나라가 백제를 평정하였다는 내용의 글자가 들어 있다. 그래서 이를 당평제명석조각자(唐平濟銘石槽刻字)라고

말한다. 글자는 총 22행으로 1
행은 11자로 이루어졌다. 글자
의 크기는 3.9cm이고 글자체는
해서이다. 건립 연대는 660년
으로 추정되고 있다. 글자의
내용은 대당평백제국비명 가
운데 앞부부인 '원부황왕~저
축함비(原夫皇王~杼軸銜悲)'까

부여 석조. 정림사지오층석탑에 새겨진 내용과 비슷
하게 소정방의 전공이 새겨져 있다.

지를 새겼던 것으로 보인다.
지금은 제18행 제19자인 '동벌

친린 근위(東伐親鄰 近違)'까지만 읽을 수 있다.

『신증동국여지승람』을 인용한 『부여군현지』는 이 비석이 현의 서쪽 2
리에 있고 소정방이 김유신과 함께 백제를 멸망시킴에 이르러 비를 세
워 공을 새겼다고 하였다. 이와 함께 정림사지오층석탑이 현의 남쪽 2
리에 있고 소정방 보다 지위가 낮은 유인원이 따로 비를 세웠다는 점
등에 주목하여 소정방을 위해 별도의 탑을 현의 서쪽 2리에 세웠다는
견해도 제시되었다.

이 석조 각자와 정림사지오층석탑에 새겨진 대당평백제국비명 가운
데 어느 것이 원본이고 어느 것이 복각인지, 또 둘 다 복각인지 하는 문
제가 남는다. 그러나 소정방의 지위나 역할을 보아 백제의 대표적인 탑
에 공을 새겨 넣었을 가능성도 완전히 배제할 수 없다. 그러고 보면 석

조의 각자는 원본을 복각한 것일 수도 있다. 석조에 동일한 내용의 글을 새긴 것은 어쩌면 실력자에게 잘 보이려는 아첨꾼들의 얄팍한 처세의 산물일 수도 있다. 그러나 매일 석조를 이용하는 승려나 신도들은 이 글을 보지 않을 수 없었을 것이다. 당군은 이를 노려 백제 제일의 대표적인 탑에 공을 새긴 것조차 부족하여 석조에 또 소정방의 공로를 새겼던 것이다. 세상 돌아가는 형편에 붙좇는 아세(阿世)의 행태가 엿보인다.

3. 당나라 장군 유인원의 공덕비

국립부여박물관 야외 전시 공간 비각에는 당유인원기공비(唐劉仁願紀功碑)가 세워져 있다. 본래 부여군 부여읍 관북리 부소산성 내에 세 조각으로 깨진 채 흩어져 있던 것을 수습하여 부소산성에 비각을 세워 복원해두었다가 해방 후 국립부여박물관으로 옮겨 왔다. 현재 보물 제21호로 지정된 문화재다. 본래는 귀부 위에 비를 세웠던 것인데 비신과 이수만 남고 귀부의 행방은 알 길이 없다. 몸 돌의 앞면과 머릿돌이 일부분 깨어졌다. 비문은 몸 돌 앞면과 뒷면에 새겼으나 심하게 닳아 알아보기 힘들다.

이 비의 몸 돌과 머릿돌은 하나의 돌로 이루어졌다. 특히 머릿돌은 여섯 마리의 용이 좌우 양쪽에서 세 마리씩 올라가 서로의 몸을 휘감고 중앙의 여의주를 서로 다투고 있는 모습으로 새겨져 있으며 그 조각이

부여 당유인원기공비. 복신과 도침을 '위한솔 복신' 과 '위승 도침' 으로 표기하여 깎아내렸다.

매우 사실적이다. 비신의 높이는 237.9cm이고 두께 30.9cm에 이른다. 이수는 높이 113.6cm에 폭 133.3cm이다. 비문은 자경(字經)이 2.42cm의 해서이며 제액은 자경 6cm의 전서로 양각되었다. 비문은 모두 34행에 1행은 대체로 69자이다. 현재 제20행까지는 거의 판독이 가능하나 22행부터는 대부분 읽을 수가 없다. 내용은 유인원의 가문과 생애 두 부분으로 이루어졌는데 그가 백제를 멸망시킨 이후 사비성에 주둔해서 백제부흥군을 평정한 사실을 중심으로 하였다. 『대동금석서』(大東金石書)는 이 비문을 유인원이 썼다고 하지만 받아들여지지 않고 있다.

이 비는 당고종 용삭 3년(663) 즉 신라 문무왕 3년 부흥백제국이 멸망한 해에 세워졌다. 그 시기는 정림사지오층석탑(국보 제9호)에 소정방이 비문을 새긴지 3년 후이다. 소정방이 정림사지오층석탑에 자신의 공로를 새긴 것이 백제 유민들의 저항의식을 약화시키려는 의도였다고하면 유인원의 기공비는 부흥백제국을 완전히 평정한 것을 알리는 선언적 목적을 담았던 것이다.

백제부흥운동은 만 3년간에 걸쳐 치열하게 전개되었다. 부흥군은 멸망한 백제국을 부활시키고 한때는 나·당점령군을 심각한 위기상황으로 몰아넣기도 하였다. 그러나 이들의 처절한 활동을 전해주는 자료는 애석하게도 별로 남아 있지 않다. 또 남아 있다고 하더라도 거의 전승국의 자료뿐이다. 이러한 자료 중의 하나가 이 기공비이다. 이 비문의 내용 중에는 의자왕과 태자 및 신하 7백여 명이 당나라로 압송된 사실과 부흥군의 활동 등 중요 내용이 들어 있고 폐허가 된 도성의 모습 등도 기록되어 있어 당시의 상황을 가늠할 주요 자료로 평가된다.

그렇지만 이 기공비에 의하면 부흥군은 모두 당연히 평정되어야 할 적도(賊徒)였다. 그래서 이 비에는 부흥백제국을 일으키는데 핵심적인 역할을 담당한 복신을 '위한솔귀실복신(僞扞率鬼室福信)'으로, 도침은 '위승도침(僞僧道琛)'으로 표현하고 있고 이들이 칭한 부흥백제국의 직함을 모두 '이름을 빌리고 지위를 도적질하였다(假名盜位).'라는 식으로 폄하하고 있다. 부흥백제국의 존재를 철저히 부정하면서 유인원 자신의 공로는 과시했던 것이다. 마지막까지 항거의 끈을 늦추지 않다가 끝내는 힘이 다하여 고구려로 망명한 풍왕과 지수신이 이 비문의 내용을 보았다면 얼마나 원통하고 분개하였을까. 부흥군 자신이 남겨 놓은 자료가 없는 현실이 안타깝다고 하지 않을 수 없다.

부흥백제국 멸망 이후 신라와 당의 대립

1. 부흥백제국을 멸망시킨 인물들

1) 당나라 장군

(1) 소정방

660년에 백제를 멸망시킨 당은 곧바로 일어난 부흥군을 진압하는데 많은 장군들을 동원하였다. 이때 활동한 대표적인 인물이 소정방·유인원·유인궤 등이다. 여기서는 이들의 인적 사항과 활동을 간략히 정리해 두기로 한다.

소정방은 『구당서』 권 83, 열전 제33과 『신당서』 권 11, 열전 제36에 입전되어 있다. 『대당평백제국비명』에도 그가 백제를 공격할 당시의 관직이 기록되어 있다. 소정방은 592년(수문제 개황 12)에 태어나 667년(당고종 건봉 2)에 죽었는데 향년은 76세였다. 그는 기주(冀州) 무읍 사람으로 본래 이름은 소열(蘇烈)이고 정방(定方)은 자였다. 그러나 자로서 행세하게 되어 사람들은 그를 소정방으로 불렀다. 그는 아버지가 수나라 말기에 향리의 무리를 거느리고 도적들을 칠 때 15세의 나이로 앞장서 싸웠다. 당나라가 들어서자 정관 초에 광도부절충이 되었고 이정(李靖)을 따라 돌궐을 정복하였다. 650년에는 좌위대장군 정지절(程知節)을 따라 하로(賀魯)를 정벌할 때 전군총관이 되었다. 651년에는 행군대총관에 올랐으며 하로를 정벌하여 좌효위대장군이 되고 형국공에 봉해졌다. 얼마 후 사결(思結)·소륵(疏勒)·주구반(朱俱般)·총령(總領) 등의 반란을 모두 정벌한 공으로 '형주거록진읍 오백호(邢州鉅鹿眞邑五百戶)'를 식읍으로 더 받았다. 이때까지 소정방은 주로 돌궐지역 정복 활동에 종사하였다.

  660년에 당이 백제 공격을 결정하자 그는 정벌군의 총사령관이 되어 13만의 군대를 거느리고 백제 정벌에 나섰다. 이때 그의 직함에 대해서는 『구당서』 소정방전에는 웅진도대총관으로, 『신당서』 소정방전과 『자치통감』 당기 16에는 신구도행군대총관으로, 『구당서』 백제전에는 좌위대장군으로, 『신당서』 백제전에는 좌효위대장군 신구도행군대총관으로 나온다. 그러나 대당평백제국비명에는 '사지절신구우이마한웅진등일십사도대총관(使持節神丘嵎夷馬韓熊津等一十四道大摠管) 좌무위대장군(左武衛大將軍) 상주국(上柱國) 형국공(邢國公)'으로 되어 있다. 이 비는 소정방이 백제를 멸망시키고 나서 곧바로 세운 것이므로 그 당시의 상황을 보여준다고 할 수 있다. 따라서 그의 직함은 이 비명에 보이는 것이 가장 정확하다고 하겠다.

소정방은 660년 7월 의자왕으로부터 항복을 받아낸 후 왕과 태자 융을 비롯하여 고위 귀족들을 포로로 잡아 당으로 돌아갔다. 그는 평생 동안 세 나라를 공격하여 멸망시키고 국왕을 포로로 잡는 전과를 올렸는데 그 세 왕은 돌궐의 하로·도만과 백제의 의자왕이었다. 660년 9월에 귀국한 그는 661년 5월에는 요동도행군대총관이 되어 고구려 공격에 나서 패강(浿江)에서 고구려군을 격파하고 평양성을 포위하였으나 고구려의 완강한 저항에 부딪혀 실패하고 말았다. 이후 고구려와의 전투에서 그의 이름은 더 이상 나오지 않는다.

(2) 유인원

『구당서』와 『신당서』 열전에는 유인원의 이름이 입전되어 있지 않다. 그러나 그의 행적은 부여에 세워진 당유인원기공비에서 대략 살펴볼 수 있다. 유인원의 자는 사원(士元)이고 조읍(雕陰) 대빈 사람이다. 아버지 대구(大俱)는 당나라에 들어와 사지절인수이주총관입사주제군사수주자사(使持節因綏二州摠管廾四州諸軍事綏州刺史)가 된 후에 곧 도독좌무위장군우효위대장군승하이주(都督左武衛將軍右驍衛大將軍勝夏二州)에 올랐다. 그는 가문의 훈업으로 홍문관 학생이 되었고 당태종의 눈에 들어 내봉공이 되었다.

당태종이 645년(정관 19년)에 고구려를 정벌할 때 참전하여 공을 세워 상주국이 되었다. 여양현개국공(黎陽縣開國公)으로서 우무위봉명부좌과의도위(右武衛鳳鳴府左果毅都尉)에 오르기도 하였다. 647년에는 행군대총관으로 임명되어 영국공 이적을 따라 연타(延陀)를 경략하였다. 648년에는 또 대총관에 임명되어 요동을 쳤다. 651년에는 다시 철륵(鐵勒)에 들어가 이들을 위무하고 절충도위에 간택되었고, 654년에는 총산도행군대총관으로 노국공 정지절을 따라 하로를 토벌하였다. 656년에는 좌효위낭장으로 자리를 옮겼고 657년에는 조명을 받들어 과거를 관장하였다. 659년에는 토욕혼 및 토번을 위무하였다.

660년에 당조정이 백제 공격을 결정하자 유인원은 우이도행군대총관이 되었다. 총사령관 형국공 소정방을 따라 백제 평정에 나선 그는 이 전쟁에서 승리하여 의자왕을 포로로 잡는데 공을 세웠다. 백제를 칠 당시 그의 직책은 우일군총관(右一軍摠管) 선위장군(宣威將軍) 행좌효위낭장(行左驍衛郎將) 상주국(上柱國)이었다. 백제를 멸망시킨 후 소정방이 귀국하자 그는 사비부성의 도호(都護)로서 당군의 총사령관이 되었다. 그 후 웅진도독부체제로 개편되면서 웅진도독이 되었다. 663년에 귀국하였다가 이듬해인 664년 10월에 다시 웅진도독으로 돌아왔다. 그리고 665년 8월에 유인궤와 함께 취리산에서 웅진도독 부여륭과 신라 문무왕이 회맹하는 의식을 주관하였다.

(3) 유인궤

유인궤는 『구당서』 권 84, 열전 제34와 『신당서』 권 108, 열전 제33에 입전되었다. 그는 603년(수 문제 인수 3)에 태어나 686년(당 중종 수공 원년)에 죽었다. 향년 84세였다. 그는 변주(汴州) 위씨 사람으로 자는 정칙(正則)이었다. 가난하였으나 어려서부터 학문을 좋아하였다. 수나라 말기의 혼란한 시대에 태어나 교육을 제대로 받지 못하였지만 혼자서 공부하여 여러 학문에 두루 통달하게 되었다. 그가 최초로 출사한 것은 16~20세 사이로 추정된다. 이때 그는 하남도안무대사 임괴(任)의 상소문에 몇 글자를 고쳐 쓴 것이 인연이 되어 임괴의 천거로 식주참군이 되었다가 곧 진창위가 되었다. 그 후 강직한 성품의 소유자임이 판명되어 태종이 함양승으로 발탁하였다. 640년에는 태종이 교외에서 수렵하는 것을 반대하는 상소를 올려 가상함을 인정받아 신안령에 올랐다. 이때 나이가 38세였다. 그 후 급사중이 되었지만 총신 이의부(李義府)의 원망을 사서 659년에 청주자사로 좌천되었다.

660년에 당나라가 백제를 공격할 때 그는 수군을 감독·통솔하여 군량을 운송하는 책임을 맡았다. 그런데 그를 미워한 이의부가 속히 군량을 운반하라고 심하게 독촉하였다. 이 때문에 그는 무리하게 배를 움직이다가 풍랑을 만나 배가 침몰되는 사고를 당하였다. 이때 많은 수군들이 물에 빠져 죽었다. 이 사건으로 그는 죽음을 면하기 어려웠지만 원직심(袁直心)의 간언으로 겨우 목숨을 건졌다. 그러나 그 대가로 백의종군하는 몸이 되었다.

그 후 백제부흥군이 일어나 사비성을 진수하고 있던 당군이 위험에 처하게 되자 당고종은 백의종군하던 유인궤를 발탁하여 검교대방주자사로 삼고 왕문도를 대신하여 군대 통솔을 맡겼다. 이때 그의 나이는 59세였다. 대방주자사에 임명된 유인궤는 자신의 능력을 발휘하여 부귀를 누릴 수 있는 절호의 기회로 보고 백제 지역으로 갈 때 미리 역일(曆日)과 묘휘(廟諱)까지 청하여 가지고 갔다. 그의 이런 행동은 이전의 백의종군의 모욕을 상쇄하려는 의도에서 나온 것으로 보인다.

661년 고구려 정벌에 실패한 당조정에서는 사비부성에 주둔하고 있던 당군에게 철군해도 좋다는 조서를 내렸다. 그러나 유인궤는 고구려를 멸망시키기 위해서는 백제 지역에서 철수할 수 없다는 뜻을 고집하여 그 뜻을 관철하였다. 이후 그는 662년에 부흥백제국의 요충지인 지라성, 진현성 등을 함락하였고 663년에는 손인사, 유인원, 부여륭과 더불어 주류성을 공격하여 함락시켰다. 당은 유인원 대신 그를 검교웅진도독으로 삼아 당군의 지휘를 맡겼다. 664년 10월 유인원과 교대하도록 명을 받은 그는 주둔군을 한꺼번에 교대할 경우 겨우 평정된 백제 유민들이 다시 동요할 것을 염려하여 군대를 점진적으로 교대시키기로 하고 자신도 그대로 남았다.

665년 그는 유인원과 더불어 웅진도독 부여륭과 신라 문무왕의 취리산 맹세를 주선하였다. 665년 8월 당으로 돌아간 그는 당고종이 태산에 봉선(封禪)할 때 신라, 백제, 탐라, 왜 등 4국의 추장들을 거느리고 참석하였다. 당고종은 그를 대사헌으로 삼았다. 668년 그는 웅진도안무대사 겸패강도총관(熊津道按撫大使兼浿江道總管)이 되어 이적(李勣)과 함께 고구려를 멸망시켰다. 그리고 설인귀(薛仁貴)와 더불어 2만의 군대를 거느리고 평양을 진수하였다. 674년에 계림도대총관이 되어 신라를 정벌하였는데 이때 칠중성 함락에 공을 세워 공(公)이 되었다. 이후 그는 주로 토번(吐藩)과의 전쟁에 참여하였다.

유인궤는 문장이 뛰어난 것으로도 이름이 났다. 유인원이 부흥백제군을 완전히 평정하고 돌아오자 당고종은 무장인 경이 어떻게 하여 '아유문리(雅有文理)'한 주청문을 올릴 수 있었느냐고 물었다. 이때 유인원이 주청문은 모두 유인궤가 작성한 글이라고 대답하니 고종은 심히 탄상하였다고 한다.『구당서』유인궤전에는 그의 상표문이 실려 있고『삼국사기』신라본기에는 문무왕이 부여륭과 회맹할 때 사용한 그가 지은 맹문(盟文)이 실려 있다.

2) 신라 장군

(1) 김유신

김유신은 금관가야 출신으로 595년(진평왕 17)에 태어나 673년(문무왕 13)에 죽었다. 향년은 79세였다. 그는『삼국사기』열전에 상·중·하 세 권에 걸쳐서 입전(立傳)되어 있다. 여기서는 이 열전을 중심으로 그의 일대기를 간략히 정리해 두기로 한다.

김유신의 가계를 거슬러 올라가면 증조부는 532년(법흥왕 19) 신라에 투항한 금관가야의 구해왕이고, 할아버지는 무력이고, 아버지는 서현이고, 어머니는 숙흘종의 딸인 만명부인이다. 숙흘종은 진흥왕의 아버지인 입종갈문왕의 아들이다. 김유신은 15세에 화랑이 되어 그 무리를 용화향도라고 하였고, 17세에 홀로 중악석굴에 들어가 수련하면서 이

경주 단석산 신
선사 마애불. 화
랑 시절의 김유
신이 여기에서
수련했다고 전
한다.

인을 만나 비법을 전수받았다. 18세에 국선(國仙)이 되었다.

　그의 가문은 가야왕족으로서 신라에 항복한 후 진골귀족에 편입되었
다. 그래서 그의 가문은 비록 진골이라고 하여도 핵심적인 진골은 아니
었다. 그렇지만 그는 정치적 동지인 김춘추에게 자신의 누이동생을 시
집보내고 여기에서 문무왕과 김인문 등이 태어남으로써 점차 그 위상
을 높여 나갔다. 그는 35세에 중당(仲幢)당주가 되어 낭비성(오늘날의
청주) 전투에 참여하여 백제군을 물리치는데 공을 세웠다. 642년에 대

야성이 백제에 의해 함락되고 김춘추의 사위인 도독 김품석 부부가 피살되었다. 위기의식을 느낀 신라는 김춘추를 고구려에 보내 원병을 요청하였다. 김춘추가 고구려로 들어갈 때 김유신은 만약 고구려가 김춘추를 죽이거나 돌려보내지 않으면 고구려를 공격하여 보복할 것을 약속하였다. 이때 그는 압량주 군주가 되었다. 이듬해에 소판으로 승진한 후 상장군이 되어 백제의 가혜성 등 7성을 격파하였다. 647년에 상대등 비담과 염종이 여주(女主)가 나라를 잘 다스리지 못한다는 이유로 반란을 일으키자 53세였던 김유신은 김춘추와 함께 반란군을 평정한 후 진덕여왕을 옹립하였다. 그리고 이해에 무산성, 동잠성 전투에서 백제군을 물리쳤다. 55세가 되던 해에 백제 장군 은상이 석토성을 공격해 오자 그는 죽지, 천존 등과 더불어 출동하여 이를 물리치고 9천여 명에 가까운 백제 군사의 목을 베는 전과를 올렸다.

 654년에 진덕여왕이 후계자 없이 죽었다. 이때 김유신은 알천의 섭정 움직임을 봉쇄하고 김춘추를 왕으로 옹립하였다. 이후 그는 백제에 포로로 잡혀갔다가 백제의 실권자인 임좌의 신임을 받은 조미갑을 매개로 임자와 내통하는 통로를 만들었다. 660년에 백제를 공격하는 총사령관이 되어 5만의 대군을 이끌고 황산벌로 진격하였다. 이때 그의 나이는 66세였다. 그는 황산벌 전투에서 자그마치 4번의 접전 끝에 계백이 거느린 백제군을 물리친 후 사비도성으로 진격하였다. 신라군이 당군보다 늦게 사비성에 도착하자 당나라 장군 소정방은 신라군이 약속한 기일보다 늦은 것을 책망하여 독군 김문영을 죽이려 하였다. 이를 본

김유신이 강력히 항의하여 소정방의 의지를 꺾었다.

당은 백제를 멸망시킨 후 내친김에 신라 공격을 획책하였다. 이 정보를 입수한 김유신은 당군과 일전도 불사할 것을 건의하였다. 소정방은 신라가 당군의 의도를 간파하고 준비를 단단히 하고 있다는 사실을 알고 공격을 포기하였다. 661년에 당나라가 고구려 공격에 참여할 것을 채근하자 그는 문무왕과 더불어 고구려 정벌에 나섰다. 이때 웅산성과 우술성에 주둔한 부흥백제군이 진군하는 길을 막았다. 김유신은 사람을 보내 달래고 어르기도 하였지만 부흥군이 응하지 않자 총공격에 나서 싱을 함락시켰다. 이해 9월에 고구려를 공격하던 소정방이 군량 공급을 황급히 요청하였다. 이번의 군량 운송은 고구려 영내를 통과해야 하는 것이어서 매우 어려운 작전이었다. 이 임무를 수행할 것을 자원한 김유신은 온갖 난관을 극복하면서 평양성에 주둔한 당군에게 군량을 공급하였다. 돌아오는 길에 추격하는 고구려군을 표하에서 역습하여 1만여 명의 목을 베는 전과를 올리기도 하였다.

663년 신라 문무왕은 백제부흥군의 수도인 주류성을 공격하기 위해 당나라 군대가 주둔한 웅진성으로 가서 전략을 논의하였다. 그리하여 나·당연합군은 수군과 육군으로 나누어 진군하였다. 김유신은 문무왕과 함께 육군을 거느리고 주류성=두율성을 공격하는 임무를 맡았다. 이때 나이는 69세였다. 주류성을 포위한 신라군은 663년 8월 13일에 백제·왜연합군을 격파하고 주류성을 함락시켰다. 이로써 부흥백제국은 멸망하고 말았다. 그러나 임존성을 지키는 지수신의 백제부흥군이 저

경주 충효동에 위치한 김유신 묘. 김유신이 흥무대왕으로 추봉된 후 만들어진 것으로 추정된다.

항을 계속하였다. 김유신은 임존성 공격에 나섰지만 실패하자 공격을 포기하고 문무왕과 함께 회군하였다.

668년 신라는 당의 요청에 의해 고구려를 공격하는 군대를 일으켰다. 이때 74세인 그는 대각간으로서 대당대총관에 임명되었지만 풍병에 걸려 출동하지 못하고 서울에 머물며 왕도의 안전을 책임졌다. 고구려 정벌을 완료한 문무왕은 논공행상을 하면서 그가 비록 전쟁에 직접 참여하지는 않았지만 왕도를 지킨 공로를 높이 인정받아 태대각간으로 삼았다. 이는 신하로서 받을 수 있는 최고의 자리였다.

673년 7월 그는 자기 집에서 죽었는데 향년 79세였다. 문무왕은 부의로 비단 1천 필과 조 2천 섬을 주었고 군악의 고취수까지 내려주었다. 장지는 금산원이었다. 흥덕왕은 뒷날 그를 흥무대왕으로 추봉하였다. 왕족이 아니면서 대왕으로 추봉받은 인물은 우리 역사에서 김유신이 유일하다. 그래서 그의 능도 왕릉급으로 보수되었고 12지신상도 이때 만들어진 것으로 보인다.

(2) 김인문

김인문의 자는 인수(仁壽)이고 태종대왕의 둘째 아들이다. 그는 『삼국사기』 열전에 입전되었고 정림사지오층석탑에 새겨진 대당평백제국비명에도 이름이 나온다. 그의 열전과 비명에 의하면 그는 어려서 학문을 시작하여 유가의 책을 많이 읽었고 장자와 노자 및 불교의 책도 두루 섭렵하였다. 이 뿐만 아니라 그는 예서와 활쏘기, 말타기, 향악도 잘 하였다. 그의 인품을 기록한 비명에는 기량이 온화하고 아담하며 기국과 식견이 침착하고 굳세었으며 소인배의 자잘한 행위는 없고 군자의 고매한 풍모만 가득하여 무(武)는 싸우지 않고도 드러났으며 문(文) 또한 부드럽고 원대했다고 칭찬하고 있다.

그는 651년 23세의 나이로 왕명을 받아 당에 들어가 숙위를 하였다. 이때 당은 그에게 좌영군위장군의 직을 제수하였다. 653년에 귀국하자 태종대왕은 압독주 총관을 제수하였다. 그는 압독주 총관으로 근무하면서 장산성을 쌓아 요새를 설치하였다.

660년에 당나라가 백제를 공격하기 위해 소정방을 총대장으로 삼아 출정할 때 김인문도 함께 출정하였다. 이때 그의 직위는 부대총관 좌영군장군이었다. 그는 소정방과 함께 덕물도에 도착하여 신라의 태자 법민, 유신, 천존 등과 군사 기일을 의논하였다. 그 후 당군은 금강 하구에 진을 친 백제군을 깨뜨리고 사비로 진격하여 백제를 멸망시켰다. 신라 태종대왕은 그가 세운 공을 기려 파진찬을 제수하였고 곧 각간으로 승진시켰다. 그 후 그는 다시 당으로 들어가 숙위를 하였다.

661년 낭 고종의 명령을 받고 귀국한 그는 김유신과 함께 고구려를 칠 군대를 준비하였다. 이때 당은 소정방을 요동도행군대총관으로 삼아 고구려 공격에 나서게 하였다. 소정방은 평양성을 포위하였으나 고구려의 저항이 강하여 식량 조달에 어려움을 겪게 되었다. 이때 김인문은 김유신 및 유인원과 함께 쌀 4천 섬과 조 2만여 섬을 당군에 운송해 주는 책임을 맡아 임무를 완수하였다. 666년 다시 당에 들어간 그는 태산의 봉선 의식에 참여하였고 우효위대장군으로 승격되었다.

668년 당은 영국공 이적으로 하여금 고구려를 치게 하면서 김인문에게는 귀국하여 신라 군대를 동원하게 하였다. 당의 요청을 받은 태종대왕은 20만의 군대를 일으켜 김인문 및 김흠순 등으로 하여금 거느리게 하였다. 김인문 등이 거느린 신라군은 당군과 합세하여 한달 이상 고구려 수도 평양성을 공격하여 마침내 함락시켰다. 이때 김인문은 고구려 왕 보장을 이적 앞에 꿇게 하여 죄를 헤아렸다. 문무대왕은 김인문의 공로를 높이 사서 대각간 박뉴(朴紐)의 식읍 500호를 내렸고 당 고종도 식읍 2000호를 내렸다. 그 후 그는 다시 당에 들어갔다.

673년 신라가 고구려의 반란 무리들을 받아들이고 또 백제의 옛 땅을 차지하자 크게 노한 당고종은 유인궤를 계림도대총관으로 삼아 군사를 일으켜 신라를 치도록 하고 조서를 내려 왕의 관작을 삭탈하였다.

경주 서악리 귀부. 신라 무열왕의 둘째 아들인 김인문의 묘비 일부로 추정되고 있다.

이때 김인문은 우효위원외대장군 임해군공으로 당나라 수도에 있었다. 당은 그를 세워 신라왕으로 삼아 귀국하여 형을 대신하도록 하고 계림주대도독 개부의동삼사에 봉하였다. 그는 간곡히 사양하였으나 들어주지 않자 마침내 귀국 길에 올랐다. 이때 마침 신라왕이 사신을 보내 사죄하고 공물을 바치자 당은 왕의 관작을 회복시켜 주었다. 이로써 신라와 당의 관계가 회복되었고 그도 다시 당으로 돌아갈 수 있게 되었다.

690년에 그는 보국대장군 상주국 임해군개국공 좌우림군장군에 제수되었고, 694년 4월 29일에 당나라 서울에서 죽었다. 향년 66세였다. 『삼국유사』는 그가 귀국하다가 바다에 빠져 죽었다고 나온다. 그의 운구가 오자 효소대왕은 태대각간을 추서하고 서울 서쪽 언덕에 장례를 지내게 하였다. 그의 무덤은 지금 서악의 태종무열왕릉 앞에 있다. 귀부만 남은 빗돌의 일부가 서악서원 구내에서 발견되었다. 이 빗돌의 조각은 현재 국립경주박물관에 보관되어 있다.

그는 일생동안 일곱 번이나 당에 들어가 숙위를 하였는데 이를 다 따지면 22년이나 된다. 이처럼 그는 중국말에 능통하고 당의 사정을 잘 꿰뚫고 있었기 때문에 신라와 당을 연결시켜주는 고리 구실을 충실히 해낸 외교 전문가였다.

(3) 김양도

김양도는 7세기 신라 진골 출신의 장군이다. 그는 『삼국사기』김인문 열전에 부전되었다. 그의 관등은 대아찬에 이르렀고 마지막으로 당에 들어갔을 때의 관등은 해찬(海飡)=파진찬이었다. 숙위학생으로 당나라에 유학했던 그는 중국말에 능통하였다. 그래서 그는 당나라에 외교 사절로 6번이나 건너갔다.

660년 당나라가 백제를 공격하고자 소정방을 총대장으로 하여 군대를 파견하였다. 이때 김양도는 우무위중랑장으로서 백제를 멸망시키는데 공을 세웠다. 661년 2월 부흥백제군이 사비성을 공격해 오자 대아찬으로 대당장군 품일을 도와 두량윤성에서 부흥군과 맞서 싸웠지만 패배하고 말았다. 661년 12월 그는 김유신 휘하의 9명의 장군 가운데 한 사람으로서 평양을 포위한 소정방군에게 군량을 수송해 주는 임무를 수행하였다. 이때 중국말에 능통한 그는 김인문, 군승과 함께 소정방의 영채에 가서 식량이 곧 도착할 것이라는 사실을 알리는 임무를 맡았다.

소정방은 식량이 도착하자 곧 당나라로 돌아갔으므로 그도 해로로 군사 8백 명을 거느리고 귀환하였다.

669년 그는 신라가 당나라 군대와 싸우게 된 동기를 변명하기 위해 흠순과 함께 당나라로 들어갔다. 그러나 당은 흠순은 돌려보내고 그는 감옥에 가두었다. 그 후 영영 풀려나지 못하고 당나라 수도의 감옥에서 죽었다. 그의 마지막은 비운으로 끝났지만 그는 7세기의 복잡한 국제관계 속에서 김인문과 더불어 대중국 외교를 전담한 외교 전문가로서의 역할을 충실히 해내었다.

2. 웅진도독 부여륭과 신라 문무왕의 맹세

유인궤의 뒤를 이어 웅진도독이 된 인물이 부여륭이다. 그는 의자왕의 아들로서 4년에 태자로 책봉되었다. 그러나 660년 나·당연합군의 공격으로 사비성이 위험해지자 그는 대좌평 사택천복 등과 함께 항복하였다. 그는 나·당연합군에 항복한 최초의 고위 인물이었으며 백제가 망한 후 의자왕과 더불어 포로가 되어 당으로 끌려갔다.

당으로 잡혀간 그가 다시 백제 지역으로 나오게 된 것은 유인궤의 요청때문이었다. 유인궤가 당조정에 대해 부여륭을 웅진도독부로 보내줄 것을 요청한 배경은 두 가지였다. 하나는 백제 왕족인 그를 내세워 백제 유민을 효율적으로 통제하게 함으로써 백제 유민들이 신라에 동조하지 못하도록 하는 것이었다. 다른 하나는 의자왕의 아들인 부여륭을 비록 형식적이지마는 백제 영역의 주권자로 내세움으로써 신라의 백제 영역에 대한 연고권 주장을 봉쇄하려는 것이었다. 사실 신라는 이때 백제 영역의 상당수를 점령하였고 당군이 차지한 지역으로 점점 뻗어 들어오고 있었다. 유인궤는 신라의 이러한 움직임에 제동을 걸기 위해 백제 왕자인 부여륭을 이용하려고 하였던 것이다.

　당조정은 유인궤의 요청에 따라 부여륭을 웅진도독부로 보냈다. 그가 웅진도독부로 온 시기는 664년 10월이었으며 이때의 직함은 웅진도위였다. 부여륭을 내세운 당은 자신들이 지배하는 지역에 대해 신라가 연고권을 주장하지 못하도록 쐐기를 박기 위해 부여륭과 신라왕과의 맹약을 서둘러 추진하였다. 당의 맹약 요구는 그 이전에도 몇 차례 있었지만 신라는 임존성 등이 아직 항복하지 않았다는 핑계로 거절하였다. 그러나 최후까지 저항하던 임존성이 함락되자 신라는 당의 맹약 요구를 더 이상 거부할 수 없게 되었다. 이리하여 부여륭과 신라 사이에 1차 맹약이 이루어지게 되었다. 맹세는 당나라 장군 유인원이 중개한 가운데 신라를 대표한 김인문, 천존과 부여륭 사이에 이루어졌고, 맹세의 핵심은 부여륭이 지배하는 지역과 신라가 지배하는 지역을 획정하는 것이었다. 이 회맹이 이루어진 지역은 바로 웅령(熊嶺)이다. 회맹의 시기를 『삼국사기』에는 664년 2월로 기록하고 있다. 그러나 이때 부여륭은 아직 웅진도독부로 돌아오지 않았다. 따라서 그가 귀환한 시기가 8월경이라는 사실과 연관시키면 이 회맹은 664년 12월에 이루어진 것으로 볼 수 있다.

공주 취리산 전경. 웅진도독 부여륭과 신라 문무왕이 이곳에서 서로의 영역을 침범하지 않기로 맹세 하였다.

　665년에 검교웅진도독이었던 유인궤가 당으로 귀국하자 부여륭은 웅진도독으로 승진 임명되었다. 그런데 1차 맹약은 부여륭과 신라왕을 대리한 신라장군 김인문 등과의 사이에 맺어진 것이어서 상대적으로 구속력이 약하였다. 이에 당은 유인궤를 보내 웅진도독 부여륭과 신라 문무왕과의 맹약을 다시 추진하였다. 문무왕은 당의 요구를 계속 거부할 수 없어서 2차 맹약을 맺게 되었다. 2차 맹약은 665년 7월에 추진되어 8월에 이루어졌다. 이 회맹에 사용된 맹약문은 유인궤가 작성하였고, 맹약의 장소는 취리산이었다.

　유인궤가 작성한 맹약문은 "지난날 백제가 고구려, 왜와 결탁하여 신

라를 침략하므로 당이 이에 크게 노하여 백제를 평정하였다. 그러나 흥
망계절(興亡繼絶)이 옛 현인의 통규이므로 부여륭을 웅진도독으로 삼아
제사를 받들게 하고 신라와는 이웃 나라가 되어 화친을 맺도록 하였다.
이를 어기면 하늘이 죄를 내릴 것"이라는 내용을 담고 있다. 그러나 이
맹약의 핵심은 백제 영역을 웅진도독부 관할 지역과 신라 영역으로 양
분하여 각자가 존중하면서 우호를 도모하고 각 영역의 백성들이 편안
히 생업에 종사할 수 있게 하자는 것이었다. 이때 확정된 부여륭의 영
역이 바로 『삼국사기』 지리지에 나오는 1도독부-7주-51현이 설치된
지역이다. 이로써 신라는 자의든 타의든 부여륭을 웅진도독부 관할 지
역을 다스리는 최고의 정치적 실체로 인정할 수밖에 없게 되었다.

3. 신라의 당나라 군대 축출

660년 신라는 당나라와 함께 백제를 멸망시키고 의자왕으로부터 항복
의례를 받았다. 그러나 당이 5도독부를 설치함으로써 백제의 영토는 당
의 직접 지배하에 들어가게 되었다. 더구나 당은 백제를 멸망시킨 후
신라까지도 도모하려 들었다. 이러한 당의 획책을 사전에 간파한 신라
는 전쟁까지 불사하겠다는 강력한 대응을 모색하였다. 이같은 신라의
대응 태세를 첩자로부터 파악한 소정방은 신라를 도모하려는 계획을
포기하고 말았다. 두 나라 사이의 이러한 갈등은 곧 이어 일어난 부흥
백제군에 공동으로 대항하고 또 고구려를 공동으로 공격하는 일 때문

에 더 이상 악화되지 않고 봉합되었다.

이후 신라는 부흥백제군을 공격하면서 백제 지역을 점차 확보하는 전략을 구사하였다. 신라의 부흥군 공격은 두 가지 형태로 이루어졌다. 하나는 나·당합동으로 공격한 경우이고 다른 하나는 신라 단독으로 공격하는 것이었다. 전자의 경우 함락시킨 성을 누가 지배하였는지 분명하지 않지만 후자의 경우 함락된 성은 신라의 영역이 되었다. 신라가 단독으로 공격하여 함락시킨 내사지성과 거열성 등이 신라의 영역으로 된 것이 그 예가 된다. 이렇듯 점령지가 서로 갈리자 당은 그 영역을 확정하기 위한 맹약을 서둘렀고 그리하여 665년 8월 신라 문무왕과 부여 륭 사이에 취리산 맹약이 이루어졌던 것이다.

그러나 668년 나·당연합군이 합동으로 고구려를 멸망시킨 이후 신라와 당은 점령지를 둘러싸고 전투를 벌리게 되었다. 신라의 대당투쟁은 다양한 형태로 진행되었다. 신라는 우선 고구려 왕족인 안승을 맞이하여 보덕국에 안치하고 망명정부 수립을 도왔다. 그리고 고구려군과 합동으로 당군을 공격하였다. 672년(문무왕 12) 백수성 전투에서 신라와 고구려군이 당군을 공격하여 수천 명의 목을 벤 사건이 그 예가 된다. 이때의 고구려군은 보덕국에서 동원된 군대임은 물론이다.

또 신라는 당나라 군대와의 직접적인 군사적 대결도 피하지 않았다. 그래서 671년에는 군대를 동원하여 웅진도독부를 공격하였고, 장군 죽지 등을 보내 웅진도독부를 구원하러 온 당군을 석성에서 맞아 싸웠다. 이 싸움에서 신라는 5천3백여 명의 당군의 목을 베고 웅진도독부 장군

2명을 사로잡는 전과를 올렸다.

한편 신라는 당과의 외교적 교섭도 벌였다. 이는 문무왕이 설인귀가 보낸 문서에 답한 글에서 잘 나타난다. 이 국서에서 문무왕은 신라가 결코 당을 배반하지 않았다는 것을 강조하였다. 또 부흥백제군에 포위된 사비부성의 당군을 지원했고 고구려를 공격하는 소정방의 군대를 위해 온갖 어려움을 무릅쓰고 군량을 조달하였다는 사실도 강조하였다. 그러면서 당태종과 김춘추가 맺은 약조를 먼저 어긴 것은 당이라고 지적하였다. 그 약조란 나·당연합군이 백제와 고구려를 평정한 후 평양 이남의 고구려 땅과 백제 땅은 모두 신라가 차지한다는 것이었다. 신라는 이를 근거로 당이 백제와 고구려의 땅을 다 차지한 것은 곧 이 약조를 어긴 것이라고 하면서 원래의 약조를 이행할 것을 촉구하였다. 이러한 당과의 외교교섭에서 문서작성의 업무를 담당하여 공을 세운 인물이 강수였다. 문무왕은 그의 공로에 대해 "백제와 고구려를 평정한 것은 비록 무공이지만 문장의 도움도 컸다."고 치켜세우면서 사찬의 관등을 내리고 세조(歲租)를 2백 석으로 올려주었다.

671년 7월 신라는 소부리주를 설치하고 아찬 진왕을 도독으로 임명하였다. 이같은 조처는 문무왕이 설인귀에게 답서를 보내고 난 직후 이루어졌다. 이는 문무왕의 답서가 백제 지역을 완전히 접수하겠다는 의지를 당에 통보하는 성격임을 시사하는 것이다. 그러나 당은 신라의 조처를 그냥 내버려둘 수 없었다. 그리하여 신라와 당 사이에는 피할 수 없는 대규모의 격돌이 벌어지게 되었다. 이 전투는 육지와 바다에서 동시에 이루어졌다.

육전에서의 최대의
전투는 675년 9월에
일어났다. 당나라 장
군 이근행이 거느린
20만 명의 군대와 신
라군은 매초성에서 조
우하였다. 이 전투에
서 신라는 당군을 그

양주 대모산성(매초성). 신라군은 이근행이 거느린 당군을 여기
에서 크게 격파하였다.

게 격파하였다. 이후 신라는 육전에서의 주도권을 완전히 장악하였다.

한편 해전의 경우 사찬 시득(施得)이 거느린 신라 해군이 금강 하구
기벌포에서 당나라 장군 설인귀가 거느린 해군과 치열한 전투를 벌렸
다. 이 해전은 22회나 치루어졌는데 신라 해군은 마침내 당나라 해군을
격퇴하는데 성공하였다. 이리하여 신라는 해전에서도 승기를 잡게 되
었다. 당은 하는 수 없이 백제와 고구려 지역을 지배하는 최고 본산인
안동도호부를 신성으로 옮겼다. 이는 당이 백제 땅을 포기하는 것을 의
미한다. 이에 따라 백제 지역과 평양 이남의 고구려 지역은 모두 신라
의 영역이 되었다.

당의 웅진도독부 조직과 운영

1. 웅진도독부체제의 성립과 조직

1) 웅진도독부체제의 성립

백제를 멸망시킨 당은 사방에 5도독부를 두고 그 아래 37주 250현을 설치하는 형태의 지배조직을 갖추었다. 그리고 도독부의 도독과 주의 자사 및 현의 현령은 백제의 유력자를 발탁하여 쓰기로 하였다. 이러한 체제의 상부조직으로서 사비부성을 두고 부성의 최고 사령관을 도호(都護)라고 불렀다. 이같은 조직체계는 당나라 조정이 백제 공격군을 출동시키기에 앞서 미리 마련한 점령지역 통치대책에 따라 만들어진 것이다.

그러나 각처에서 일어난 부흥군이 사비성을 포위하여 공격하는 바람에 당의 백제 영역 지배계획은 시행 초기부터 좌절되었다. 이에 당은 왕문도를 웅진도독으로 파견하여 백제 유민을 위무하고 나아가 사비부성에 주둔한 유인원과 기각지세(掎角之勢)를 이루어 부흥군을 진압하도록 하였다. 이렇게 됨으로써 당의 점령 지역의 지배조직은 사비부성-웅진도독부를 축으로 하여 운영되게 되었다. 그러나 이 계획도 왕문도가 삼년산성에 있던 신라 무열왕을 만나는 자리에서 급사함으로 제대로 시행되지 못하였다.

왕문도의 급사 이후 부흥군의 사비부성에 대한 공격이 강화되자 다급해진 당은 유인궤를 다시 대방주자사로 삼아 파견하여 왕문도의 군대를 대신 통령하게 하였다. 유인궤가 대방주자사로 부임한 시기는 복신과 도침군이 사비부성을 포위한 661년 2월 보다 앞선 661년 1월경으로 추정된다. 유인궤는 효율저인 작전과 군대의 사기를 진작시키기 위해 자신의 군대를 유인원의 군대와 합하였다. 그리고 중심지를 사비부성에서 웅진성으로 옮겼다. 웅진성은 비록 비좁기는 하나 방어하기가 용이한 군사적 요새였기 때문이다. 그 시기는 662년 7월 이전의 어느 시기로 추정된다. 이리하여 백제 지역에 주둔한 당군의 운영은 웅진도독부 중심으로 이루어지게 되었다.

웅진도독부체제가 성립되면서 최초의 도독은 유인원이 맡았다. 663년 9월 나·당점령군이 부흥백제군을 평정하자 당은 유인원과 손인사를 귀국시켰다. 이에 따라 유인궤가 검교웅진도독이 되었다. 그 시기는 663년 9월 이후이다. 웅진도독 유인궤는 백제 유민들을 달래기 위해 여러 가지 정책을 내놓았다. 3년이나 지속된 부흥전쟁에서 입은 백제 유민들의 상흔을 치유하는 전후 복구사업이 그 골자였다. 먼저 그는 죽은 이들의 유해를 거두어 묻어준 것은 전쟁의 슬픔을 잊도록 하기 위한 것으로 보인다. 그리고 호구를 파악하고 무너진 도로와 다리를 손질하였고, 또 관리를 두어 촌락을 정비하고 제언(堤堰)과 못을 수리한 것은 생활의 불편을 덜어주고 농업 생산력 복구를 위한 일련의 조치로 볼 수 있다. 빈한한 자들을 구휼하고 고아들과 늙은이들을 위문한 것은 사회 안정정책이라고 할 수 있다. 이러한 정책들은 오랜 전쟁에 시달린 백제 유민들의 호응을 받아 어느 정도 효력을 발휘한 것으로 보인다.

그러나 유인궤의 전후 복구사업에는 다른 속내가 깔려 있었다. 백제 유민들을 위한 것이 주목적이 아니라 고구려를 공격하기 위한 준비단계의 일환으로 이루어졌던 것이다. 당이 백제를 먼저 공격한 목적이 고구려를 멸망시키기 위한 것이었으므로 유인궤도 이러한 목적을 달성하려는 강한 의지를 가지고 있었다. 그래서 그는 백제 지역에서의 전후 복구가 일정한 궤도에 오르게 되자 둔전을 경영하고 사졸들을 훈련시켰다. 모두가 고구려를 치기 위한 책략이었던 것이다.

2) 웅진도독부의 조직

이 웅진도독부에는 수장으로 도독이 있었고 그 아래에 속료를 두었다. 도독은 군사업무와 도독부내의 업무를 관장하였다. 당의 도독부는 중요도에 따라 대도독부·중도독부·하도독부로 구분되었다. 대도독부의 도독의 관품은 종2품이었고, 중도독부는 정3품, 하도독부는 종3품이었다. 웅진도독부의 경우 최초의 도독으로 임명된 왕문도의 직책이 좌위중랑장이었고 그 관품은 정4품하였다. 이로 미루어 볼 때 웅진도독부의 격은 하도독부 정도였다고 할 수 있다.

웅진도독 아래에 두어진 속료로는 사마, 주부, 내급사(內給事), 병조 등이 확인된다. 사마는 별가 · 장사 등과 함께 부주(府州)의 일을 총괄하면서 여러 업무를 바로잡고 또 여러 조(曹)들의 일들을 통괄하며 연말에는 회계를 보고하였다. 병조는 병조참군사라고도 하였는데 무관선발의 일과 병기와 문호의 열쇠를 관리하였고 봉후(烽候) · 전역(傳譯)의 일 등을 관장하였다. 주부와 내급사는 『구당서』와 『신당서』 백관지에는 나오지 않아 실체를 분명히 하기 어렵다. 다만 주부의 경우 그 명칭으로 미루어 볼 때 문서와 장부관계의 업무를 담당한 것으로 보인다.

웅진도독부 관할 지역은 1도독부-7주-51현으로 편제되었다. 주-현 체제는 당의 제도를 그대로 옮겨놓은 것이다. 7주는 동명주 · 지심주 · 노산주 · 고사주 · 사반주 · 대방주 · 분차주이다. 주의 장관인 자사는 주내의 관리를 감찰 · 탄핵하고 속현을 순행하고 풍속을 살피고 죄수들을 헤아리는 일을 하였다. 당의 주는 그 격에 따라 상주 · 중주 · 하주로 구분되었다. 상주는 호가 4만 이상이었고, 중주는 2만 이상, 하주는 2만 미만이었다. 주의 자사의 관품은 상주의 경우 종3품이었고, 중주는 정4품하, 하주도 정4품하였다.

백제 지역에 두어진 7주 가운데 자사의 임명이 확인된 경우는 대방주가 유일하다. 이는 당이 유인궤를 백제 지역으로 보낼 때 대방주자사로 임명하여 보낸 것에서 알 수 있다. 대방주의 격이 어느 정도인지 분명하지 않지만 이곳에 장사가 두어졌다는 사실에서 미루어 볼 때 상주에 해당되는 격의 주라고 할 수 있겠다. 『신당서』 백관지에 의하면 장사는 중주와 하주에는 설치되지 않았고 상주에만 설치된 것으로 나오기 때문이다.

자사 아래 두어진 속료로는 별가·장사·사마·녹사참군사·녹사 등이 있었다. 당의 경우 별가는 1인으로 종4품하이고, 장사는 1인으로 종5품상이며, 녹사참군사는 1인으로 종7품상이고, 녹사는 2인으로 종9품하였다. 이러한 속료 가운데 웅진도독부 관하의 주에 설치된 속료로서 그 존재가 확인되는 것은 장사가 유일하다. 이는 『흑치상지묘지명』에 그가 행대방주 장사와 사반주 장사의 직을 맡았다는 사실에서 확인된다. 이 장사는 종5품상의 품계이며 상주의 주에 두어졌다. 그렇다면 사반주도 대방주와 마찬가지로 상주에 해당하는 주라고 할 수 있다.

도독부와 주 아래에는 현이 설치되었는데 모두 51현이었다. 당이 백제를 멸망시킨 후 5도독부 아래에 두기로 하였던 250현과 비교하면 매우 축소된 것이다. 이는 백제의 여타 지역을 신라가 장악한 결과로서 웅진도독부의 관할 지역이 그만큼 줄어든 것을 의미한다. 현의 장관을 현령이라 하였다. 현령의 직무는 풍속을 바로잡고 백성들을 돌보고 늙은이와 과부 고아들에게 진휼을 베푸는 것이었다. 당의 경우 현의 격은 상현·중현·하현으로 구분되었다. 상현의 현령의 관품은 종6품상이고, 중현은 종7품상, 하현은 종7품하였다.

웅진도독부 관할 하의 현 가운데 현의 이름을 알 수 있는 것은 웅산현이 유일하다. 그러나 웅산현은 51현에도 그 이름이 없고 다른 자료에도 보이지 않아 그 위치를 알 수 없다. 또 현의 격이 상·중·하현 가운데 어디에 해당되는지도 알 수 없다.

2. 관료로 등용된 백제 유민

『삼국사기』기사에서 웅진도독부 소속으로 나오는 관료들을 보면 그 이름 앞에 '백제'가 붙은 인물과 붙지 않은 인물로 나누어진다. '백제'가 붙지 않은 인물은 당나라 출신 인물이고 붙은 인물은 백제 출신임을 의미하는 것이다. 이러한 사실은 당이 부흥백제국을 멸망시킨 이후 백제 지역을 효율적으로 다스리기 위해 백제 유민들을 웅진도독부의 관료로 등용하였음을 보여주는 것이다. 백제 출신관료로서 대표적인 인물로는 부여륭을 들 수 있다. 이외에 이군, 수미, 장귀, 법총 등의 이름도 확인된다.

이들이 웅진도독부의 관료가 되어 활동한 것을 백제부흥운동의 일환으로 보는 견해도 있다. 그러나 이들은 어디까지나 당에 의해 발탁되고 임용된 관료이다. 따라서 이들의 활동은 백제 지역을 지배하는 당의 행정조직 속에서 자신의 직무를 수행한 것에 불과하다. 여기서는 이들이 어떠한 과정을 거쳐 도독부의 관료가 되었고 이들이 어떠한 활동을 수행하였는지를 정리해 두기로 한다.

1) 부여륭

부여륭은 의자왕의 태자이다. 그는 660년 나 · 당연합군의 공격으로 사비성이 위험해지자 대좌평 사택천복 등과 함께 항복하였다. 그리하여 그는 나 · 당연합군에 항복한 최초의 고위 인물이 되었다. 그 후 그는 의자왕과 더불어 포로가 되어 당으로 끌려갔다.

유인궤는 부흥백제군을 평정한 후 백제 유민을 위무하고 신라를 견제하기 위한 수단으로 부여륭을 귀환시켜 줄 것을 당조정에 요청하였다. 당조정에서는 유인궤의 이러한 건의를 받아들여 663년 웅진도독부로 돌려보냈다. 그는 웅령에서 신라와 1차 맹약을 맺고 664년에는 취리산에서 2차 맹약을 체결하였다. 이후 유인궤와 유인원이 당으로 귀환하면서 부여륭은 웅진도독이 되었다. 그러나 그는 신라군의 압박을 견디지 못하고 곧 당으로 돌아가 죽었다. 그의 묘지명에는 615년에 의자왕의 아들로 태어나 682년 68세를 일기로 죽었다고 기록하고 있다.

2) 이군

이군은 백제 출신 관료 가운데 활동이 가장 두드러진 인물이다. 그는 이식과 같은 가문 출신으로 보인다. 그의 가문의 격은 이식과 연관시켜 살펴볼 수 있다. 이식은 백제가 망하기 전에 웅진방령이었다. 방령에는 달솔의 관등을 소지한 자가 임명되었다. 따라서 이들의 가문은 달솔까지 승진할 수 있었던 명문가였다고 할 수 있다. 그러나 이식과 이군은 백제 멸망을 전후하여 길을 달리 걸었다. 웅진방령이었던 이식은 나 ·

당연합군에 항복하였지만 이군은 부흥백제국의 장군의 한 사람으로 활동하였다. 그러한 공로로 그는 풍왕으로부터 좌평의 관등을 받았던 것으로 보인다.

　부흥백제군이 평정된 후 그는 당군에 항복하였다. 그리고 664년에는 웅진도독부의 곽무종과 함께 왜로 가서 외교활동을 하였다. 그런데 그가 왜로 갈 때의 직명은 좌평으로 나온다. 그가 당군에 항복하고서도 좌평의 관등을 지니고 있었다는 것은 이때까지 그는 당으로부터 일정한 관직을 부여받지 못하였음을 보여주는 것이다. 왜에서 귀국한 이듬해에 이군은 우융위낭장이 되었고 6년이 지난 문무왕 10년(670)에는 웅진도독부 사마에 올랐다. 이제 그는 도독부의 관료로 정식 임명되었던 것이다. 이러한 발탁이 이루어진 것은 664년에 그가 대왜 외교에서 발휘한 능력 때문이었다.

　웅진도독부 사마에 오른 이군은 대신라 외교에서도 활약하였다. 이 시기에 신라와 웅진도독부는 백제 영역 쟁탈전을 벌이고 있는 중이었다. 부흥백제국 멸망 이후 백제 유민들은 때로 웅진도독부를 편들기도 하고 때로는 신라쪽으로 기울어지기도 하였다. 이러한 상황에서 고구려 유민들이 반란을 일으켜 당나라 관인들을 죽이는 사건이 일어났다. 이를 계기로 신라는 웅진도독부와의 화해를 시도하였다. 그리하여 신라는 672년에 대아찬 유돈을 웅진도독부에 보내 화의를 청하면서 공동 파병을 제의하였다. 그러나 웅진도독부에서는 이를 거절하고 대신 사마 이군을 신라로 보냈던 것이다.

이군이 신라에 간 것은 두 가지 목적에서였다. 하나는 고구려 반군을 치기 위해 양자가 군대를 일으키되 그 틈을 타서 서로 공격하지 않도록 협약을 맺는 것이었다. 이를 담보하기 위해 이군은 양측이 서로 인질을 교환하자고 제의하였다. 다른 하나는 신라의 내정을 탐지하는 것이었다. 그러나 이군의 이중적인 목적을 알아차린 신라는 그를 억류한 후 군대를 일으켜 웅진도독부를 공격하였다.

이후 신라가 더 이상 당나라와의 대결을 원치않는다는 화해의사를 밝힘에 따라 그는 672년 9월에 풀려나게 되었다. 이때 당나라 병선낭장 겸이대후(鉗耳大侯), 내주 사마 왕예, 본열주 장사 왕익, 증산 사마 법총 등과 군사 170인도 함께 풀려났다. 이처럼 이군은 대왜 외교와 대신라 외교에 종사한 인물로서 외교적 수완이 뛰어난 인물이었던 것이다.

3) 수미·장귀

수미와 장귀가 언제 어떻게 웅진도독부의 관료로 발탁되었는지 분명하지 않다. 이들이 웅진도독부에서 받은 직함은 주부였다. 주부는 그 명칭에서 미루어 볼 때 문서를 담당하는 일을 했던 것 같다. 이들은 670년 웅진도독부와 신라 사이에 긴장관계가 조성되었을 때 이를 해결하기 위해 사마 이군과 함께 신라로 파견되었다. 이들은 신라 문무왕과 협상한 후 고구려 반란군을 공격하기 위해 양측이 군대를 동원하되 피차의 신뢰를 담보하기 위해 인질도 함께 교환하기로 하고 신라 사신 김유돈과 함께 부성으로 돌아와 인질교환과 관련한 사항을 논의하였다.

그러나 신라가 이군을 간첩혐의로 억류한 후 웅진도독부를 공격함으로써 이때 논의한 일은 제대로 시행되지 못하였다.

4) 법총

법총은 667년 웅진도독부 산하의 웅산현령이면서 사마의 직을 맡고 있었다. 그가 맡은 웅산현령은 웅진도독부체제하에서 현령의 존재를 보여주는 유일한 기록이다. 이로써 당이 백제 출신 인물을 현령에 발탁한 것을 확인할 수 있다. 그러나 그의 출신지인 증산과 그가 현령을 지낸 웅산은 위치가 어디인지 알 수 없다.

법총은 667년 11월 1일 왜에 파견되었다. 그의 파견은 웅진도독부에 와서 머물던 왜의 사신 사카이베노무라지노이와즈미(境部連石積) 등을 쓰쿠시(筑紫)도독부에 호송하기 위해서였다. 왜에서 돌아온 후 그는 웅진도독부의 사마로 활동하였다. 그후 671년에 당나라 장군 고간(高侃) 등이 4만의 군대를 거느리고 평양에 진을 친 후 대방을 공격하였다. 이 때 그도 이 싸움에 참전하였다. 그러나 신라군의 역습을 받아 군량을 운반하는 조선 70여 척이 격침되면서 당군은 패배하였고 법총도 당나라의 여러 장군들과 함께 포로로 잡혔다.

671년 싸움에서 크게 패배한 당은 672년에 장군 고간과 이근행이 거느리는 각각 1만과 3만의 군대를 평양에 주둔시킨 후 신라에 대한 공격을 재차 단행하였다. 신라는 백수성 전투에서 당군 1천 명의 목을 베는 전과를 올렸지만 석문 전투에서 크게 패배하였다. 이에 다급해진 문무

왕은 당군의 공격을 완화하기 위해 당나라 포로들을 풀어주었다. 이리
하여 법총은 겸이대후 등과 함께 방면되었다. 이후 법총의 활동은 더
이상 나오지 않는다.

3. 주 · 현 명칭의 당나라식 개정

660년 백제를 멸망시킨 후 당은 백제 지역을 모두 당의 직할 영역으로
편입하려고 하였다. 그러나 당의 계획은 두 차례에 걸쳐 좌절되었다.
첫 번째 좌절은 백제 멸망 직후 사방에서 일어난 부흥군 때문이었고 두
번째 좌절은 부흥백제국을 멸망시키면서 신라가 백제 지역의 상당 부
분을 점령하였기 때문이다. 그래서 백제 지역은 웅진도독부 관할 지역
과 신라가 관할하는 지역으로 갈리게 되었다.

당은 갈라진 지역을 그대로 고착화하기 위해 웅진도독부에 파견한 부
여륭과 신라 사이에 맹약을 추진하였다. 664년에 이루어진 1차 맹약에
서 강역의 경계를 정한데 이어 665년 8월 부여륭과 문무왕 사이에 맺어
진 2차 회맹에서는 서로의 강역을 침범하지 않기로 약속하였다. 이리하
여 웅진도독부가 관할하는 영역이 확정되었다. 『삼국사기』 지리지에
나오는 1도독부-7주-51현 체제는 이를 보여주는 것이다.

도독부와 주에는 현이 소속되어 있었다. 도독부에는 우이현 등 13현
이 속하였다. 7주 가운데 동명주에는 웅진현 등 4현이, 지심주에는 기
문현 등 9현이, 노산주에는 노산현 등 6현이, 고사주에는 평왜현 등 5

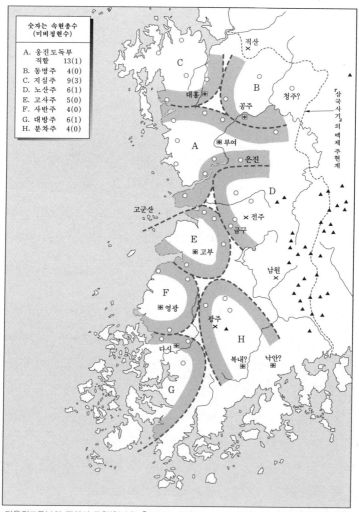

숫자는 속현총수
(미비정현수)

A. 웅진도독부
　직할　　13(1)
B. 동명주　4(0)
C. 지심주　9(3)
D. 노산주　6(1)
E. 고사주　5(0)
F. 사반주　4(0)
G. 대방주　6(1)
H. 분차주　4(0)

직산 ×
청주?
『삼국사기』의 백제 주현계
C
B
대흥 ⊞
공주 ⊞
A
부여 ⊞
온진
D
고군산
전주 ×
금구 ⊞
E
고부 ⊞
남원 ×
F
영광 ⊞
광주 ×
H
다시 ⊞
복내?　낙안?
G

당웅진도독부의 관하의 주현(천관우, 『고조선·삼한사연구』, 398쪽 〈지도 9〉를 옮긴 것이다.)

현이, 사반주에는 모지현 등 4현이, 대방주에는 지류현 등 6현이, 분차주에는 귀단성 등 4현이 두어졌다. 이 같은 체제는 몇 가지의 특징을 가지고 있다.

첫째, 도독부–주–현 체제는 본래 당나라의 지방통치체제이다. 당은 자신이 관할하는 백제 지역에 당의 지방통치체제를 그대로 이식하여 도독부–주–현으로 편제하였던 것이다.

둘째, 도독부와 주의 관계를 보면 주는 행정적인 면에서는 도독부와 수평적 관계였지만 군사적인 면에서는 도독부의 관할을 받았다. 따라서 도독부와 주에 소속된 현은 각각 도독부와 주의 통할을 받은 것으로 보인다.

셋째, 백제 멸망 당시 당이 계획하였던 5도독부는 여러 형태로 변화하였다. 5도독부 가운데 그 명칭과 지위를 그대로 유지한 것은 웅진도독부뿐이다. 나머지 도독부 가운데 동명도독부는 동명주로, 덕안도독부는 웅진도독부 예하 13현의 하나인 득안현으로 개편되었고, 마한도독부와 금련도독부는 그 이름마저 없어져버리고 말았다.

넷째, 7주–51현은 대체로 충남과 전북, 전남의 서해안 지역과 청주·전주·남원 이서 지역에 위치하고 있다. 이를 대당평백제국비명의 5도독부–37주–250현 체제와 비교해 볼 때 4개의 도독부와 30개의 주, 199개의 현이 줄어들었다. 이는 웅진도독부의 지배 지역이 그만큼 축소된 것을 반영하는 것이다.

다섯째, 당이 안동도호부를 신성으로 옮김으로써 7주–51현은 모두 신라의 영역으로 되었다. 통일 이후 신라는 전정호구(田丁戶口)를 기준으로 지방통치조직을 새로 정비하면서 주나 현이 되기 어려운 지역은 향이나 부곡으로 하였다. 그런데 새로이 신라의 영역으로 편입된 7주–51현 가운데 신라의 주·군·현과 그 명칭이 연결되는 것은 거의 없다. 이는 이들 지역의 대다수가 신라의 주·군·현으로 편제되지 않았음을 의미한다. 아마도 이들 지역은 오랜 전란을 겪으면서 전정호구가 주현이 될 수 없을 정도로 열악하여 향이나 부곡으로 편제되었기 때문이 아닐까 한다.

한편 당은 1도독부–7주–51현체제를 정비하면서 백제의 지명 대다수를 당나라식으로 개칭하였다. 이러한 지명 개정은 백제 유민들로 하여금 백제를 동경하는 의식을 가지지 못하게 하고 또 백제적 전통을 지워버리기 위한 목적에서 행해진 것으로 보인다. 당이 백제의 지명을 개칭한 방법은 몇 가지로 정리해 볼 수 있다.

첫째는 백제시대의 지명을 비슷한 음으로 고친 경우이다. '반나현 본반나부리현(半那縣本半奈夫里縣)' 등이 그 예가 된다.

둘째는 백제시대의 지명을 좀더 우아한 명칭으로 고친 경우이다. '당산현 본구지지산(唐山縣本仇知只山)'이라 하여 구지지산을 당산현으로 고친 것이 이에 해당된다고 할 수 있다.

셋째는 백제시대의 지명과 관계없이 새로운 지명을 만들어낸 경우이다. 주–현명 가운데 '본백제(本百濟)'가 없는 신구현 등이 그 예가 된다.

넷째는 특정한 사건이나 사실에 근거하여 명칭을 고친 경우이다. 그 예로서는 인덕현·귀화현·평이현·평왜현 등을 들 수가 있다.

인덕현은 백제의 고량부리를 개칭한 것이다. 고량부리는 오늘날 전북 고부이고 인덕은 당나라 고종이 정한 네 번째의 연호이다. 고량부리를 인덕현으로 개칭한 것은 인덕이라는 연호와 어떤 관계가 있었기 때문일 것이다. 이와 관련하여 생각해 볼 수 있는 것은 당이 인덕 원년(664)에 부흥백제국의 최후의 거점성이었던 임존성을 완전히 격파하였다는 사실이다. 이때 고량부리는 바로 당군의 거점 지역이었던 것 같다. 이에 당은 인덕 원년에 임존성의 부흥군을 격파한 것을 기리기 위해 고량부리를 인덕현으로 개칭하지 않았을까 한다.

귀화현은 백제의 마사량(麻斯良)을 개칭한 것이다. 이 마사량은 전주 임피군 옥구현에 비정된다. 당이 마사량을 귀화현으로 고친 이유는 '귀화'에서 추정해 볼 수 있다. 귀화라는 용어는 개인이나 집단이 황제나 왕의 덕화를 흠모하여 몸을 의탁하는 것을 말한다. 이와 연관시켜 당이 마사량을 귀화현으로 고친 배경은 두 가지로 추론해 볼 수 있다. 하나는 당이 자진 항복해 온 부흥백제국의 유민들을 이곳에 집단적으로 이주시키고 이들이 귀화하였다는 의미에서 마사량을 귀화현으로 개칭한 것으로 보는 것이고, 다른 하나는 마사량에 진을 쳤던 부흥군이 큰 저항을 하지 않고 당군에 항복하였기 때문에 황제의 교화에 귀의한 것처럼 간주하여 그 지역을 귀화현으로 개칭한 것으로 보는 것이다. 어느 것이 사실인지 분명하지는 않지만 부흥군의 자진 투항으로 보는 경우가 더 타당하지 않을까 한다. 그렇다면 마사량에도 부흥군이 주둔했음을 추론해 볼 수 있다.

평이현은 백제의 지류를 개칭한 것이다. 지류는 현재의 충남 서산군 지곡면이다. 평이현의 '이(夷)'는 부흥백제군을 지칭한 것이 분명하다. 따라서 '평이(平夷)'는 부흥군을 평정하였다는 의미가 되는데 그렇다면 이 지류에도 부흥백제군이 웅거하고 있었다고 할 수 있다. 그래서 당은 지류에 주둔한 부흥백제군을 크게 평정한 후 이를 기념하기 위하여 지류를 평이현으로 개칭하지 않았을까 한다. 지명을 고치면서 굳이 평이라고 한 것은 이곳에 주둔한 부흥군의 저항이 매우 강하였음을 시사해준다.

평왜현은 백제의 고사부촌을 개칭한 것이다. 고사부촌은 현재 전북 고부이다. 평왜현의 '평왜(平倭)'는 왜를 평정하였다는 뜻이므로 고사부촌에 왜군이 주둔하고 있었다고 할 수 있다. 물론 고부 지역에서 왜군이 주둔하였다는 자료는 없다. 그러나 663년 백강구 전투에서 대패한 왜의 수군 일부가 육지로 올라와 이곳에 진을 쳤을 가능성은 배제할 수 없다. 그래서 당은 왜군을 크게 평정한 후 그것을 기념하여 이곳의 명칭을 평왜로 개칭하지 않았을까 한다.

신라의 백제 지역 통치

1. 백제 지역에 설치된 군사조직

『삼국사기』 직관 하 범군호(凡軍號)조에는 통일기 신라의 23개 군부대의 이름과 연혁이 나온다. 이 군호조는 몇 개의 부대를 성격에 따라 한 묶음으로 묶어 표현하고 있다. 6정·9서당·10정·5주서·9주만보당 등이 그것이다. 이 가운데 통일기 신라의 핵심적인 중앙군단으로서 주목되는 것이 9서당이다.

이 구서당은 진평왕 35년(613)에 서당을 녹금서당으로 개칭한 것이 그 시초이고 효소왕 2년(693)에 장창당(長槍幢)을 비금서당으로 개칭하면서 완성되었다. 구서당은 원신라민으로 구성된 녹금서당·자금서당·비금서당과 백제민으로 구성된 백금서당, 백제잔민으로 구성된 청금서당과 고구려민으로 구성된 황금서당과, 말갈민으로 구성된 흑금서당과, 보덕성민으로 구성된 벽금서당·적금서당 등 모두 총 9개의 부대를 말한다. 그리고 각 부대는 금색(衿色)에 의해 구별되는 부대명칭을 가지고 있었다.

 구서당을 구성한 군인들의 계통은 여섯으로 구분되었다. 이중 원신라민을 제외한 나머지 다섯 계통의 군인들은 모두 피정복민이다. 신라가 피정복민의 계통을 다섯으로 나눌 때의 기준은 신라가 인정한 독립국가의 민이나 종족집단이었느냐의 여부이다. 이러한 각도에서 볼 때 백제민과 백제잔민의 구분도 가능하였다. 백제민은 말할 필요없이 660년 나·당연합군에 의해 멸망된 백제국의 민이다. 그러면 백제잔민은 어느 시기 어느 국의 민일까. 백제국이 멸망한 이후 유민들이 세운 나라는 둘이었다. 하나는 복신과 도침을 중심으로 한 부흥백제국이고 또 하나는 당나라의 괴뢰정권인 웅진도독 부여륭이 다스린 나라이다.

 부흥군 장군 복신과 도침이 중심이 되어 의자왕의 아들 부여풍을 옹립하여 이루어진 부흥백제국은 신라로서는 적대국이고 타도되어야 할 대상이었다. 따라서 신라는 부흥백제국을 왕조로 인정하지 않았다. 반면에 당나라에 의해 웅진도독으로 임명된 부여륭은 대방군왕으로 책봉되기도 하였고, 그가 죽자 당나라는 손자 경(敬)으로 하여금 왕위를 계승시켰다. 그리고 문무왕은 비록 당나라의 강요에 의해서였지만 부여륭과 서로 강역을 침범하지 않고 평화롭게 지내겠다고 하는 이른바 취리산 맹세를 하기도 하였다. 따라서 백제잔민은 웅진도독 부여륭의 지배하에 있었던 백제민이라 할 수 있다. 이는 『삼국사기』에 부흥백제국이 멸망한 663년 이후 웅진도독 부여륭이 지배하는 지역을 백제라고 표기한데서도 입증된다. 신라는 부여륭 휘하의 백제 유민을 백제잔민으

共二百五十九人

法幢䅉主餘甲幢四十五人外法幢三百六人是

幢百三十五卒餘甲幢四十五人外法幢三百六人是

三千卒七八人位自大奈麻巳下爲之

九軍號二十三日六幢五日二䅉䄂色幢三日十幢

四日五州誓五日三䔍䄂色幢三日十幢

八日四千幢九日京五種幢六日闕䅉䄂色幢三日十幢

一日萬步幢十二日大又幢十日二䔍未幢十

四日仲幢十五日百官幢十六日四設幢十七

日眚衿幢十八日三十九餘甲幢十九日仇七誓幢

二十日二罽二十一日二十二日二十三日新三千幢

六傳一日六幢真興五年始置二幢

日上州傳真興十三年置三日漢山停至文武王十三年

改爲貴幢䄂色靑春三日漢山停本新州誓

興王二十九年罷南川停置漢山停䄂色黃靑平王二

十六年罷南川停真平王二

首傳本比烈忽停䄂色綠自五日河西停本比烈忽停太

置牛首停䄂色綠自五日河西停本吉

『삼국사기』 직관지 범군호조. 신라가 설치한 23개 군부대의 명칭이 수록되어 있다.

로 파악하고 신문왕 7년 이들의 일부를 모아 9서당의 하나인 청금서당을 조직했던 것이다.

『삼국사기』 직관 하 무관조에는 장군 이하 삼천졸(三千卒)에 이르기까지 여러 군관의 명칭과 각 부대에 소속된 군관의 수가 기록되어 있고 또 6정 이하 신삼천당(新三千幢)에 이르기까지의 23군호(군부대 명칭)도 기록되어 있다. 무관조는 신라의 군부대를 기본적으로 당(幢)·정(停)으로 표기하고 있는데 이 가운데는 주둔지 명칭을 부대 명칭으로 삼은 경우도 여럿 있다. 따라서 23군호 가운데 주둔지 명칭이 붙어 있는 6정·10정·5주서·만보당·2계당·2궁·3변수당·신삼천당은 지방에 배치된 부대이고 나머지는 국도와 국도 주변에 배치된 부대라 할 수 있다.

통일 이후 신라의 지방통치체제는 9주-5소경-115군-286현으로 편성되었다. 이 가운데 가장 중심이 되는 것은 9주였고 여기에는 여러 개의 군부대들을 배치하였다. 9주에 배치된 부대들을 보면 다음과 같은 몇 가지 특징을 지적할 수 있다.

첫째, 10정과 만보당은 각 주에 모두 배치되었다. 10정은 모두 기병 군관이 배치되었으므로 기병부대로 볼 수 있고 만보당은 그 명칭으로 미루어 보병 중심의 부대이다. 둘째, 6정과 5주서는 고구려 영역이었던 한주·삭주·명주에 모두 각각 배치되었다. 그러나 백제 지역의 경우 완산주에만 완산정과 완산주서가 설치되었고, 원신라 지역의 경우 상주에는 상주정만 강주에는 청주서만 배치되었다. 셋째, 2계당·2궁·3변수당·신삼천당은 고구려 영역에만 배치되었다. 이 가운데 각 부대가 모두 배치된 지역은 한주이고, 명주에는 계당이 빠졌고, 삭주에는 2궁과 신삼천당이 배치되지 않았다.

이처럼 신라가 6정·10정·5주서·만보당을 기본으로 한 군부대를 지방에 배치할 때 고구려 지역에만 2계당 이하 신삼천당까지의 부대를 추가 배치하였다. 이는 고구려 지역의 군사적 중요성이 그만큼 높았기 때문이다. 그 가운데서도 한주에 가장 많은 군부대가 배치되었는데 이는 신라가 서북 방면의 방위에 큰 비중을 두었음을 알게 한다. 반면에 신라 지역과 백제 지역에 배치된 부대를 보면 지역의 차이는 있지만 부대의 수나 부대의 종류는 아무런 격차가 없다. 이 같은 사실은 신라가 통일 이후 군부대를 지방에 배치할 때 신라 지역과 백제 지역을 차별하지 않고 고루 안배하였음을 보여주는 것이다.

신라의 군부대 배치에 대한 전반적인 성격을 이렇게 이해할 때 백제 지역에 배치한 부대의 성격은 다음과 같이 정리해 볼 수 있다. 먼저 웅주·전주·무주에 둔 군부대를 보면 웅주와 무주에는 10정과 만보당만 하나씩 있지만 전주에는 10정과 만보당 외에 6정의 하나인 완산정과 5주서의 하나인 완산주서가 더 배치되었다. 그래서 전주에 배치된 군부대의 숫자는 웅주와 무주에 비해 두 배나 된다.

전주에 이렇게 많은 부대가 배치된 이면에는 웅주와 무주의 역사적·지리적 상황이 고려된 것 같다. 웅주는 백제멸망 이후 부흥백제군의 부흥운동이 가장 활발하였던 지역이었고, 무주는 지리적인 측면에서 볼 때 상대적으로 후미져서 전란의 소용돌이를 얼마만큼 비켜간 지역이었다. 반면에 전주 지역은 중간지대적 성격을 지닌 지역이었다. 이에 신라는 전주 지역을 매개고리로 백제 당시의 정치적 중심지였던 웅주 지역과 지리적으로 불편한 무주 지역을 전체적으로 조정해 나가려고 하였던 것 같다. 그래서 신라는 백제 지역에서 군사의 중심을 전주에 두고 전주에 배치된 완산정을 핵심으로 웅주와 무주에 배치한 10정과 만보당을 유기적으로 통솔해 나가려고 하지 않았을까 한다.

이후 전주는 후대에까지 군사거점으로서의 기능을 유지하였다. 뒷날 후백제를 세운 견훤이 백제의 부흥을 표방하면서 무주에서 군사를 일으킨 후 수도를 백제의 수도였던 부여나 공주가 아닌 전주에 두었다는 것이 이를 방증해 준다.

2. 산천제의체계에 포함된 백제 지역 산천들

『삼국사기』제사지에는 통일 이후 대사·중사·소사라고 하는 산천제의체계가 수록되었다. 이 삼사는 전국의 산천을 포괄하는 것이다. 대사는 삼산에 대한 제사로서 산천에 지내는 제사 가운데 가장 큰제사이다. 중사는 오악·사진·사해·사독에 대한 제사였고, 소사는 신라 영토 내 여러 지역의 산을 대상으로 지낸 제사이다. 대사·중사·소사의 대상인 여러 산천 가운데 오악은 경계선의 표시이자 신라가 고구려·백제·가야 지역의 여러 세력들의 진압을 기원하는 의도를 내포하였다. 오악 뿐만 아니라 중사에 속한 사진·사해·사독과 소사에 속한 여러 산천도 같은 의미를 지녔다.

대·중·소라고 하는 삼사(三祀)의 분류형식은 중국 고대의 제사체계를 모방한 것이다. 그러나 내용 면에서는 차이를 보인다. 중국의 경우 삼사의 제사 대상은 천지와 일월성신과 사명(司命) 이하로 되어 있다. 그러나 신라의 치제 대상은 모두 국내의 명산대천이다. 또 중국에서 삼산은 봉래·방장·영주라고 하는 세 개의 선산(仙山)을 의미하나 사전에 편입되지는 않았다. 그러나 신라는 삼산을 특별히 취급하여 대사로서 제사를 올렸다. 그만큼 신라는 삼산을 국토를 수호하는 신성한 산으로 여겼던 것이다.

대사에 편제된 삼산은 국도와 국도 주변에 분포되었다. 이 삼산은 삼한시대에는 소도가 있었던 신성한 곳이었다. 신라가 중앙집권적 고대

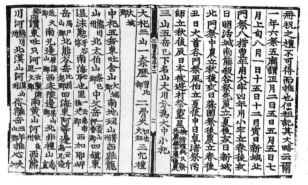

『삼국사기』 제사지 대·중·소사조. 신라의 산천제의체계를 보여주는 자료이다.

국가를 성립시키면서 국도 주변의 소도를 역시 신성한 곳으로 관념하여 제의체계에 편제하였고 통일 이후에도 그 지위를 그대로 유지하였던 것이다. 이는 신라가 산천에 대한 사전체계를 마련하는데 경주 중심의 의식이 깔려 있었음을 보여주는 것이기도 하다.

중사의 제사 대상으로서의 산천은 오악·사진·사해·사독이다. 이악·진·해·독 역시 중국 고대의 사전을 모방한 것이다. 악·진·해·독이 내포하는 국토의식은 오악·사진·사해·사독이 동서남북의 방위에 따라 정해진다는데서 찾을 수 있다. 이는 결국 국토 전체를 상징하는 동시에 국토를 수호하는 호국관념을 전제로 한 것이다. 이처럼 신라가 중국의 제도를 받아들이면서 중사에 오악·사진·사해·사독을 넣은 것은 국토수호 의식과 더불어 자주적인 국가의식을 드러내기 위해서였다. 이는 신라가 전국을 9주로 나누어 자주적인 국가의식을 나타내려 한 것과 궤도를 같이 하는 것이다.

소사는 대사와 중사에 포함되지 못한 산천에 드리는 제사이다. 이 역시 중국의 제도를 모방한 것이다. 그러나 중국의 경우 소사의 치제 대상은 사명[宮中小神]이지만 신라는 산천이라는 점이 다르다. 그리고 이 소사에 포함된 산천은 전국 각처에 고루 분포되었다. 이는 신라가 전국의 산천에 대한 제사를 전반적으로 정비했음을 보여주는 것이다. 이처럼 신라는 통일 이후 국토수호 의식과 자주의식의 발로에서 대·중·소사라고 하는 삼사(三祀)체계를 정비하였다. 따라서 피정복 지역의 산천도 어떤 식으로든 사전체계에 편제하는 것이 순리이다. 이 과정에서 신라는 백제 지역과 고구려 지역의 산천도 중사와 소사에 고루 안배하여 신라 지역에만 편중되지 않도록 하였다.

중사의 경우 오악·사진·사해·사독은 동서남북이라는 방위관념이 전제되어 있었기 때문에 원신라 지역, 고구려 지역, 백제 지역의 산들을 고루 편제하는 것은 당연하다. 한편 소사에 속한 산천을 보면 신라 지역의 경우 국도를 제외하면 4개소, 백제 지역이 5개소, 고구려 지역이 9개소로 되어 있다. 따라서 고구려 지역은 다른 지역에 비해 두 배 정도이고 신라 지역과 백제 지역은 비슷하다. 그러나 중사에 속하면서 표제가 없는 6개의 산·성·진을 보면 3개소는 백제 지역에 위치하였고 나머지 3개는 신라 지역에 위치하였다. 이를 합하면 백제 지역에서 소사에 속한 산천은 8개소, 신라 지역에는 7개소가 있었던 셈이 된다. 그렇다면 소사에 편입된 산천의 수는 세 지역이 모두 비슷했다고 할 수 있다.

소사에 속한 산천은 서남으로는 영암·완도 지역까지 이르고 동북으로는 고성·간성 지역에서, 서북으로는 연천과 서울 지역까지를 포함하고 있다. 이 범위는 신라가 당으로부터 패강(浿江) 이남의 땅에 대한 영유권을 정식으로 공인을 받아 본격적으로 패강진을 개척하기 이전의 영토 범위이다. 따라서 대·중·소사의 사전체계가 정비된 것은 패강진 지역이 본격적으로 개척되기 이전의 어느 시기라 할 수 있다.

주지하다시피 산천신앙은 해당 지역에서 일정한 정신적·종교적 영향력을 가지고 있다. 따라서 신라가 사전체계를 정비하면서 백제와 고구려 지역의 산천들도 중사와 소사의 치제 대상으로 한 것은 그 지역민들의 종교적 숭배의 대상이 된 산천들을 국가에서 제사를 지냄으로써 피정복 지역의 주민들을 위무하고 나아가 그들의 신앙을 신라 중심의 사전체계 안에 재편제하기 위한 것이라 할 수 있다. 그렇지만 신라는 고구려나 백제의 산천체계를 그대로 이어받아 사전체계를 정비한 것은 아니었다. 즉 신라적 기준에 입각하여 고구려와 백제의 산천을 가감하였던 것이다. 이 점은 백제의 삼산이 신라의 사전체계에 들어가지 못한 데서 입증되는 바이다. 따라서 신라의 삼사체계의 정비는 통일 이후 신라가 일정한 기준을 마련하여 그 기준에 따라 전국의 산천을 재정비하였음을 보여주는 것이다.

신라의 삼사체계의 이러한 일반적인 성격을 염두에 두면서 백제 지역에 위치한 산천에 대한 제의의 특성을 몇 가지로 정리해 두기로 한다. 백제 지역에서 중사에 속한 산천은 무주에 설치된 표제없는 항목에 들

부여의 부산. 백제 삼산의 하나. 백제 전성기에는 삼산의 신인들이 서로 왕래했다고 한다.

어 있는 청해진 외에는 모두 웅주 지역에 집중되었다. 웅주 지역의 산천이 중사에 많이 배치된 원인을 들여다보면 실로 흥미로운 사실을 발견할 수 있다. 웅주 지역은 부흥백제군의 활동이 가장 왕성했던 지역이다. 주류성·가림성·임존성·두량윤성·우술성·덕안성 등은 모두 부흥군의 거점성이었고 대부분이 웅주 지역에 위치하고 있었다. 이렇듯 웅주 지역은 반신라 감정이 다른 지역에 비해 더 강했던 곳이다. 신라는 이 지역 주민들의 이러한 반신라 감정을 완화 내지 위무할 필요가 있었고 그래서 사전체계를 정비하면서 웅주 지역의 산천을 산천제의체계 속에 다수 포함시킨 것이 아닐까 한다. 이 같은 사실은 중사에 속한 산천이 공주·예산·옥구·서천·홍천 등 충청도 일원에 두루 분포되었다는 점에서도 확인할 수 있다.

다음 중사·소사에 편제된 산천을 보면 사비 지역의 산천은 거의 포함되지 않았다. 백제시대에는 일산(日山)·부산(浮山)·오산(吳山)이라는 삼산이 사비에 있었다. 일산은 부여의 금정산에, 오산은 염창리의 오석산에 비정되며, 부산은 백마강 맞은 편의 산이었다. 이 삼산은 사비도읍기 백제에서 가장 중요한 산이었다. 그러나 이 삼산은 신라의 사전체계 안에는 포함되지 않았다. 이처럼 신라가 사비 지역의 산천을 제외한 것은 사비의 위상을 격하시켜 삼산이 더 이상 백제인의 정신적 지주가 될 수 없도록 하기 위한 것이라 할 수 있다. 이는 문무왕대에 사비에 소부리주를 두었으나 신문왕 6년(686)에 9주를 정비하면서 소부리주를 부여군으로 격하하고 웅천군을 웅천주로 승격시킨 것과 궤를 같이한 것으로 볼 수 있겠다.

3. 백제 지역에 설치된 지방통치조직의 개편

『삼국사기』 지리지에는 백제 군현과 관계되는 기사가 세 곳에 나온다. 첫째는 지리3의 웅주·전주·무주 관할하의 군현 관계 기록이고 두 번째는 지리4의 백제주군현 관계 기사이고 세 번째는 지리4의 도독부-7주-51현 관계 기사이다. 첫 번째 기사는 경덕왕대의 군현명 개정을 중심으로 개정 이전의 명칭과 고려시대의 명칭으로 구성되었는데 통일 이후의 군현조직을 기본으로 하여 이루어진 것이다. 두 번째 기사는 웅천주 이하 날이군에 이르기까지 147개 주군현의 명칭을 기술하였다. 기재 순서와 명칭은 지리3의 개정 전 명칭의 기재 순서 및 명칭과 일치하며 다만 날이군(捺已郡)만이 제일 끝에 첨부되었다. 여기에는 군현 명칭의 다른 표기들이 기록되어 있어 주목을 끈다. 세 번째 기사는 나·당연합군이 백제를 멸망시킨 후에 일어난 부흥백제국도 평정하고 나서 웅진도독으로 책봉된 부여륭이 관할한 지역의 주·현의 명칭이다. 그러나 이 지역도 671년 신라가 당군을 몰아냄으로써 신라의 영토로 완전히 병합되었다.

백제 지역의 군현명은 통일 이후 신문왕대까지 그대로 답습되었다. 신라가 이처럼 백제 지역의 군현명을 답습한 것은 백제 유민에 대한 배려에서 나온 것으로 보인다. 이 점은 신라가 9주 체제를 편제할 때 백제 지역에 3주를 설치하고 5소경 가운데 2소경을 설치한 사실에서도 드러난다. 그런데 지명이란 본래 지역적 성격과 전통성을 강하게 띠고 있다. 이러한 성격의 종래 명칭을 우아한 한자식 군현명으로 바꾼 사람이 경덕왕이다. 경덕왕의 군현명칭의 개정은 왕권강화를 위한 일련의 개혁조치를 추진하는 과정에서 나온 것이다. 그 결과 군현명칭의 개정은 재지세력들의 지역의식을 약화시키고 지방에 대한 중앙의 통제력을 강화시키는데 한몫을 거들었다. 이 과정에서 백제 지역의 군현명칭도 개정되면서 백제적인 의식이나 전통도 상대적으로 약화되고 그에 따라 지역세력의 기반도 그만큼 약화되지 않았을까 한다.

『신증동국여지승람』여주목 등신장조. 신라가 향·소·부곡을 설치한 기준이 전정호구임을 보여준다.

『삼국사기』지리지에 보이는 신라의 9주 체제 아래 설치된 백제 지역의 주군현은 3주·2소경·37군·104현이었다. 그러나 『삼국사기』백제본기와 『구당서』백제전에는 백제 군현의 수가 5부·37군·200성으로 나오고, 『정림사지오층석탑명』에는 5부·37주·250현으로 되어 있다. 이 세 자료에서 지리지의 3주·2소경은 특별한 성격의 행정구역이므로 이 둘을 합치면 5부와 대응되고, 37군과 37주도 서로 맞아떨어진다. 그러나 현의 경우 250현, 200성, 104현으로 차이가 난다. 특히 지리지의 104현은 『구당서』나 『정림사지오층석탑명』에 보이는 현(성)의 수에 비해 절반밖에 되지 않는다.

그러면 통일기에 백제 지역에 설치된 현의 수가 백제 당시의 현의 수보다 반 이상 대폭 준 원인은 무엇일까. 이 문제는 신라가 통일 이후 지방지배조직을 정비해 가는 기준과 관련하여 이해해야 할 것이다. 신라는 삼국을 통일한 후 신문왕대에 와서 전국적으로 지방통치조직을 정비하였다. 지방통치조직 정비에 따라 주·군-현을 설치할 때 기준으로 삼은 것이 전정과 호구였다. 즉 전정과 호구가 주·군-현을 편제하기에 충분한 지역에 주나 군 또는 현을 설치하고 기준에 미달하는 지역은 향이나 부곡을 설치하였던 것이다.

이와 관련하여 먼저 고려되어야 할 것은 신라가 삼국을 통일하기까지 삼국은 오랫동안 크고 작은 전쟁을 무수히 치렀다는 사실이다. 수십 년에 걸친 대규모의 전쟁과 전란은 신라는 물론 고구려와 백제 모두에게 큰 타격을 주었다. 그 결과 농민 경제는 심각한 피폐를 입어 농민들의 생활상은 말이 아니게 되었다. 그래서 문무왕은 9년(669)에 "곡식을 빌린 자로서 '농사가 잘되지 않은 곳(不熟之地)'에 살았으면 원곡과 이자 모두를 갚지 않아도 되고 '농사가 잘된 곳(熟處)'에 있는 자도 금년 추수로 원곡만 갚도록 하라."는 농가부채 탕감령을 내리지 않을 수 없었던 것이다. 당시 농민 경제가 파탄에 직면했음을 시사하는 것이다.

전승국인 신라가 이렇다고 하면 패전한 고구려와 백제 지역의 피해는 더 심각하였을 것임은 물론이다. 특히 백제 지역은 3년에 걸친 부흥전쟁으로 피해가 더욱 컸다. 이처럼 농민 경제의 파탄과 장기간에 걸친 전란의 여파로 농토는 황폐화되고 또 인구의 유망도 대단했을 것이다. 이는 결국 전정과 호구의 감소를 가져왔다. 부흥군의 중심지요 부흥백제국의 수도였던 주류성이 군현으로 편제되지 못한 것은 전란과 약탈로 이곳의 피해가 얼마나 컸던가를 짐작하게 한다.

통일 이후 신라는 각 지역의 이러한 상황을 정리하여야 하였고 그 결과로 나온 것이 신문왕대의 군현제의 정비이다. 이리하여 신라는 백제시대의 200성 또는 250현 가운데 전정과 호구를 기준으로 열악한 군현은 통폐합하여 하나의 군현으로 만들고 그렇지 않으면 향이나 부곡으로 편제하여 소재의 읍에 소속시켰던 것이다. 『정림사지오층석탑명』에 보이는 250현이 『삼국사기』 지리지에 104현으로 나오는 것은 이러한 군현제의 정비계획에 따라 군현이 되지 못한 지역을 향이나 부곡으로 편제한 결과인 것이다. 이를 짐작하게 하는 것이 조선시대에 백제 영역인 충청도와 전라도 지역에 두어진 향과 부곡의 수이다. 『신증동국여지승람』에 의해 이 지역에 두어진 향·부곡의 수를 보면 충청도가 23향·70부곡이고, 전라도는 56향·85부곡이다. 이처럼 향·부곡의 수가 충청과 전라 지역에 널리 분포한 것은 백제 멸망 및 부흥군의 부흥운동을 거치면서 이 지역의 상당수가 군현으로 편제될 수 없을 만큼 전정호구가 크게 감소된 것을 보여주는 것이라 하겠다.

신라의 백제민 포섭과 차별 대우

1. 신라의 백제 투항인 포섭

신라는 당군과 함께 백제를 멸망시키고 또 부흥백제군을 평정하면서 백제 영역을 점차 잠식하여 나갔다. 이 과정에서 내투해온 백제인에 대해서는 회유하고 포섭하였지만 끝까지 항거한 자들은 사민정책을 써서 타 지역으로 이주시켰다. 타 지역으로 이주시키는 것은 이들에 대한 처벌임과 동시에 이를 통해 백제민들을 적절히 통제하기 위한 것이었다.

신라의 포섭정책은 백제 공격을 본격화한 무열왕 말년부터 부흥백제군에 대한 평정작전이 전개된 문무왕 초년에 주로 이루어졌다. 660년 신라 무열왕은 백제를 멸망시킨 후 논공행상을 하였다. 이때 백제 인물인 좌평 충상과 상영, 달솔 자간은 일길찬의 관등과 총관직을 제수받았고, 은솔 무수는 대나마의 관등과 대감의 직을 받았고, 은솔 인수는 대나마의 관등과 제감의 직을 수여받았다. 이들은 황산벌 전투에서 패배하여 신라의 포로가 된 자들이었다. 그럼에도 불구하고 이들이 이때 상을 받게 된 것은 신라에 항복한 후 백제 왕도의 함락작전이라든가 백제 멸망 후 저항세력들을 평정하는데 크게 도움을 주었기 때문인 것으로 보인다.

신라 문무왕도 661년 부흥군의 거점성이었던 우술성을 함락할 때 항복해온 달솔 조복에게 급찬의 관등과 태수직을 내렸고, 은솔 파가에게는 급찬의 관등을 내리고 집과 의복을 하사하였다. 이러한 대우는 우술성이 아직 완강히 저항하고 있을 때 이들이 추종하는 무리들과 항복하여 우술성을 함락하는데 공을 세웠기 때문이다.

이렇게 신라에 투항하여 포섭된 인물들은 신라군이 부흥백제군을 공격할 때 지휘관으로도 참전하였다. 661년 무열왕은 사비성을 공격하는 부흥군을 평정하기 위해 이찬 품일을 대당 장군으로 하는 일단의 출정군을 편성하였다. 이때 아찬 충상은 잡찬 문왕과 대아찬 양도와 더불어 대당 부장군으로 출정하였다. 또 661년 문무왕이 고구려를 공격하는 당을 도와 김유신을 대장군으로 하는 정벌군을 일으켰을 때도 충상은 품일, 의복과 더불어 상주 총관에 임명되었다.

충상 등이 거느린 출정군은 옹산성에 주둔한 백제군을 공격하여 대책을 불태우고 수천 명을 참살하는 전과를 거두었다. 이러한 사실들은 신라가 투항해 온 백제인을 포섭하여 백제부흥군을 공격하는데 적절히 이용하였음을 보여주는 것이다.

2. 백제 유민에 대한 차별 대우

신라의 백제 유민에 대한 대책은 부흥백제국을 멸망시키기 전까지는 대개 개별적인 포섭 차원에서 이루어졌다. 이때는 전쟁이 한창 치열했던 시기였다. 때문에 투항해 올 당시의 상황이나 내투자의 공로에 따라 관등이 수여되었을 뿐이며 관등수여에 대한 객관적이고 체계적인 기준은 아직 마련되지 않았다. 그러나 신라가 부흥백제국을 멸망시키고 또 당군을 축출하여 백제 지역을 완전히 장악한 후 백제 유민에 대한 보다 광범위한 포섭정책을 실시하게 되면서 일정한 기준 마련이 필요하게 되었다. 그래서 673년에 문무왕은 내투해온 백제인을 대상으로하는 관등 수여 기준을 마련하였다. 이때 마련된 관등수여 기준에는 다음과 같은 몇 가지 사항이 눈에 뜨인다.

첫째, 신라가 관등을 수여한 대상자는 백제 당시에 백제의 관등을 소

『삼국사기』 직관지 백제 인위조. 신라가 백제 유민에게 관등을 수여한 기준이 기록되어 있다.

지한 자였다. 관등 소지자는 그 사회에서 지배층에 속하는 사람이다. 따라서 신라가 백제시대의 관등 소지자를 대상으로 신라의 관등을 수여한 것은 백제의 지배층을 신라의 지배체제 안으로 끌어들이는 것을 의미한다.

둘째, 신라는 내투해 온 백제인에게 경위뿐 아니라 외위도 수여하였다. 경위는 왕경에 거주하는 자들을 대상으로 한 관등체계이고 외위는 지방에 거주하는 자들을 대상으로 한 관등체계이다. 따라서 신라가 백제 내투인에게 외위를 수여하였다는 것은 백제 지방에 거주한 자들도 관등 수여의 대상자가 되었음을 보여주는 것이다.

셋째, 신라가 백제 유민에게 관등을 수여할 때 참조한 본국 관등은 7품 장덕까지였고 8품 시덕 이하 16품 극우까지의 관등은 제외되었다. 신라정부가 장덕까지만 고려 대상으로 한 것은 백제 관등을 소지한 유민 모두를 신라의 관등체계 안에 받아들이게 될 때 생겨나는 관등포화 상태라고 하는 부작용을 우려하였기 때문이다. 그래서 신라 정부는 이러한 부작용을 미연에 방지하기 위해 일정한 선을 긋게 되었고 그 결과 백제의 관등을 소지한 자들 가운데 장덕 이하의 관등을 소지한 유민들은 원천적으로 신라의 지배신분층으로 편입되지 못하고 탈락하고 말았다.

넷째, 신라에서 관등제는 신분제와 밀접한 관계를 가지고 있었다. 그래서 대나마는 왕경인의 경우 5두품의 출신자가 받을 수 있었고 지방인일 경우 진촌주(眞村主)에게 돌아가는 관등이었다. 그런데 관등수여 기준표에 의해 백제 유민이 받을 수 있는 최고의 관등은 대나마였다. 백

『삼국사기』 직관지 고구려인위조. 신라가 고구려 유민에게 관등을 수여한 기준이 기록되어 있다.

제 유민이 받을 수 있는 최고의 관등이 대나마였다는 것은 이들이 왕경에 거주하게 되었을 경우 5두품이나 그 이하의 신분에 편제된 것을 의미하고, 지방에 거주하게 되었을 경우 진촌주나 차촌주의 신분에 편제되었음을 의미한다.

한편 신라 신문왕은 683년에 보덕국의 자치를 취소하고 보덕국왕 안승을 왕경으로 불러 올렸다. 이에 반발한 안승의 족자 대문(大文)과 그를 따르던 무리들이 반란을 일으켰으나 곧 평정되었다. 이 일이 일어난 이후 신문왕은 686년에 고구려 유민을 회유·포섭하기 위해 이들의 일부를 신라의 귀족으로 편입하였다. 이때도 역시 일정한 관등 수여 기준표를 만들었다. 이 기준표와 백제 유민을 대상으로 한 기준표를 비교해 보면 백제 유민에 대한 대우와 고구려 유민에 대한 대우에 차이가 있음을 알 수 있다.

첫째, 고구려 유민에게 수여한 최고 관등은 일길찬인데 이는 백제 유민에게 수여한 대나마보다 3등급이나 높았다. 둘째, 일길찬은 왕경인의 경우 6두품 신분자가 받을 수 있는 관등이다. 따라서 고구려 유민은 골품제 하에서 6두품에 편제될 수 있었다. 이는 5두품에 편제된 백제 유민 보다 신분이 높았던 것이다. 셋째, 고구려 유민으로 신라 관등을 수여받을 수 있는 자격자는 2품 주부에서 최하위 관등인 자위까지였다. 반면에 백제 유민은 달솔에서 장덕까지 한정되었다. 이는 고구려 유민 가운데 신라의 지배층에 편입될 수 있는 숫자가 백제보다 훨씬 많았다는 사실을 반영해준다. 넷째, 고구려 왕족인 안승은 서울로 올라와서 소판의 관등을 받음으로써 진골에 편입되었지만 백제의 왕족은 어느 누구도 진골에 편입되지 못하였다.

이러한 사실들은 백제 유민이 고구려 유민에 비해 차별대우를 받았음을 보여주는 것이다. 이처럼 신라 조정이 백제 유민을 고구려 유민보다 차별하게 된 원인은 다음과 같이 정리해 볼 수 있다. 먼저 삼국 사이에 통일전쟁이 한창 치열했던 시기에 신라의 주된 교전 대상은 백제였다는 점이다. 이 기간에 신라는 엄청난 국력을 대백제전에 투입하여야 하였다. 이는 신라인으로 하여금 백제에 대한 악감정을 유발하게 하였다.

둘째, 백제 의자왕은 642년에 신라의 대야성을 공격하면서 대야성 도독 김품석 부부를 죽였다는 점이다. 김품석 부부는 당시 신라의 실권자인 김춘추의 사위와 딸이었다. 이로써 백제는 김춘추 가문의 깊은 원한을 사게 되었다. 김춘추의 맏아들 김법민이 660년에 의자왕의 아들 부여륭이 항복하자 그 얼굴에 침을 뱉고 누이동생 부부를 죽인 것을 꾸짖은 것이 이를 보여준다. 그 결과 이러한 원한은 백제 멸망 이후에 유민을 처우하는데도 불리하게 작용하였던 것이다.

셋째, 백제가 멸망한 이후 일어난 부흥군의 3년에 걸친 투쟁과 그 여파도 차별의 한 측면으로 작용했을 것이라는 점이다. 부흥군의 맹렬한 활동으로 사비성에 주둔한 당군은 고립 상태에 빠지게 되었고 이들에 대한 군량 조달을 전적으로 맡은 신라인의 부담도 크게 가중되었다. 이는 자연히 신라의 부흥군에 대한 감정을 더욱 악화시켰던 것이다.

넷째, 당은 부흥백제국 붕괴 이후 의자왕의 아들인 부여륭을 내세워 괴뢰정권을 수립하고 신라로 하여금 이를 인정하도록 하였다. 신라 문무왕은 당의 강압에 못이겨 취리산에서 부여륭과 회맹하고 인국으로서 우호적으로 지낼 것을 맹세하기도 하였다. 이런 경험은 신라로 하여금 백제 유민에 대해 고운 시선을 가질 수 없게 하였다.

반면에 고구려 유민의 경우 백제 유민과는 다른 길을 걸었다. 먼저 고구려 부흥군은 신라의 용인 하에 신라 영토 안에 망명정부를 세웠고 또 신라군과 더불어 대당투쟁에도 참여하였다. 둘째로 고구려 왕족 안승이 신라의 도움으로 금마저에서 망명정부를 세우자 신라는 그를 보덕국왕으로 책봉하여 번국으로 만들었다. 이는 대외적으로 뿐만 아니라 대내적으로도 신라의 위신을 높이는 작용을 하였다. 셋째로 683년에 왕경으로 불려 올라간 보덕국왕 안승은 신라의 진골 신분에 편입되었다. 그가 불려 올라간 것은 번국으로서의 투항이라는 의미를 가졌던 것 같다.

이처럼 백제 유민은 끝까지 저항하다가 신라에 편입되었지만 고구려 유민은 신라에 크게 저항하지 않고 귀순하였다. 또 백제 유민은 부흥군을 일으켜 백제 땅을 점령한 신라군을 몰아내려고 하였지만 고구려 유민은 신라군과 더불어 당군에 저항하였다. 그 결과 신라는 백제 유민보다 고구려 유민을 상대적으로 우대하게 되었던 것이다.

현재의 자료에 의하는 한 백제 출신으로 신라 관등을 받아 활약한 인물의 이름이 남아 있는 경우는 거의 없다. 그 가운데서도 이름을 알 수 있는 명망있는 인물로는 경흥 정도를 꼽을 수 있다. 대덕 경흥은 문무왕대에서 신문왕대에 걸쳐 활동한 인물이다. 그의 출신지가 웅천주로 나오므로 그는 백제계 인물이라 할 수 있다. 그는 문무왕대에 이미 대덕으로서 그 위상을 높였다. 그래서 문무왕은 죽을 때 유조를 내려 경흥을 국사(國師)로 봉하도록 하였다. 그럼에도 불구하고 신문왕은 그를 국로(國老)로 봉하였다. 국로는 국사보다 격이 떨어지는 칭호이다. 경흥이 국사로 책봉되지 못하고 국로가 된 까닭은 백제계 출신자를 승려의 최고 명예직인 국사에 책봉하는 것에 대해 신라 귀족들이 반대하였기 때문일 것이다. 이는 곧 인재 등용에 있어서의 지역 차별을 보여주는 것이라 하겠다.

백제 유민의 강렬한 백제의식

신라는 통일 이후 피정복 지역의 민들에 대해 위무 정책을 펴나갔다. 군부대의 배치를 비롯하여 주·군−현제의 정비나 산천에 대한 제의체계 정비 등의 경우 고구려 지역이나 백제 지역이나 별로 다를 것이 없었다. 더구나 영역이 모두 신라에 편입된 이상 이 지역민들은 정치적으로는 더 이상 백제인은 아니었다. 그 결과 시간이 흐르면서 백제 유민도 점차 현실에 안주하는 쪽으로 나가게 되었다.

그렇다면 이러한 상황에서 백제 지역의 민들은 지난날의 백제왕조를 어찌 여기고 있었고 백제계통의 사람이라는 의식을 어느 정도 느끼고 있었을까. 백제 유민의 백제에 대한 의식은 개개인이 처한 현실적인 상황에 따라 다양하게 나타났다. 무진주의 향리 안길(安吉)의 경우 문무왕의 동생 차득공과 깊은 관계를 맺어 성부산 아래의 땅을 무진주의 상수소목전(上守燒木田)으로 받았다. 따라서 그는 자연히 친신라적인 사람이 되었을 것이다. 반면에 부흥군에 참여하였다가 힘이 다해 항복한 사람들의 경우 반신라적 정서가 상대적으로 짙게 깔려있었을 수도 있다. 그리하여 이들에게는 멸망해버린 왕조를 그리워하는 향수라든가 백제적인 의식이나 백제적 전통이 완전히 불식되었다고 할 수 없을 것이다. 여기서는 백제 유민의 백제에 대한 의식이 어느 정도이고 그것이 어떠한 형태로 표출되고 있었는가를 몇 가지의 사례를 통해 정리해 두기로 한다.

1. '계유명아미타불삼존불상'이 보여주는 백제의식

1960년에 충남 연기군 전의면 다방리 운주산(雲住山)의 비암사 극락전 앞에 있는 3층석탑의 정상부분에서 계유명전씨아미타불삼존비상(癸酉銘全氏阿彌陀佛三尊碑像)과 기축명아미타불삼존비상(己丑銘阿彌陀佛三尊碑像) 및 석조반가사유보살비상(石造半跏思惟菩薩碑像)의 3점의 납석제 불상이 발견되었다. 이 비상들이 발견된 비암사의 창건연대는 확실하지 않지만 삼국시대에 창건되었다고 하며 신라 말에 와서 도선(道詵)에 의해 중창되었다고 한다.

계유명아미타불삼존비상은 국보 제106호이며 높이 43cm, 밑면 세로 26.7cm, 가로 17cm이다. 이 비상은 원래 옥개와 좌대를 따로 구비한 불비상의 중앙부 몸통 돌에 해당되는 듯 하나 발견 당시 지붕돌과 대좌는 없어졌다. 전면 중앙에 대형의 배 모양 광배를 지닌 본존과 여러 불상이 조각되었는데 삼존불은 아미타불과 관음보살과 대세지보살이다. 본존불은 방형 대좌 위에 결가부좌한 설법인의 불좌상이며 머리 위에 연

연기 비암사 계유명전씨아미타삼존사면석상. 이 비상에 새겨진 명문에 '달솔'이라는 백제 관등이 있어 이 비상은 백제 유민이 만든 것임을 알 수 있다.(국립청주박물관)

꽃과 연주문으로 장식된 원형 머리광배가 표현되어 있고 의상은 통견(通肩)이다. 좌우협시보살입상 뒤에는 끝이 뾰족한 연잎으로 장식된 머리광배가 있고 보살의 몸에는 무릎까지 오는 긴 영락이 걸쳐져 있다. 비신의 양 옆면에는 비스듬히 뻗어난 가지 위 연꽃대좌에 앉아 있는 주악비천상을 4구씩 양각했는데 각각 생(笙)·비파(琵琶)·소(簫)·적(笛)·금(琴) 등의 악기를 들고 있다. 비천상 밑에는 용머리를 옆모습으로 양각했다.

이 비상에는 앞면 하단에 14줄, 1줄 4자씩의 명문을 비롯하여 양 옆면에 작은 글씨의 명문이 있다. 명문은 정면과 배면에 새겨져 있는데 배면은 다시 상단, 제2단, 제3단, 하단으로 구분된다. 이 명문 부분은 크게 향좌측과 후면 및 향우측과 전면으로 나누어진다. 향좌측 부분의 내용은 절을 만든 사연을 기록한 조사기(造寺記)이고 향우측 부분의 내용은 불상을 만든 조상기(造像記)로 파악된다. 이 삼존상이 만들어진 해는 계유년 4월로서 문무왕 13년(673)이고, 조성자는 전씨, 진무, 상차 등의 속인과 혜명 법사 등 승려였고, 불상을 만든 목적은 국왕 대신과 7세부모를 발원하기 위해서였다.

불상 조성에 참여한 사람은 50여 명이다. 이 가운데 승려를 제외하고 대다수의 인물들은 대나마·나마·대사·소사 등 신라 관등을 가지고 있는데 신차원(身次願)만은 달솔이란 백제 관등을 가진 것으로 기록되어 있다. 신차원이 달솔의 관등을 가지고 있다는 것은 이 불상의 조성자들이 백제 유민임을 보여주는 것이다. 이 점은 진무의 경우 그 관등은 비록 대사이지만 성씨는 백제의 대성팔족의 하나인 진씨 출신이라는 것에서 입증된다.

주시하다시피 달솔은 백제의 제2관등으로 정원수가 30명으로 제한된 고위 관등이었다. 신차원이 백제 멸망 이후에도 달솔이란 관등을 지니고 있게 된 배경에 대해서는 두 가지로 생각해 볼 수 있다. 하나는 신차원이 신라 관등을 수여받지 못하였기 때문에 백제 관등을 사용할 수밖에 없었다고 보는 것이고, 다른 하나는 백제가 비록 신라에 병합되었지만 신차원은 신라에 심복하거나 동화되기를 거부한 세력이었기 때문에 백제의 관등을 사용한 것으로 보는 것이다. 이중 어느 것이 사실인지는 분명히 할 수 없지만 이 비상이 발견된 연기 지역이 본래 백제 영역이었다는 사실 등에서 미루어 볼 때 후자 쪽이 타당하지 않을까 한다.

이처럼 백제 지역에서는 백제가 멸망하고 또 부흥백제국도 붕괴된 이후 10여 년이 지났지만 여전히 백제민이기를 고수한 집단도 있었다. 이는 상당수의 백제 유민들이 신라민으로 전환되어 갔지만 일부의 유민들은 백제인으로서의 의식을 버리지 않았던 것이다. 그러한 의식이 구체적으로 백제 관등의 사용이란 형태로 나타나지 않았을까 한다. 그렇다고 하면 불상을 만들기 위한 명분으로 내건 '국왕 대신(國王大臣)'은 표면상으로는 신라의 국왕과 대신일 뿐이고 내면적으로는 백제의 옛임금과 옛 대신을 가리킨다고 할 수 있다. 따라서 이 불상의 조영 목적에는 백제 유민들이 백제의 국왕과 대신들의 명복을 기원하는 의도도 담긴 것으로 볼 수 있다. 이를 통해 백제가 신라에 완전 병합된 직후에도 백제 유민의 백제왕조를 그리워하는 의식의 일단을 엿볼 수 있는 것이다.

2. 진표의 신앙운동에 보이는 백제의식

진표의 속성은 정씨(井氏)이고 완산주 만경현 사람이다. 아버지는 진내말(眞乃末)이고 어머니는 길보랑이다. 나이 12세에 금산사의 숭제(崇濟)에게 가서 배움을 청했다. 숭제법사는 일찍이 당나라에 들어가 선도(善道)에게 배우고 오대산에서 문수보살의 현신을 맞아 오계를 받고 돌아왔다. 진표는 숭제로부터 가르침을 받고 선계산 불사의암에 들어가 714일간 고행으로 마음을 닦은 끝에 23세가 되던 해인 740년(효성왕 4년) 3월 15일 지장보살의 현신을 맞아 정계를 받았다. 그러나 그의 뜻은 미륵보살에 있었으므로 다시 영산사로 옮겨 용맹정진하여 마침내

752년(경덕왕 11년) 2월에 미륵보살로부터 『점찰경』 2권과 간자(簡子 : 점치는 대쪽) 189개를 받았다.

하산한 진표는 금산에 와서 머물면서 가르침을 베풀어 그 법화가 두루 미치었다. 경덕왕이 그를 궁중으로 맞아들여 보살계를

唐百濟國金山寺真表傳
釋真表者，百濟人也。家在「金山」世爲「弋獵」
熊。於田畎，間折楊柳貫蝦蟇，成串置
於水中，擬爲食圖，遂入山網捕，因逐鹿
由山北路歸家。全志取貫蝦蟇，至開元
春濒次閑鱟鳴。就水見去載所貫三十許
蝦蟇猶活，表於時歎惋，自責曰，苦哉何爲
口腹，令他經年受苦，乃絕柳條，徐輕放縱。
因發意出家，自思惟曰，我若堂下鮮親室
制愛，難離恐海莫拔懇籠。由是逃入深
山，以刀截髮。苦到懺悔，慕身撲地志求戒
法，警圈要期彌勒菩薩授我戒法也。夜倍
日功，邊庭叩搕。心無間念念翹勤。經七
宵。詰旦見地藏菩薩手搖金錫，爲表集於

『송고승전』 진표전. 진표의 출신이 백제인으로 나온다.

받고 시주하자 그것을 여러 사찰에 나누어 주었다. 그 뒤 금강산에 가서 발연사를 창건하여 7년 동안 점찰법회를 열었고 속리산의 길상초가 나는 곳에 길상사를 창건하였다.

그런데 『송고승전』에 의하면 진표는 백제인으로 나온다. 그가 활약하던 시기는 경덕왕대로서 백제 멸망 이후 약 100여 년이 지난 뒤이다. 또 그의 아버지도 내말(乃末)이라는 신라 관등을 가졌으므로 그의 집안은 이미 신라의 하급 귀족이었다고 할 수 있다. 그럼에도 그는 백제인으로 표기된 것이다. 그 까닭은 두 가지로 생각해 볼 수 있다. 하나는 진표 자신이 스스로 백제인으로 자처했기 때문에 그렇게 기록되었을 가능성이 있고, 다른 하나는 그가 지금은 신라인이지만 본래는 백제인이었다고 말했기 때문일 가능성이다. 어느 것이 정확한 것인지는 단정하기 어렵지만 이 기사는 진표가 백제인 또는 백제 출신인이라는 의식

을 강하게 가지고 있었음을 보여주는 것이라 할 수 있다.

진표의 백제에 대한 의식은 그가 불교에 귀의하게 된 동기에서도 드러난다. 『송고승전』에 의하면 그는 어려서 활을 잘 쏘았는데 어느 날 논둑에서 쉬면서 반찬으로 쓰려고 개구리를 잡아 버들가지에 꿰어 물에 담가두었다. 그리고는 산에 가서 사슴을 쫓다가 다른 길로 집으로 돌아와 개구리는 까맣게 잊어버렸다. 다음해 봄에 사냥을 나갔다가 개구리가 우는 소리를 듣고, 문득 지난해 일이 생각나 가보니 개구리들이 버들가지에 꿰인 채 울고 있었다. 진표는 탄식하며 스스로를 책망하고는 출가하여 계법을 구하기로 하고 12세에 금산사(金山寺)로 들어가 숭제법사 밑에서 승려가 되었다고 한다.

이 이야기는 그가 출가하게 된 동기가 버드나무 줄기에 꿰인 개구리 때문이었음을 보여준다. 버드나무에 꿰인 개구리는 신라의 지배를 받아 애달픈 현실에 살고 있는 백제 유민을 상징한 것이라고 한다. 그렇다고 하면 그는 버드나무에 꿰인 개구리와 같은 상황에 처한 백제 유민을 구원하기 위해 출가 수도하게 되었다고 할 수 있겠다.

그러나 진표의 이러한 운동은 정치적인 운동이 아니라 종교적인 신앙운동이었다. 그가 이러한 신앙운동을 전개하게 된 것은 백제 멸망 이후 100년이 지나서도 이 지역 주민들에게 백제인 또는 백제 출신이라는 정서가 강하게 깔여 있었다는 것과 그들의 처지가 버드나무에 꿰인 개구리와 같다고 하는 현실적인 상황이 상호 작용한 결과로 보인다. 그래서 진표가 변산에 들어가 손과 팔이 떨어지는 고된 수행을 한 끝에 지장보살로부터 정계를 받고 곧 이어 미륵보살로부터 『점찰경』과 189개의 간자를 받아 산에서 내려올 때 백제 지역의 주민들로부터 열렬한 환영을 받았던 것이다.

3. 백제계 석탑에 나타난 백제의식

백제 지역민들의 백제적인 의식은 문화적인 측면에서도 확인할 수 있다. 백제 문화의 단면을 잘 보여주는 것이 석탑이다. 우리나라의 석탑 조영은 백제로부터 시작되었는데 백제의 석탑은 목탑을 본받아 만들어졌다. 백제의 석탑으로는 우리나라 석탑의 시원으로 지목되는 익산미륵사지석탑과 정림사지오층석탑이 있다. 미륵사지석탑을 조형으로 하는 시원양식 석탑은 고려초의 익산 왕궁리오층석탑을 중시조석탑으로 하여 발전하여 왔으며 이후 무량사오층석탑-계룡산 청량사지석탑(7층석탑)으로 이어졌다. 정림사지석탑은 백제의 전형양식 석탑이라 할 수 있는데 고려시대에 와서 비인오층석탑-계룡산 청량사지석탑(5층석탑)-장하리삼층석탑-정읍은선리삼층석탑-월남사지모전석탑으로 이어졌다. 이를 모두 백제계 석탑이라 할 수 있다.

그런데 백제계 석탑을 종합적으로 볼 때 몇 가지 특징을 지적할 수 있다. 첫째는 백제 멸망 이후 백제 지역에는 시원양식 석탑이든 전형양식 석탑이든 백제계 석탑은 하나도 조영되지 않았다는 점이다. 둘째로 이들 백제계 석탑은 모두 백제 지역에서만 건립되었다는 점이다. 즉 신라

한국석탑 계열 분포도

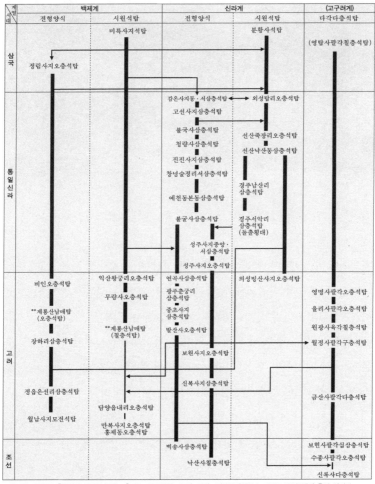

계열 시대	백제계		신라계		(고구려계)
	전형양식	시원석탑	전형양식	시원석탑	다각다층석탑
삼국	정림사지오층석탑	미륵사지석탑		분황사석탑	(영탑사팔각칠층석탑)
통일신라			감은사지동·서삼층석탑 고선사지삼층석탑 불국사삼층석탑 청량사삼층석탑 진전사지삼층석탑 창녕술정리서삼층석탑 예천동본동삼층석탑 불굴사삼층석탑 성주사지중앙·서삼층석탑 성주사지오층석탑	외성탑리오층석탑 선산죽장리오층석탑 선산낙산동삼층석탑 경주남산리 삼층석탑 경주서악리 삼층석탑 (높출횡대)	
고려	비인오층석탑 **계룡산남매탑 (오층석탑) 장하리삼층석탑 정읍은선리삼층석탑 월남사지모전석탑	익산왕궁리오층석탑 무량사오층석탑 **계룡산남매탑 (칠층석탑) 담양읍내리오층석탑 만복사지오층석탑 홍제동오층석탑	연곡사삼층석탑 광주춘궁리 삼층석탑 중초사지 삼층석탑 발산사오층석탑 보원사지오층석탑 신복사지삼층석탑	의성빙산사지오층석탑	영명사팔각오층석탑 율리사팔각오층석탑 원광사육각칠층석탑 월정사팔각구층석탑 금산사팔각다층석탑
조선			벽송사삼층석탑 낙산사칠층석탑		보현사팔각십삼층석탑 수종사팔각오층석탑 신륵사다층석탑

• 이 표는 김정기, 「백제계 석탑의 특징」, 『마한·백제문화』 10집, 마한·백제문화연구소, 1987, 169쪽에서 옮긴 것이다.
•• 계룡산남매탑(5층·7층)의 정식 명칭은 공주 청량사지석탑(5층·7층)이다.

익산 왕궁리오층석탑   부여 무량사오층석탑   공주 청량사지오층석탑

고려시대에 세워진 이 탑들은 모두 백제계 석탑이다.

지역이나 옛 고구려 지역에는 백제계 석탑이 보이지 않는다. 셋째로는
통일신라 시기에 건립되지 않았던 백제계 석탑은 신라가 멸망하고 고
려가 건국되자 여러 곳에서 다수 건립되었다는 점이다.

　통일신라 시기에 백제 지역에 백제계 석탑이 전혀 건립되지 않은 것
은 신라의 억압이나 위세에 밀려서 생겨난 것으로 볼 수 있다. 이는 신
라 말 고려 초에 오면 전형양식의 석탑은 물론 시원양식의 석탑 등 백
제계 석탑이 다수 건립되고 있다는 사실에서 입증된다. 그러나 여기에
서 주목되는 것은 신라 말 고려 초에 와서 이 계열의 석탑은 유독 백제
지역에서만 나타나고 있다는 사실이다. 이는 신라 정부의 억압 속에서
도 백제계 유민들이 내면적으로 백제적인 문화전통을 뿌리 깊게 간직

하고 있었음을 보여주는 것이다. 그리고 이러한 문화전통이 온축되어 있었기 때문에 고려시대에 들어와서 백제 지역에서 백제계 석탑이 부활될 수 있었던 것이다.

이처럼 신라 멸망기까지 백제 지역에서 백제적 문화전통과 백제적인 의식이 면면히 이어져 내려온 것은 신라 정부의 경주중심인 국가운영과 사회운영 때문이라고 할 수 있다. 이런 폐쇄적인 정치·사회운영은 결과적으로 피정복 지역의 주민들로 하여금 지역적 의식을 더 강하게 띨 수 있게 하도록 작용하였고 그와 연동하여 이 지역민들은 백제에 대한 의식을 더욱 온존시켜 나갈 수 있었던 것으로 보인다.

4. 후백제의 백제계승의식

백제 지역에 살고 있는 주민들의 백제적인 정서와 의식은 정치적인 측면에서도 나타나고 있다. 이를 잘 보여주는 것이 견훤의 후백제 건국이다. 견훤은 상주 가은현 사람으로 본래의 성은 이씨이나 후에 견씨(甄氏)를 칭하였다. 아버지는 아자개라고 하는데 농사를 지으며 살아오다가 후에 가문을 일으켜 장군이 되었다. 체격과 용모가 뛰어나고 뜻과 기개가 컸던 견훤은 군에 입대하여 서울로 들어갔다가 서남해안을 지키는 임무를 맡았다. 이때 그는 창을 베고 자면서 적을 기다리는 충실함을 보였고 항상 병졸보다 앞서는 용기를 보였다. 그 공로로 그는 비장(裨將)이 되었다. 이때는 신라 진성여왕이 재위한 시기였다. 특히 진

『삼국사기』 견훤 열전의 일부. 견훤이 백제의 원수를 갚는다는 구호를 내걸고 후백제를 세운 내용이 나온다.

성여왕 6년(893)에는 왕의 총애를 받는 자들이 정권을 마음대로 휘둘러 기강이 문란해졌다. 그 위에 기근까지 겹쳐 백성들은 떠돌아다니고 뭇 도적들이 벌떼처럼 일어났다. 이처럼 사회가 혼란해지자 견훤은 이때 야말로 왕위를 엿볼 수 있는 기회라 생각하고 군대를 일으켜 왕경의 서 남쪽 주·현을 쳤다. 그의 군대가 이르는 곳마다 각 지역민들은 그가 상상한 이상으로 메아리처럼 호응하였다. 그리하여 한 달 사이에 군대 의 규모는 5천 명에 이르렀다.

그는 무진주(현재의 광주광역시)를 습격하여 스스로 한남군 개국공을 칭하였고, 900년(효공왕 4)에 완산주(현재의 전주시)에 입성하여 스스 로를 왕이라 칭하고 나라 이름을 후백제라 하였다. 이후 그는 관제를 정비하고 중국의 오(吳)·월(越)에도 사신을 보내어 국교를 맺었다. 그 리고 궁예의 후고구려와 자주 충돌하며 세력 확장에 힘썼고 그 뒤 왕건 이 세운 고려와도 수시로 격전을 벌여 군사적 우위를 유지했다. 927년 (경애왕 4년) 9월 그는 신라의 수도인 금성을 습격하여 친고려 정책을 쓰고 있던 경애왕을 살해하고 재보를 약탈한 후 김부를 왕으로 세워놓고 철수하였다.

견훤이 이처럼 짧은 시간에 큰 세력을 결집할 수 있었던 것은 이 시기가 사회적으로 크게 혼란한 시기였다는 상황과 그가 몸을 일으킨 지역이 백제 지역이라는 특성이 작용하였기 때문이었다. 신라 왕조는 9세기에 들어오면서 말기적인 현상을 나타내기 시작하였다. 주민들은 도탄에 빠졌지만 신라정부의 왕경중심적 진골 중심적 국가 및 사회운영에는 아무런 변화가 없었다. 이는 도리어 백제 지역 주민들에게 자기 지역에 대한 의식을 강하게 심어 주는 계기가 되었다. 그리하여 이 지역민들은 어려운 삶 자체가 신라의 지배에서 비롯한 것으로 점차 인식하게 되었고 그에 따라 신라에게 패망한 백제를 강렬하게 동경하게 되었다. 그 연장선상에서 이들은 백제의 부활을 기원하고 있었던 것이다.

견훤은 비록 신라 출신이었지만 백제 지역에서 근무하면서 이 지역의 이 같은 민심을 재빨리 읽었던 것이다. 그래서 그는 몸을 일으킬 때 이 지역의 민심을 얻기 위해 백제의 부활을 기치로 내걸었다. 이점은 그가 전주에 입성하면서 한 다음의 말에서 잘 드러난다.

"내가 삼국의 시초를 살펴보니 마한이 먼저 일어나고 후에 혁거세가 발흥하였으므로 진한과 변한이 따라서 일어났다. 이에 백제가 금마산에서 개국하여 600여 년이 되어 총장 연간에 당나라 고종이 신라의 요청을 받아들여 장군 소정방을 보내 배에 군사 13만을 싣고 바다를 건너왔고 신라의 김유신이 잃은 영토를 다시 찾기 위해 황산을 지나 사비에 이르러 당나라군과 합세하여 백제를 쳐서 멸망시켰다. 내 이제 감히 완산에 도읍하여 의자왕의 묵은 분함을 씻지 않겠는가."(『삼국사기』 권 제50, 열전 제10 견훤전)

그의 이러한 작전은 민심의 흐름과 맞아떨어져 옛 백제 지역 주민들로부터 폭발적인 호응을 이끌어내었다. 이러한 호응을 토대로 그는 마침내 후백제를 세울 수 있었던 것이다. 이는 백제에 대한 향수와 백제의식이 이 지역민들에게 어떠한 의미를 가지고 있었던가를 잘 보여주는 것이라고 하겠다.

5. 은산별신당이 보여주는 백제의식

은산별신당은 부여군 은산면에 있으며 은산별신제가 행해지는 곳이다. 은산별신제는 충남의 대표적인 지역 축제로서 1996년 중요 무형문화재 제9호로 지정되었다. 이 별신제는 토속신앙이 바탕이 되는 제전에 군대의식이 가미된 장군제적 성격이 짙은 특이한 의식행사이다. 이 별신제의 기원과 관련하여 다음과 같은 유래가 전해온다.

"옛날 은산 지방에 돌림병이 크게 돌아서 특히 젊은 사람이 많이 다쳤다. 어느 봄날 한 노인에게 백마를 탄 노장군(또는 신선, 백제 장군)이 현몽하여 '나는 내 부하와 함께 억울하게 죽었는데 아무도 돌보는 사람이 없어 백골이 풍우에 시달리고 있으니 잘 매장해 달라. 그러면 병마를 퇴치해 주겠다.'고 했다. 마을 사람들이 그대로 시행하고 원혼을 위

부여 은산별신당. 여기에 부흥군 장군인 복신과 토진(도침)대사의 영정이 모셔져 있다.

로했더니 태평해졌다. 이후로 별신제를 올려 주었다.”(부여문화원,
2001, 『부여의 민간신앙』, 391쪽)

　은산 마을 뒷산인 당산 남쪽의 숲 속에 세워진 별신당 안에는 가운데
에 소나무 아래 호랑이를 거느린 산신이, 왼쪽에 칼을 거머쥔 복신장군
이, 오른쪽에 창을 겨누고 있는 토진대사가 모셔져 있다. 복신장군은
백제 30대 무왕의 조카이자 31대 의자왕과는 종형제간인 귀실복신이
며, 토진대사는 도침대사가 후대에 잘못 전해진 것일 가능성이 크다.
두 사람은 백제가 멸망한 뒤 일어난 백제부흥군을 이끈 대표적인 장수
들이었다. 그러나 이들은 백제의 부흥의 뜻을 이루지 못하고 비극적인
죽음을 맞이하였다.

1947년에 작성된 당집의 현판에는 "은산리는 옛날 백제 때 전장이 된 곳이다. 싸움에서 죽은 장졸들의 원혼이 오랫동안 흩으지지 않았다 … 그래서 옛 명장들을 동서벽에 그려 제사를 지내고 진혼한다."라고 되어 있다. 따라서 은산별신제는 이러한 백제 부흥군의 활동과 관련된 전설을 바탕으로 이루어졌으며 은산에서는 복신장군을 비롯한 백제병사들의 넋을 위무하고 마을의 안녕과 평화를 기원하는 별신제를 지내게 되었다. 마을에서는 이 별신제가 400여 년째 내려오고 있다고 한다.

이 별신제는 산제와 거리제로 구성되는 전형적인 동제에 장군제가 혼합된 형태를 보인다. 처음에는 상당제로서 산제를 모시고 하당제로서 장승과 진대를 모셨을 것이지만 조선 후기에 들어 상권이 크게 형성되면서 상인들이 장군신들을 새로 추가하게 되었고 이때 은산의 지리적 위치와 백제 부흥 전쟁이 연계되면서 백제 전몰장병의 위령제 의미가 덧붙여지게 되었다고 한다. 백제 광복 전쟁이 연계되면서 추가된 장군이 바로 복신장군과 토진대사이다.

은산별신제 별신축문을 보면 복신장군과 토진대사는 신축년(1961) 축문에 처음으로 그 이름이 나온다고 한다. 이 별신제는 근대사회에 와서도 이 지역 사람들에 의해 지속되고 있다. 이것은 백제 지역에 거주하는 사람들의 백제에 대한 강렬한 의식과 백제부흥군에 대한 흠모 의식을 반영해 주는 것이다. 이렇게 보면 백제부흥군의 애국정신은 오늘날에도 면면이 이어져 오고 있으며 그만큼 백제부흥운동이 백제 지역에서 가지는 의미가 컸다고 할 수 있다.

백제부흥군에 대한 후대 사람의 평

1. 김부식의 백제 멸망론

『삼국사기』에는 중요한 역사적 사건에 대해 사론(史論)이 실려 있다. 사론은 말 그대로 역사적 평가인데 이 사론들은 『삼국사기』 편찬의 총 책임을 맡았던 김부식이 쓴 것이다. 그 사론 가운데 하나가 백제 멸망에 대한 것이다. 『삼국사기』 권제 28, 백제본기 의자왕 20년조의 말미에 실려 있는 이 사론의 내용은 다음과 같다.

"신라 고사에 이르기를 '하늘이 금궤를 내렸으므로 성을 김씨라 하였다.'고 했는데 그 말이 괴이하여 믿을 수 없었다. 그러나 신이 역사서를 편찬함에 그 전승이 오래 되었기 때문에 그 말을 지워버릴 수가 없었다. 그런데 또 들으니 '신라인은 스스로 소호금천씨(小昊金天氏)의 후예이므로 성을 김씨라 하였고, 고구려 역시 고신씨의 후예이므로 성을 고씨라 했다.'고 한다. 고사에 이르기를 '백제는 고구려와 함께 부여에서 같이 나왔다.'고 하였으며 또 '진나라·한나라의 난리 때에 중

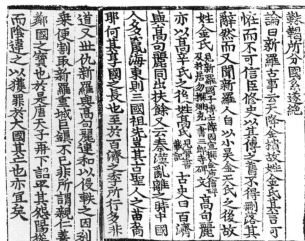

『삼국사기』 백제 본기 말미에 나오는 김부식의 사론 일부. 백제는 당나라에 죄를 지었기 때문에 망한 것은 당연하다고 하였다.

국인이 해동으로 많이 도망하여 왔다.'고 하였으니 삼국의 선조가 어찌 옛 성인의 후예가 아니겠는가. 어찌 국가를 향유함이 이렇게 장구하였는가. 백제의 말기에 이르러서는 행하는 일이 도에 어긋남이 많았다. 또 대대로 신라와 원수가 되고 고구려와는 계속 화호하여 신라를 침략하고 이익을 따르고 편의를 쫓아 신라의 중요한 성과 큰 진을 빼앗아 가기를 마지않았다. 이는 이른바 '어진 사람과 친하고 이웃과 잘 지내는 것이 국가의 보배'라는 말과는 틀린 행동이다. 이에 당나라의 천자가 두 번이나 조서를 내려 그 원한을 풀도록 하였으나 겉으로는 따르는 척 하면서 속으로는 명령을 어기어 대국에 죄를 얻었으니 그 망하는 것이 또한 당연하다."

이 사론은 크게 두 부분으로 이루어져 있다. 하나는 삼국의 시조가 모두 옛 성인의 후예라는 것이고 다른 하나는 백제가 멸망한 원인에 대한 것이다. 삼국의 시조의 출자에 대해 김부식은 고사에 전하는 사실 즉 신라 시조는 금궤에서 태어나서 김씨라 칭한 것과 백제는 고구려와 더불어 부여에서 나왔다고 하는 사실들은 믿을 수 없는 것으로 보고 반면에 중국과 연계되는 것 즉 신라는 소호금천씨의 후예이고 고구려는 고신씨의 후예라고 하는 것을 받아들이고 있다. 이는 중국 중심의 사고와 사대적 발상의 소산물이라 할 수 있다.

김부식은 백제가 신라를 공격한 것에 대해 이익만을 쫓고 편의만을 따르는 행동으로 깎아 내리고 있다. 또 당이 백제에 대해 신라와의 원한을 풀고 사이좋게 지내라고 권하였지만 백제가 따르지 않은 것에 대해 겉으로는 따르는 척 하면서 속으로는 어기는 이중적인 행위로 매도하고 있다. 그러나 신라도 자국의 이익을 위하여 백제를 공격하고 고구려를 치기도 하였다. 그럼에도 불구하고 김부식이 백제가 신라를 공격한 것에 대해서만 이익을 쫓는 것으로 논평한 것은 신라 중심주의의 발로라고 하지 않을 수 없다.

한편 이 시기 당은 신라와 동맹을 맺고 신라를 도와주기로 결정한 상태였다. 그러므로 백제는 당연히 이러한 입장에 서 있는 당의 요구를 순순히 따를 수 없었다. 그럼에도 불구하고 김부식은 백제가 당의 요구를 듣지 않은 것을 대국에 죄를 얻은 것으로 단정하였다. 이 또한 사대적인 의식의 표출이라 하겠으며 그러한 의식에서 그는 백제가 망한 것은 당연한 것으로 보았다. 이는 그가 전승국인 신라와 당의 입장에 서서 역사적 사실을 보고 있음을 보여주는 것이라 하겠다.

2. 다산 정약용의 백제를 회상하는 시

다산 정약용 동상(서울 남산공원)

조선 후기의 문신이요 실학자인 정약용(1762 : 영조 38-1836 : 헌종 2)은 호는 다산, 당호는 여유당(與猶堂)이고, 경기도 광주(지금의 양주시) 조안면 능내리 소내 마재에서 출생하였다. 22세 때 진사가 되었고 정조의 총애를 받아 암행어사, 참의, 좌우승부지 등을 거쳤으나 한때 금정찰방, 곡산부사 등 외직으로 나가기도 하였다.

금정찰방은 금정도를 관할하는 책임을 맡았는데 금정도는 청양-대흥과 청양-결성-홍주-보령-홍주-서산-태안 지역으로 연결되는 도로이다. 중심역은 충남 청양의 금정역이다. 다산은 금정찰방으로 부임한 후 백제의 수도가 있었던 부여 지역을 답사하였다. 답사과정에서 그는 백제국에 대한 회상을 몇 수의 시로 표현하였다. 여기서는 두 시를 소개해 두기로 한다.

1) '부여에서 옛날을 회상하며'

다산이 부여지방을 답사하면서 지은 시 가운데의 하나가 '부여에서 옛날을 회상하며(扶餘懷古)'이라는 시이다. 시의 내용은 다음과 같다.

천 척이라 전선이 바다 어귀 들어올 제(千軸樓船入海門)

육궁의 주옥 보석 모두가 눈물자국(六宮珠翠盡啼痕)

청아 물에 떨어지자 풍류가 그치었고(靑蛾落水風流歇)

백마 못에 잠겨들자 안개가 캄캄했지(白馬沈淵霧氣昏)

그 당시의 공명은 새긴 돌에 남아 있고(異代勳名餘勒石)

오늘날도 백제유민 항복 깃발 통곡하네(至今遺老哭降旛)

처량할사 반월성 그곳으로 통하는 길(凄凉半月城頭路)

벼 기장 들쑥날쑥 두세 마을 있을 따름(禾黍高低只數村)

부소산 속 궁궐이 어우러져 드높은데(蘇山宮闕鬱嵯峨)

꽃같이 고운 궁녀 그 즐거움 어땠으랴(宮女如花奈樂何)

십제의 신기로운 맥은 개로에서 끝나고(十濟神符終蓋鹵)

삼한의 제왕 기운 신라로 모이었네(三韓王氣聚新羅)

강기슭을 가로막은 철옹성만 보았기에(惟看鐵甕橫江岸)

많은 전선 바다 물결 건너올 건 안믿었지(不信雲帆度海波)

술잔 잡아 계백에게 제사를 올리고픈데(欲把殘杯酹階伯)

안개 낀 낡은 사당 덩굴풀이 우거졌네(荒祠烟雨暗藤蘿)

관청 전각 쓸쓸히 초목 속에 서있는데(官閣蕭條草樹中)

시골사람 전하는 말 의자왕의 궁이라나(野人傳是義慈宮)

서리 내린 묵은 정원 무잎이 새파랗고(輕霜廢苑蕪菁綠)

맑은 날 낡은 담장 담쟁이덩굴 빨갛네(澹日荒墻薛荔紅)

지금 북부 몇 고을이 복신을 기억할꼬(北部幾州懷福信)

높 낮은 산 속이라 부여풍 찾을 길 없네(亂山無處覓扶豊)

오함 이미 옛 왕조 절간으로 흔적 없어(烏含已作前朝寺)

석양 바람 향하여 나그네 말 슬피우네(客馬悲鳴向晚風)

(민족문화추진회 편, 1996, 『국역 다산시문집』 1, 솔, 303~305쪽)

이 시에는 백제 멸망 당시의 비참하고도 슬픈 광경, 풀이 우거진 계백의 사당, 쓸쓸히 남은 의자왕대의 전각터, 백제를 지키기 위해 몸바친 계백과 백제를 다시 일으키기 위하여 부흥군을 일으킨 복신과 풍왕에 대한 회상이 들어있다. 뿐만 아니라 여기에는 당나라 군대가 바다를 건너 쳐들어올 줄을 예상하지 못한 백제 지배층의 불찰, 꽃같은 미녀들이 강물에 뛰어들어야 하는 심정, 백마가 잡혀 백제의 운명이 다하게 된 것에 대한 안타까움이 서려 있다. 또 잡초에 싸인 계백 사당과 백제 왕궁 터를 보면서 세월의 무상함에 대한 느낌과 복신과 부여풍에 대한 기억이 사라져 가는 것에 대한 안타까움도 구구절절이 배어 나온다.

그러나 이 시에는 신라를 언급하되 신라의 삼국 통일을 크게 내세우

부여 삼충사. 백제의 충신인 성충·흥수·계백을 모시는 사당이다(1957년 건립).

지 않았고, 당나라의 백제 공격을 말하되 그 공을 상찬하지 않았다. 의자왕대에 나라가 없어지고 왕궁이 황폐화된 것을 슬퍼하면서도 의자왕의 파행적인 국정 운영은 강조하지 않았다. 이는 다산이 백제의 입장에서 백제의 멸망을 바라보고 그 멸망의 안타까움을 노래했기 때문이라 할 수 있다. 다산의 이러한 입장은 김부식이 신라와 당의 입장에서 백제의 멸망을 당연한 것으로 논한 것과는 대조적인 모습을 보여주는 것이라 하겠다.

2) '소정방의 평백제탑을 읽고'

다산 정약용은 위에서 언급한 시 외에 백제의 멸망 및 부흥백제국과 관련한 시를 또 지었다. 그 시 제목은 '소정방의 평백제탑을 읽고(讀蘇定方平百濟塔)'이다. 그 내용은 다음과 같다.

벌레먹은 잎처럼 흐릿한 글자 획(漫漫蟲蝕葉)
새 쪼은 나무마냥 어지러운데(鬆鬆雀啄木)
이따끔씩 이어진 네댓 글자는(時連四五字)

문장 조리 상당히 훌륭하구나(詞理差炳煜)

대장 도량 넓음을 거론하였고(侯度數曠闊)

빨리 이룬 무공을 과시하였네(武烈夸迅速)

천년세월 하많은 비바람으로(千年多風雨)

긁히고 떨어져서 읽을 수 없네(剝落不可讀)

지은 자 다름 아닌 하수량인데(作者賀遂良)

좋은 문장 향기를 남기었구나(奇文有遺馥)

회소 글씨 대체로 잘 썼지마는(懷素總能書)

권씨라서 그런지 군살이 많네(姓權故多肉)

개선가가 강 고을을 진동할 적에(凱歌震水鄉)

그 당시 만백성은 엎드려 있고(當時萬人伏)

많은 돛배 바다로 돌아갈 적에(雲帆歸滄海)

그들 사기 온 누리 충만했으리(意氣彌平陸)

승리 또한 한때의 기쁨이었고(勝亦一時欣)

패배 역시 한 때의 치욕일 따름(敗亦一時辱)

지금 다만 들밭의 가운데 놓여(只今野田中)

나무꾼 소먹이꾼 주위 맴도네(躑躅放樵牧)

(민족문화추진회 편, 1996, 『국역 다산시문집』 1, 솔, 303쪽)

이 시는 소정방의 공적에 대해 일정하게 상찬하고 또 이 비문의 문장
의 아름다움을 좋은 향기로 표현하고 있다. 그래서 얼핏보면 이 시는

백제를 멸망시킨 당나라 장군들의 행적을 칭찬하는 것처럼 보이기도 한다. 그러나 마지막 소절에서 다산은 승리나 패배나 모두 한때의 기쁨이고 치욕일 따름이라고 노래함으로써 타국을 멸망시킨 것을 자랑으로 여기는 것에 대해 일침을 놓고 있다. 흘러가는 역사 속에서 영욕은 한갓 덧없는 것일 뿐인 것이라는 것이다. 나무꾼과 소먹이꾼이 나무하고 소먹이는 곳에 외로이 서 있는 이 탑이 이를 잘 보여준다는 것이다.

3. 단재 신채호의 복신 · 부여풍과 흑치상지에 대한 평

1) 복신과 부여풍에 대한 평

복신은 왕족으로서 부흥군을 일으키고 부흥백제국을 이끌어간 핵심적인 인물이다. 그는 왜에 있던 부여풍을 옹립하여 왕으로 삼는데 중심적인 역할을 하였다. 복신이 풍왕을 옹립하는 과정에 대해 단재는 다음과 같이 서술하고 있다.

"복신이 처음으로 기병할 때에 어떤 사람이 설득하여 가로되 '타인의 견제를 받으면 대사가 패하기 쉬울지라. 공은 무왕의 조카요 성망이 내외에 미치는 터이니 자립하여 왕이 되어 전국의 병마를 지휘함이 가하다.' 하나 복신이 이르되 '이렇게 하면 이는 사로서 인민의 보임이니 의가 아니라.' 하고 의자왕의 아들 왕자 풍을 영립하여 왕을 삼았다.(중략) 복신의 죄를 논의할 때 복신이 죽으면 적병을 막을 이가 없을 줄은 풍왕도 명지하는 바 …"

이 설명에 의하면 단재는 복신은 사보다 의를 내세우는 인물이요 당군을 물리칠 수 있는 유일한 장군으로 파악하였다. 또 자진이 당군과 내통한 사실이 드러나자 풍왕은 대신인 그를 죽이는 것은 불가하다고 하였지만 복신은 나라를 배반한 자는 살려줄 수 없다고 주장하면서 그를 처단하였다. 이처럼 단재는 복신을 나라를 배반한 자는 용서하지 않은 인물로 그렸다.

풍왕은 복신과 도침에 의해 옹립된 왕이다. 그러나 복신이 도침을 죽인 후 병권을 장악하고 왕을 허수아비와 같은 존재로 만들자 마침내 풍왕은 복신을 죽였다. 풍왕이 복신을 죽이는 과정에 대해 단재는 다음과 같이 정리하고 있다.

"풍왕이 복신의 옹립한 바 되어 늘 병권이 제장의 손에 있음을 의기(疑忌)하더니 복신이 자진을 참하여 전국의 병권이 복신에게로 돌아옴에 왕의 좌우가 복신을 왕에게 참소하여 가로되 '복신이 전횡하여 자의로 대장을 살육하니 그 안중에 어찌 대왕이 있으랴. 대왕이 만일 복신을 죽이지 않으면 복신이 장차 대왕을 죽이리라.' 하고 이에 풍왕과 복신을 해치기로 밀모하고 같은 해 6월에 복신이 마침 병이 있어 굴실에서 치료함을 기회로 삼아 왕이 문병한다 가탁하고 좌우 친신을 거느리고 돌입하여 복신을 잡아 결박하고 왕명으로 좌평 이하 각 대신을 불러 복신의 손바닥을 뚫어 가죽으로 꿰이고 죄를 의논할 새 복신이 죽으면 적병을 막을 이가 없을 줄은 풍왕도 분명히 아는 바라 이로서 심중에 다시 황혹하여 '복신의 죄가 죽여도 괜찮으냐.' 고 물으니 달솔 득집이

'이 같은 악역인은 죽여도 죄가 남는다.'라고 답하였다. 복신이 득집을 향하여 침을 뱉아 가로되 '개 같은 치노(癡奴) …'라 하고 드디어 형집행인의 칼에 목을 바치니 백제 인민이 복신의 죽음을 듣고 모두 눈물을 뿌리더라."

위의 설명에서 단재는 복신이 여자진을 죽이고 병권을 장악한 것으로 파악하고 또 여자진은 의병을 일으킨 공이 있고 일찍이 좌평의 관을 지낸 대신으로서 영군장군을 칭하였다고 하고 있다. 그런데 『삼국사기』와 중국 측 사서에는 복신과 더불어 부흥군을 일으키고 영군장군을 칭한 사람은 승려 도침으로 나오며, 복신이 병권을 완전히 장악한 것은 도침을 죽인 후 그의 군대마저 거두어들인 이후다. 그런데 단재는 도침에 대해 아무런 언급을 하고 있지 않다. 따라서 복신이 자진을 죽이고 병권을 장악하였다든가 자진이 영군장군을 칭하였다고 한 것은 사실이라 할 수 없다.

그러나 단재는 의를 내세우고 국가의 안위를 걱정하며 침략군을 물리치기 위해 혼신의 힘을 다하고 있던 지략이 뛰어난 장수인 복신을 죽인 풍왕에 대해 다음과 같이 단호한 평을 내리고 있다.

"아, 백제 중흥의 대업을 이같이 창피하게 한 자는 곧 부여풍―상좌평 부여복신을 죽인 부여풍이니 풍은 곧 중흥의 백제를 멸한 제일의 죄인이다 …"

이러한 평은 권력의 향방이나 쫓고 개인의 안위에 연연하는 삶을 버리고 민족의 독립, 국가의 존립, 점령군의 축출을 최우선 과제로 보는 단재의 확고한 입장에서 나온다. 그 결과 풍왕은 중흥의 백제를 멸한 제일의 죄인이라는 단재의 비판을 면치 못하였던 것이다.

2) 흑치상지에 대한 평

흑치상지는 복신과 더불어 부흥군 장군으로 활동하다가 주류성이 함락되는 직전에 당군에 항복하고 그 앞잡이가 되어 임존성을 함락시키는데 공을 세웠다. 그는 663년에 당나라로 들어가 만년현인으로 편입되었다. 664년에 절충도위를 제수받아 부여륭과 함께 웅진성으로 돌아와 진수하다가 665년에 부여륭과 함께 당으로 들어갔다. 당군

단재 신채호(1920년대). 흑치상지를 부흥백제국을 멸망시킨 제2의 죄인이라고 준엄하게 단죄하였다.

에 항복한 이후 그의 활동상을 정리하면 다음과 같다.

그는 672년에 충무장군 행대방주장사가 되었고 얼마 뒤 사지절사반주제군사사반주자사로 되고 상주국을 제수받았다. 677년에는 좌영군위장군겸웅진도독부사마로 옮겼고 부양군 개국공 식읍 2천호에 봉해졌다. 678년에는 이경현, 유심례와 함께 토번의 발지설을 반격하였고 이때 홀로 세운 공로로 좌무위장군 검교좌우림군으로 발탁되었으며 하원도경략부사로 승진하였다. 680년에는 토번 찬바 등이 다시 공격해 오자 이를 물리치는데 공을 세워 하원도경략대사로 발탁되었다. 681년에는 양비천에서 토번과 싸워 물리치고 7년간 대비를 하였고, 684년에는 서경

업이 모반하자 강남도행군대총관이 되어 이를 평정하였으며 그 공로로 좌무위대장군 검교좌우림위위에 임명되었다. 687년에는 돌궐의 골돌록이 창평을 공격하자 이를 물리쳤고 그 공로로 연국공 식읍 3천호를 받고 다시 우무위위대장군 신무도경략대사를 받았으며 다시 회원군경략대사로 옮겨졌다. 이처럼 흑치상지는 당에 항복한 이후 승승장구 승진의 길을 길었다. 그러나 689년에 조회절의 모반에 연계되었다는 무고를 받아 옥에 갇혔다가 60세의 일기로 교수형으로 처형당하였다. 그의 마지막은 억울한 죽음으로 끝났고 말았던 것이다.

그런데 『구당서』·『신당서』·『삼국사기』 흑치상지 열전과 그의 묘지명에는 그가 부흥군을 일으켜 나·당점령군에 대적하였다는 사실과 그후 임존성을 함락하는데 앞장을 섰다는 이야기는 완전히 빠져 있다. 그 대신 그가 당에서 세운 공적만이 기록되어 있다. 이는 묘지명 찬자들이 그가 당에서 당을 위해 활동한 것을 상찬하기 위한 의도에서 묘지명을 편집하였음을 의미한다. 그 결과 흑치상지는 백제계 출신으로 당에서 명성을 높인 인물로 평가되기도 하였다.

그러나 흑치상지의 삶은 지수신의 삶과 극명히 대비된다. 지수신은 처음부터 끝까지 부흥백제국을 사수하기 위해 목숨을 내건 인물이었다. 비록 마지막에는 고구려로 망명을 하였지만 적국에 무릎을 꿇지는 않았다. 어려운 상황에서도 초지일관된 삶을 살았던 불굴의 장부였다. 반면에 흑치상지는 사세에 따라 반항과 항복을 거듭하였을 뿐만 아니라 마지막에는 당군의 앞잡이가 되어 임존성을 사수하던 지수신 부대를 공격하는데 최선봉장이 되었다.

　이러한 흑치상지의 삶에 대하여 단재 선생은 다음과 같이 정리하고
있다.

　"복신의 죽음을 듣고 당고종이 비밀히 사자를 보내어 '잔인한 풍을
인군으로 받들다가 패하면 당군의 주륙을 받을 것이요 이기더라도 풍
의 시기를 입어 복신처럼 참혹하게 죽을 것이니 어찌 지혜로운 자가 할
일이랴.' 하면서 풍왕의 여러 장수들을 꼬득였다. 이에 남부달솔 흑치상
지와 진현성주 사타상여는 바야흐로 풍이 복신을 죽인 것을 슬퍼하다
가 드디어 그 관내 2백여 성을 가지고 륭에게 가서 투항하였다. 그리고
흑치상지는 서부달솔 지수신에 글을 보내 풍왕이 잔인하여 백제를 중
흥할 영주가 아님을 말하고 지수신에게 항복할 것을 권하였다. 그러나
지수신은 '복신이 의병을 일으킨 것은 본디 당적(唐賊)을 쫓아내려 함
인데 상좌평=복신의 죽음을 아파하여 그것을 복수하기 위하여 당에 투
항하면 이는 상좌평에게만 등을 돌리는 것이 아니라 백제에 대해서도
모반하는 것이니 상좌평의 영이 있으면 그 마음의 아픔이 손바닥을 꿰
이거나 독한 형벌을 입음 보다 심할 것이라.' 하면서 도리어 흑치상지에
게 본래의 모습으로 돌아올 것을 권유하였다. 그러나 흑치상지는 이에
대답하지 않고 8월에 신라군과 당군의 선도가 되어 주류성을 포위하니
지수신이 관할한 서부는 당을 적대하여 싸우는데 흑치상지가 관할한
남부는 당의 노예가 되어 그 지시를 받아 지수신을 공격하였다."

　위의 글 가운데 사타상여를 진현성주라고 한 것, 복신을 상좌평이라

한 것, 흑치상지가 관할한 지역을 남백제로 지수신이 관할한 지역을 서백제라 한 것, 흑치상지가 지수신을 만나 당에 항복할 것을 권유한 것 등의 내용은 현재의 사서에는 보이지 않는다. 단재 선생은 이러한 기사들을 해상잡록(海上雜錄)에서 인용한 것으로 보이는데 이 책은 현재 전해지고 있지 않아 사실여부를 확인할 수 없다.

임존성 함락 직전의 흑치상지의 행동을 이렇게 정리한 후 단재 선생은 그의 행위가 백제사에서 어떤 의미를 가지는가를 다음과 같이 준엄하게 평하고 있다.

"아, 백제 중흥의 대업을 이같이 창피하게 한 자는 곧 부여풍—상좌평 부여복신을 죽인 부여풍이니 풍은 곧 중흥의 백제를 멸한 제일의 죄인이다. 풍이 비록 죄인이나 풍을 싫어한 까닭에 백제를 배반하여 당의 노예가 된 흑치상지는 곧 백제를 멸망시킨 제2의 죄인이다. 전사(前史)에 오직 『당서』의 포폄(褒貶)을 따라 흑치상지를 비상히 찬미하였으니 이 어찌 어리석은 아이의 붓 놀림이 아니랴." (신채호, 1979, 「조선상고사」 『단재신채호전집』 상, 형성출판사, 349-354)

단재 선생의 이러한 준엄한 평은 외세로부터 나라를 지키고 광복을 이루는 것이 최대의 시대적 과제임을 인식하고 이를 통해 애국정신과 독립정신을 심어주려는 입장에서 나온 것이다. 따라서 그에게는 목숨을 바칠지언정 조국을 등지는 행위는 용납될 수 없었다. 흑치상지를 백제를 멸망시킨 제2의 죄인이라 통렬히 평한 것도 그의 이런 시국관에서 나온 것이다.

백제부흥군의 활동 연대기

3.   : 당나라 고종은 좌무위대장군 소정방을 신구도행군대총관으
로, 김인문을 부대총관으로, 유백영을 좌효위 장군으로 삼아
수륙군 13만으로 백제를 치도록 하다.
당나라 고종, 신라 무열왕을 우이도행군총관으로 삼다.

5.26 : 무열왕, 김유신·진주·천존 등과 함께 군대를 거느리고 왕
도 경주를 출발하다.

6. 8 : 신라군은 남천주에 도착하고, 소정방은 내주를 출발하다.

6.21 : 무열왕, 태자 법민으로 덕물도에서 소정방을 맞이하게 하다.

7. 9 : 신라 대장군 김유신, 황산원으로 진군하다.
백제 계백장군, 신라군과 싸워 전사하다.

7.12 : 나·당연합군, 백제 왕도를 포위하고 백제 왕서자 및 좌평 6
인의 항복을 거절하다.

7.13 : 의자왕, 밤에 좌우 측근을 거느리고 웅진성으로 달아나다.

의자왕의 아들 부여륭, 대좌평 사택천복과 함께 항복하다.

7.18 : 의자왕, 태자 및 웅진방령 이식과 함께 항복하다.

7.29 : 무열왕, 금돌성에서 소부리성에 이르다.

8. 2 : 무열왕, 소정방과 함께 의자왕으로부터 항복의례를 받다.

신라, 대야성에서 백제에 투항하였던 모척(毛尺)을 붙잡아

죽이다.

8.   : 당나라 소정방, 백제 고지에 5도독부 37주 250현제를 실시하다.

8.2(?) : 백제부흥군, 남잠 · 정현 · △△△성 등에서 일어나다.

좌평 정무(正武), 두시원악에서 부흥군을 일으키다.

8.15 : 소정방, 정림사지오층석탑에 대당평백제국비명을 새기다.

8. 이후 9. 3 이전 : 복신과 도침, 임존성을 근거로 부흥군을 일으키다.

8.(?) : 흑치상지, 풍달군에서 부흥군을 일으킨 후 임존성의 복신군

과 합류하다.

8.26 : 복신 · 도침 · 흑치상지, 임존성을 공격해 온 소정방의 군대

를 물리치고 1백 명 이상의 당군을 포로로 잡다. 소정방은

다만 소책만 격파하다.

9. 1 : 백제 사미 각종(沙彌覺從), 왜에 와서 백제의 멸망과 복신과

여자진의 거병을 전하다.

9. 3 : 소정방, 유인원에게 1만의 군대로 사비성을 지키게 하고 의

자왕 및 1만2천여 명을 포로로 하여 귀환하다.

유인원, 사비성의 도호가 되다.

신라 왕자 인태, 7천의 병력으로 유진당군을 지원하다.

9.23 : 부흥군, 사비성으로 들어가 초략한 후 사비남령에 책을 세우
고 엿보다.

이례성 등 20여 성, 부흥군에 가담하다.

9.28 : 당나라 장군 왕문도, 삼년산성에서 무열왕에게 조서를 전하
다가 급사하다.

10. : 복신, 좌평 귀지를 왜에 파견하여 당나라 포로 1백여 명을
보내고 아울러 군사원조와 풍왕의 귀환을 요청하다.

10.9 : 신라 무열왕, 이례성을 공격하다.

10.19 : 이례성이 신라군에 함락되자 20여 성이 신라에 항복하다.
신라, 관리를 이례성에 두어 지키게 하다.

10.30 : 사비남령책이 신라군에 함락되고 부흥군 1천5백여 명 전사
하다.

11.1 : 고구려, 신라의 칠중성을 공격하다.

11.5 : 신라 무열왕, 계탄을 건너 왕흥사잠성을 공격하다.

11.12 : 왕흥사잠성이 함락되고 부흥군 7백여 명 전사하다.

661년

1. : 당 유인궤, 대방주자사로 임명되어 오다.

2. : 부흥군, 사비성을 공격하다.
신라 무열왕, 이찬 품일을 대장군으로, 잡찬 문왕 · 대아찬

양도 · 아찬 충상 등을 보좌로 하는 6개의 부대를 출동시켜 유진당군을 돕게 하다.

3. 이전 : 복신과 도침, 주류성으로 거점을 옮기다.

3.   : 도침의 부흥군, 웅진강구 전투에서 당군에게 대패하다.

3. 5 : 복신의 부흥군, 두량윤성 1차 전투에서 신라 대당 휘하의 군대를 격파하다.

3.12 : 고사비성에 이른 신라 본군, 대당군의 패배 소식을 듣고 두량윤성으로 가다.

3.12~4.18 : 복신의 부흥군, 신라 대군을 두량윤성 전투에서 대파하다.

4.19 : 빈골양 부흥군, 되돌아가는 신라군을 공격하여 많은 치중을 빼앗다.

각산의 부흥군, 신라 상주군 · 낭당군과 싸우다가 2천여 명이 전사하다.

신라 무열왕, 두량윤성에서의 패전을 듣고 김순 · 진흠 · 천존 · 죽지 등으로 구원하게 하였으나 신라군이 가소천까지 퇴군하자 회군하다.

4.   : 복신, 왜에 사신을 보내 왕자 규해의 귀환을 요청하다.

5. 9 : 고구려 장군 뇌음신, 말갈 장군과 함께 술천성과 북한산성을 공격하였으나 실패하다.

6.   : 당나라 고종, 소정방으로 하여금 수륙군 35도병으로 고구려

를 치게 하다.

7.　：왜, 전장군 대화하 아즈미노히라부노무라지(阿曇比羅夫連) 등으로 하여금 백제에 병장과 오곡을 보내게 하다.

7.17：신라 문무왕, 김유신을 대장군으로 하여 대당·귀당 등의 부대를 출동시키다.

8.　：신라군, 시이곡정에 이르다.
　　　부흥군, 옹산성에서 신라군의 진군을 막다.

9.　：왕자 풍장, 왜에서 귀국하니 대산하 빈랑(檳榔) 등이 5천 명의 군사로 호위하다.
　　　복신, 풍왕에게 전권을 위임하다.
　　　풍왕, 즉위하여 부흥백제국을 일으키다.

9.19：신라군, 당을 도와 고구려를 치러가는 도중에 웅현정에 이르다.

9.25：신라군, 부흥군이 주둔한 옹산성을 포위하다.

9.27：옹산성 함락되고 부흥군 수천 명이 전사하다.
　　　우술성의 부흥군, 신라 상주총관 품일 등의 공격으로 1천 명이 전사하다.
　　　달솔 조복과 은솔 파가, 신라군에 항복하다.

662년 ....

1. 1：왜, 좌평 복신에게 화살 10만 척, 실 5백 근, 면 1천 근, 포 1천 단, 가죽 1천 장, 종자벼 3천 곡을 보내다.

3. 1 : 왜, 부흥백제국 풍왕에게 포 3백 단을 보내다.

6. 1 : 부흥백제국, 왜에 달솔 만지를 파견하다.

661. 3. 이후 662. 7. 이전 : 복신, 도침을 죽이고 그 군대를 아우르다.

풍왕, 실권없이 제사만 주관하다.

5. : 손인사, 7천 명의 군대를 거느리고 유진당군을 지원하러 오다.

7. : 지라성 · 급윤성 · 대산책 · 사정책 등이 나 · 당점령군에 함락되다.

유진당군, 웅진도독부 중심체제로 재편되고 유인원이 도독이 되다.

8. : 진현성과 내사지성, 신라군에 함락되다.

12.1 : 풍왕, 에치노다쿠쓰(朴市田來津)의 반대에도 불구하고 피성으로 천도하다.

663년

2. 1 : 부흥백제국, 달솔 김수 등을 왜에 파견하다.

거열성, 신라군에 함락되고 부흥군 7백여 명 전사하다.

거물성과 사평성, 신라군에 함락되다.

덕안성, 신라군에 함락되고 부흥군 1,070여 명이 전사하다.

풍왕, 덕안성이 함락되자 주류성으로 다시 천도하다.

5. : 왜, 이누가미노기미(犬上君)를 고구려에 보내 출병에 대해 알리다.

왜의 사신 이누가미노기미(犬上君), 고구려에서 돌아오는 길에 석성에서 규해를 만나다.

규해, 이누가미노기미(犬上君)에게 복신의 죄를 말하다.

6.　: 풍왕, 복신이 반심이 있다고 하여 잡아 죽이다.

8.　: 풍왕, 신라의 공격 정보를 알고 제장에게 작전을 내린 후 왜군을 맞이하러 백강으로 가다.

8.13 : 문무왕, 28장군을 거느리고 두율성에 진군하다.

8.17 : 당나라 수군, 군선 170척으로 백강에 와서 진을 치다.

8.27 : 왜 수군 선봉대, 백강구에서 당군과 싸웠으나 이기지 못하다.

8.28 : 왜의 본군과 당군, 백강 해전을 벌리다.

왜 수군, 기상을 잘못 파악하여 당군의 화공을 받아 4백 척의 전선이 불타다.

왜장 에치노다쿠쓰(朴市田來津), 전사하다.

풍왕, 배를 타고 고구려로 피신하다.

9. 1 : 주류성의 부흥군, 신라군을 맞아 싸웠으나 패배하다.

왕자 부여충상 · 부여충지, 사녀(士女)와 왜군과 함께 나당군에 항복하다.

여자신 등, 왜로의 망명을 결심하고 처자들에게 알리다.

흑치상지, 당군에 항복한 후 임존성 공격의 선봉대가 되다.

9.　: 유인궤, 유인원이 귀국하자 웅진도독이 되다.

9. 7 : 여자신의 처자들, 저례성에 이르다.

9.27 : 여자신 등, 왜군과 함께 저례성에서 왜로 망명하다.

10.21 : 부흥군 장군 지수신, 문무왕의 임존성을 공격을 잘 막아내다.

11.4 : 문무왕, 임존성을 함락시키지 못한 채 회군하다.

11. : 지수신, 흑치상지를 앞세운 당군에게 패배하여 고구려로 피
신하다.
당 유인원, 기공비를 세우다.

664년

3. : 부흥백제국 유민, 사비산성을 근거로 군대를 일으키다.
웅진도독 유인궤, 군대를 파견하여 사비산성의 부흥군을 공
격해 격파하다.

10. : 당 유인원, 유인궤를 대신하기 위해 웅진도독부로 오다.
부여륭, 웅진도위로 웅진도독부에 오다.

12. : 부여륭, 신라 각간 김인문 등과 웅진에서 맹세하다.

665년

8. : 부여륭, 웅진도독이 되어 문무왕과 취리산에서 맹세한 후 신
라와의 관할 영역을 확정하다.
당 유인궤, 신라 · 백제 · 탐라 · 왜국 사자를 데리고 귀국하다.

참고문헌

기본사료

『삼국사기』(三國史記)『삼국유사』(三國遺事)『대동지지』(大東地志)
『세종실록 지리지』(世宗實錄 地理志)
『신증동국여지승람』(新增東國輿地勝覽)『삼국지』(三國志)『진서』(晉書)
『진서』(陳書)『수서』(隋書)『구당서』(舊唐書)『신당서』(新唐書)
『자치통감』(資治通鑑)『일본서기』(日本書紀)『신찬성씨록』(新撰姓氏錄)

주석서

이병도, 1977, 『국역 삼국사기』, 을유문화사
한국고대사회연구소, 1992, 『역주 한국고대금석문』Ⅰ 고구려·백제·

낙랑편

정구복 · 노중국 · 신동하 · 김태식 · 권덕영, 1997, 『역주 삼국사기』 주
석편(하), 한국정신문화연
구원

발굴 · 조사보고서

정영호, 1969, 『상주지구고적조사보고』, 단국대학교 출판부

충남대학교 백제연구소, 1980, 「논산군 관내 고대산성지분포조사」『백
제연구』 11집

전영래, 1980, 『고사부리』 고부지방고대문화권조사보고서, 정읍군

대전공업대학 향토문화연구소 · 대전직할시, 1992, 『계족산성』

전영래, 1995, 『우금(주류)산성 관련유적지표조사보고서』, 원광대학교
마한 · 백제문화연구소

안승주 · 서정석, 1996, 『성흥산성--문지발굴조사보고서--』, 충남발
전연구원 · 충청남도

충남대박물관 · 대전광역시, 1998, 『계족산성발굴조사약보고』

충청매장문화재연구원 · 충청남도 · 서천군, 1998, 『건지산성』, 충청매
장문화재연구원 문화유적

조사보고 제2집

예산군 · 충남발전연구원, 2000, 『예산 임존성--문화유적 정밀지표조
사--』
국립문화재연구소, 2002, 『부여 왕흥사지 발굴조사 자문회의 자료』

저서

이홍직, 1971, 『한국고대사의 연구』, 신구문화사
이기백, 1974, 『신라정치사연구』, 일조각
김재붕, 1980, 『전의 주류성고』, 연기군
천관우, 1982, 『인물로 본 한국고대사』, 정음문화사
이기백, 1986, 『신라사상사연구』, 일조각
노중국, 1988, 『백제정치사연구』, 일조각
황수영, 1994, 『한국금석유문』, 일지사
변인석, 1994, 『백강구전쟁과 백제 · 왜 관계』, 한울
천관우, 1995, 『고조선 · 삼한사연구』, 일조각
박성흥, 1995, 『백제 주류성고』, 홍주향토문화연구회
전영래, 1996, 『백촌강에서 대야성까지』, 신아출판사
이도학, 1996, 『백제장군 흑치상지 평전』, 주류성

이도학, 1997, 『새로 쓴 백제사』, 푸른역사

이호영, 1997, 『신라삼국통합과 여제패망원인 연구』, 서경문화사

이문기, 1997, 『신라병제사연구』, 일조각

임용한, 2001, 『전쟁과 역사』 삼국편, 혜안

서정석, 2001, 『백제성곽연구』, 학연문화사

공주대학교 백제문화연구소, 『백제부흥운동사연구』, 서경

충남대학교 백제연구소 · 논산시, 2000, 『논산 황산벌 전적지』

高明史 저, 오부윤 역, 1995, 『한국교육사연구』, 대명출판사

末松保和, 1954, 『任那興亡史』, 東洋文庫

井上秀雄, 1974, 『新羅史の基礎研究』, 東出版

坂元義種, 1978, 『百濟史の研究』, 塙書房

鬼頭淸明, 1981, 『白村江』 歷史新書 33, 敎育社

金鉉球, 1985, 『大和政權の對外關係研究』, 吉川弘文館

山尾幸久, 1989, 『古代の日朝關係』, 塙書房

논문

홍사준, 1954, 「백제 사택지적비에 대하여」 『역사학보』 6집, 역사학회

정영호, 1972, 「김유신의 백제 공격로 연구」 『사학지』 6집, 단국대학교

사학회

성주탁, 1974, 「대전 부근 고대 성지고」 『백제연구』 5집, 충남대학교 백
  제연구소

노도양, 1980, 「백제 주류성고」 『명대논문집』 12집, 명대논문집 간행위
  원회

심정보, 1983, 「백제부흥군의 주요거점에 관한 연구」 『백제연구』 14집,
  충남대학교 백제연구소

김기웅, 1985, 「무기와 마구--백제」 『한국사론』 15집, 국사편찬위원회

김정기, 1987, 「백제계 석탑의 특징」 『마한 · 백제문화』 10집, 원광대학
  교 마한 · 백제문화연구소

이도학, 1987, 「웅진도독부의 지배조직과 대일본정책」 『백산학보』 34
  집, 백산학회

유원재, 1988, 「사비도성의 방비체제에 대하여」 『공주사대논문집』 24
  집, 공주사범대학

심정보, 1989, 「백강의 위치에 대하여」 『한국상고사학보』 2집, 한국상
  고사학회

김주성, 1989, 「의자왕대 정치세력의 동향과 백제멸망」 『백제연구』 19
  집, 충남대학교 백제연구소

노중국, 1989, 「통일기 신라의 백제고지 지배--삼국사기 직관지 · 제
  사지 · 지리지의 백제관계 기사 분석을 중심으로--」 『한국고
  대사연구』 1집, 한국고대사연구회

성주탁, 1990, 「백제 탄현 소고」『백제논총』2집, 백제문화개발연구원

김주성, 1990, 「백제 사비시대 정치사연구」, 전남대학교대학원 박사학
　　　위논문

정효운, 1990, 「7세기대의 한일관계 연구--백강구전에의 왜군 파견을
　　　중심으로--」『고고역사학지』5 · 6합집, 동아대학교 박물관

田中俊明, 1990, 「왕도로서의 사비성에 대한 예비적 고찰」『백제연구』
　　　21집, 충남대학교 백제연구소

이문기, 1991, 「백제 흑치상지 부자 묘지명의 검토」『한국학보』64집,
　　　일지사

정효운, 1991, 「7세기대의 한일관계의 연구(하)--백강구전에의 왜군
　　　파견 동기를 중심으로--」『고고역사학지』7집, 동아대학교 박
　　　물관

성주탁, 1992, 「백제승 도침의 사상적 배경과 부흥활동」『은산 별신제
　　　한일학술대회 요지집』

김수태, 1992, 「백제 의자왕의 태자 책봉」『백제연구』25집, 충남대학
　　　교 백제연구소

김수태, 1992, 「백제 의자왕대의 정치변동」『한국고대사연구』5집, 한
　　　국고대사학회

김주성, 1992, 「백제 지방통치조직의 변화와 지방사회의 재편」『국사관
　　　논총』35집, 국사편찬위원회

방향숙, 1994, 「백제고토에 대한 당의 지배체제」『이기백선생고희기념

한국사학논총』 상~고대편 · 고려시대편, 일조각

노중국, 1994, 「7세기 백제와 왜의 관계」『국사관논총』 52집, 국사편찬
위원회

육군사관학교박물관, 1994, 『한국의 활과 화살』, 한국대학박물관협회
제29회 연합전시회

노중국, 1995, 「백제멸망 후 부흥군의 부흥전쟁 연구」『역사의 재조
명』, 소화

양기석, 1995, 「백제 부여륭 묘지명에 대한 검토」『국사관논총』 62집,
국사편찬위원회

김주성 · 유원재, 1996, 「백제의 멸망」『백제의 역사와 문화』, 학연문화사

김성태, 1996, 「백제의 병기--칼 · 창 · 촉의 기초적 분석」『백제연구』
26집, 충남대학교 백제연구소

유원재, 1996, 「백제 가림성 연구」『백제논총』 5집, 백제문화개발연구원

이문기, 1998, 「사비시대 백제의 군사조직과 그 운용」『백제연구』 28
집, 충남대학교 백제연구소

유원재, 1999, 「백제 흑치씨의 흑치에 대한 검토」『백제문화』 28집, 공
주대학교 백제문화연구소

김영관, 1999, 「나당연합군의 백제침공전략과 백제의 방어전략」
『STRATEGY 21』 Vol.2 No.2, 한국해양전략연구소

심정보, 1999, 「백제주류성고」『백제문화』 28집, 공주대학교 백제문화
연구소

이필영, 2001, 「민간신앙의 분석」 『부여의 민간신앙』, 부여문화원

서영교, 2002, 「신라 통일기 기병증설의 기반」 『역사와 현실』 45호, 한
　　　국역사연구회

山尾幸久, 1992, 「7세기 중엽의 동아시아」 『백제연구』 23집, 충남대학
　　　교 백제연구소

池內宏, 1950, 「百濟滅亡後の動亂及び唐・羅・日三國の關係」 『滿鮮史硏
　　　究』 上世 第二冊, 吉川弘文館

山尾幸久, 1967, 「大化前後の東アジア情勢と日本の政局」 『日本歷史』 第
　　　229号, 吉川弘文館

井上光貞, 1975, 「大化改新と東アジア」 『岩波講座 日本歷史』 2, 岩波書店

瀧川政次郎, 1984, 「劉仁軌傳(中)」 『古代文化』 第36卷, 古代學協會

西本昌弘, 1985, 「豊璋と翹岐――大化改新前夜の倭國と百濟」 『ヒストリ
　　　ア』 107号

사진제공

- 서정석 교수 : 부안 위금암산성 성벽, 대흥 봉수산성 전경, 부여 성
  홍산성 동문지, 정산 계봉산성 원경, 공주 취리산 전
  경, 부여 왕흥사지출토 왕흥사명와당, 부여 석성산성
  성벽, 대전 흑석동산성 전경, 대전 유성산성 동벽
- 박순발 교수 : 대전 계족산성 성벽, 대전 계족산성 출토 우술명 기와
- 심정보 교수 : 대전 질현산성 석축 상태
- 김태식 교수 : 일본 큐슈 오노성 외부, 일본 큐슈 오노성 성벽
- 박현숙 교수 : 부여 정림사지오층석탑
- 국립부여박물관 : 부여 정림사지오층석탑 1층탑신, 부여 당유인원기
  공비, 부여 사택지적비, 부여 부소산성출토 철제무
  기와 철제찰갑편, 부여 부소산성 전경
- 부여군청 : 부여 석조, 부여 무량사오층석탑, 부여 백마강, 부여 왕
  흥사지 전경, 부여 성흥산성 성벽, 부여 삼충사, 부여 부
  산
- 부여문화원 : 은산별신당 복신장군 영정, 은산별신당, 은산별신당 토
  진대사 영정
- 문화재청 : 공주 청량사지오층탑
- 익산시청 : 익산 왕궁리오층석탑
- 국립청주박물관 : 연기 비암사 계유명전씨아미타삼존사면석상

- 국립전주박물관 : 부안 죽막동제사유적, 죽막동제사유적 복원도
- 국립문화재연구소 : 왕흥사지 전경
- 충남대백제연구소 : 논산 황산벌 전경, 논산 모촌리산성과 산직리산성 일대
- 충남발전연구원 : 대흥 봉수산성 존관명 와당
- 우리문화재연구원 : 거창 거열산성 전경, 거창 거열산성 성벽
- 경주시청 : 경주 단석산 신선사 마애불, 경주 서악리 귀부
- 보은군청 : 보은 삼년산성
- 양주시청 : 양주 대모산성